中国职业发展指南丛书

CHINA CAREER DEVELOPMENT GUIDELINES

# 中国职业发展指南

## ·数字职业卷·

中国职业发展指南丛书编委会　组织编写

中国人事出版社

**图书在版编目（CIP）数据**

中国职业发展指南．数字职业卷 / 中国职业发展指南丛书编委会组织编写．-- 北京：中国人事出版社，2024．-- ISBN 978-7-5129-1995-2

Ⅰ．D669.2-62

中国国家版本馆 CIP 数据核字第 2024DZ1132 号

**中国人事出版社出版发行**

（北京市惠新东街 1 号　邮政编码：100029）

*

北京利丰雅高长城印刷有限公司印刷装订　　新华书店经销

787 毫米 × 1092 毫米　16 开本　21.5 印张　319 千字

2024 年 11 月第 1 版　　2024 年 11 月第 1 次印刷

**定价：98.00 元**

营销中心电话：400-606-6496

出版社网址：https://www.class.com.cn

## 中国职业发展指南丛书专家委员会



## 《中国职业发展指南·数字职业卷》编委会

# 前　言

近年来，我国职业发展教育和就业创业指导方兴未艾、成效显著。目前全国各省区市普遍设立了学生职业体验中心，对学生进行职业引导、职业认知、职业规划和职业发展教育。从就业服务情况看，在全国公共就业服务机构和人力资源服务机构中，职业指导师、创业指导师专业化程度越来越高，在促进劳动者高质量就业方面的作用越发凸显。我国职业发展教育和就业创业指导工作起步较晚，特别是有关国家职业分类体系和职业类型的图书品种不多，社会迫切需要一套解读权威、系统地介绍我国职业结构和职业类型的参考书籍。

中国职业发展指南丛书（以下简称《指南》）是对《中华人民共和国职业分类大典（2022 年版）》（以下简称《大典》）的再创作、科普化，总体遵循《大典》分类原则及其基本的职业信息描述，通过信息补充采集、整理、挖掘，进一步丰富有关劳动者职业角色特征和劳动力市场特征的职业信息；重点选取社会关切度较高的新职业、数字职业、绿色职业以及社会急需紧缺的职业，创新《大典》有关大类、中类、小类归类办法，以职业族或职业簇为依据对所解读的职业重新归类，以专业视角、平实语言、生动多元化形式创作就业人员和学生读得懂、用得上、有感知的《大典》科普版。

《指南》聚焦高质量发展和国家重大战略需求，系统解读我国职业结构变迁过程中涌现的新职业，数字职业，绿色职业以及因技术进步、职业活动内容已发生重大调整的社会急需紧缺职业。《指南》近期出版 6 卷，分别为《中国职业发展指南・新职业卷Ⅰ》（此卷已于 2022 年 10 月出版）、《中国职业发展指南・新职业卷Ⅱ》、《中国职业发展指南・数字职业卷》、《中国职业发展指南・绿色职业卷》、《中国职业发展指南・建筑建材职业卷》、《中国职业发展指南・人力资源和商务职业卷》。各卷选取若干代表性职业，各职业均从十个方面进行研究描述，即职业情景（职业的一天）、职业定义概况、主要工作职责、薪酬福利待遇、知识技能要求、专业教育现状、就业创业信息、职业贯通发展、职业发展前景及职业发展政策支持等，使劳动者和学生能够快速、系统地了解该职业基本概况。

《指南》收录的职业涉及制造业，建筑业，信息传输、计算机服务和软件业，交通运输、仓储及邮政业，农业，金融业，租赁和商务服务业，卫生健康、社会保障和社会福利业等领域。其功能主要表现在指导院校学生进行职业规划和就业分析，使其对所学专业及意向发展的就业领域拥有基础认知，利于更合理地规划个人职业发展方向；为现有从业人员在转岗、换岗及晋升的过程中提供新职业知识技能支持，便于其了解相邻、相近职业情况，有助于顺利实现工作角色转换；为退役军人群体、待业人员、失业人员等提供职业知识技能的学习参考，使其了解职业和行业领域的发展前景，有益于确定目标职业及发展方向；为院校、企业里从事就业、创业指导规划的人员提供有关职业的政策指引和信息参考；也可作为人力资源管理和服务专业人员的业务指导工具书。

《指南》专家委员会及编委会由中国人事科学研究院、中国劳动和社会保障科学研究院、中联研究院、《大典》修订专家委员会等机构的有关专家共同组成，编者来自行业协会、高等职业院校、科研院所等各企事业单位。特别感谢中联企业管理集团有限公司、北京智训通教育科技有限公司、咸宁职业技术学院、深圳市学到在线教育科技有限公司在本卷编写过程中给予的大力支持。作为该领域开创性的研究探索，编写过程及结果难免存在认识不全面、理解不深刻、表述不规范等问题，恳请广大读者不吝批评指正，使《指南》在体系、内容、时效及实用性方面不断提高与完善。

编委会

2024 年 5 月

# 目录

# 工程测量工程技术人员 S[①]

职业编码：2-02-02-02

在人类开始进行建筑和工程活动时，就需要对土地、建筑物和其他工程结构进行测量和测绘。古代的工程测量主要依靠简单的测量工具，如使用测绳、水平仪和角度测量器等。随着科学技术的发展和工程建设的不断进步，工程测量技术也得到了发展和完善。在 18 世纪和 19 世纪，因为工业革命的兴起，工程测量技术得到了更大的发展和应用。测量仪器的发展和改进，如全站仪、测量仪等现代测量设备的出现，使工程测量的精度和效率得到了显著提高。

随着工程建设规模的不断扩大和复杂性的增加，对工程测量技术人员的需求也越来越大。工程测量技术人员利用其专业的知识和技能，能够进行精确的测量和数据处理，为工程项目的设计、施工和管理提供可靠的支持和依据。现代工程测量技术人员通常需要接受专业的教育和培训，学习测量原理、测量仪器的使用和数据处理等知识。他们在工程项目中承担着测量和数据处理工作，为工程项目的顺利进行和质量控制发挥着重要的作用。

## 一、工程测量工程技术人员的一天

记录时间：2023 年 8 月 20 日　　　　记录人：李某

### 上午工作情况

**8 点：**

1. 到达工地或办公室后，首先需要进行准备工作，检查测量设备的状态

① 《中华人民共和国职业分类大典（2022 年版）》中，数字职业标识为 S。

和准确性，确保所有工具和材料齐全。（准备工作）

2. 与团队成员进行沟通，了解当天的工作任务和计划。（了解任务）

**9 点：**

1. 根据项目需求，执行测量任务。测量工作需要使用全站仪、测量仪等专业设备。（测量任务）

2. 在测量过程中，侧重现场安全和工作环境的管理，确保测量设备的安全使用，并遵守相关的安全规定和程序。与现场工作人员协调，确保测量工作顺利进行。（安全操作）

**12 点：**

午餐时间，与团队成员一起用餐和休息。（用餐和休息）

## 下午工作情况

**14 点：**

1. 继续执行测量任务，完成剩余的测量工作。（继续完成测量）

2. 及时记录和整理测量数据、测量图样和测量报告等文件。这有助于后续的数据查阅和工程项目的管理。（记录和整理数据）

**15 点：**

1. 测量完成后，需要对采集到的数据进行处理和分析。这包括使用计算机软件进行数据处理、绘制测量图样和生成测量报告等工作。（数据处理）

2. 与工程师、设计师和施工人员沟通交流，了解项目需求，并根据需要提供测量数据和支持。（团队协作）

3. 与团队成员协作，讨论测量结果，解决可能出现的问题。（讨论问题）

**16 点：**

1. 整理和归档测量数据、测量图样和测量报告等文件。（整理和归档）

2. 参与工程项目会议，与其他工程人员讨论项目进展和下一步工作计划。（制订下一步计划）

工作中的工程测量工程技术人员如图 2-02-02-02-1 所示。

图 2-02-02-02-1　工作中的工程测量工程技术人员

## 二、什么是工程测量工程技术人员

**职业定义。**工程测量工程技术人员是从事工程建设测量和地籍、行政区域、房产测绘的工程技术人员。

**定义解读。**定义中的“工程建设测量”主要包括测量地形、建筑物尺寸、地下管线位置等，为工程设计和施工提供准确的测量结果；“地籍测绘”主要是对土地界址、地籍进行测绘，为土地管理和土地交易提供准确的地籍信息；“行政区域测绘”是对行政区域进行测绘，为行政管理和规划决策提供准确的地理信息；“房产测绘”是对房屋、土地和不动产进行测绘，为房地产交易和不动产登记提供准确的测绘数据。

**关联职业。**密切相关的职业有土地测量师、建筑测量师、土木工程师、地理信息系统工程师、测绘工程师等。土地测量师主要负责土地测量和测绘工作，包括土地界址测绘、地籍调查、土地分割和合并等。在土地测绘方面，土地测量师与工程测量工程技术人员有一定的关联。建筑测量师主要负责建筑物的测量和测绘工作，包括建筑物的平面图、立面图和剖面图的绘制，以及建筑物的尺寸测量和变形监测等。在建筑测量方面，建筑测量师与工程测量工程技术人员有一定的关联。土木工程师负责土木工程项目的规划、设计和施工管理等工作。在工程建设过程中，他们需要与工程测量工程技术人员合作进行工程测量和测绘工作，确保数据的准确性和质量。地理信息系统工程师负责地理信息系统的设计、开发和应用等工作。在地籍、行政区域和房产测绘方面，地理信息系统工程师与工程测量工程技术人员有密切的关联，共同利用地理信息技术进行数据处理和分析。测绘工程师主要负责测绘工作，包括地形测量、地籍测绘、工程测量和海洋测绘等。在测绘领域，测绘工程师与工程测量工程技术人员有一定的关联，共同致力于提供准确的测绘数据和地理信息。

**相应岗位。**测量工程师、测量技术员、地籍测绘员、建筑测量师、桥梁测量员、隧道测量员等。

## 三、工程测量工程技术人员的主要工作职责

1. 负责设计并组织实施控制测量、地形测量、规划测量、建筑工程测量、变形形变与精密测量、市政工程测量、水利工程测量、线路与桥隧测量、地下管线测量、矿山测量、工程测量监理。

2. 负责制定地籍调查工作流程，指导作业人员进行地籍调查、土地界址点测定、地籍图绘制、土地面积计算。

3. 负责制定房产测量工作流程，指导作业人员进行房产要素测量、房产图绘制、房产面积计算。

4. 负责进行国界和行政区域边界点测定、边界线及相关地形要素调绘、边界协议书附图制作。

5. 负责进行外业观测成果资料的整理、概算，以及工程地形图数据的编辑处理等。

6. 负责检查、验收测量成果，提供测量数据和测量图件。

7. 负责维护、保养仪器、设备、工具，校验、维修测量仪器。

## 四、工程测量工程技术人员的薪酬福利待遇

**平均薪酬水平。**工程测量工程技术人员的薪酬福利待遇受多种因素的影响，

包括工作地区、工作经验、学历水平、所在企业规模等。根据 2023 年 5 月招聘平台公示数据，初级工程测量工程技术人员的月薪一般为 5000~8000 元，中级工程测量工程技术人员的月薪一般为 8000~12000 元，高级工程测量工程技术人员的月薪一般在 12000 元以上。

**与类似职业对比。**根据 2023 年 5 月招聘平台公示数据，在北京地区，该职业的薪酬一般要高于施工安全员和工程监理员，与工程造价员、工程预算员相持平，类似职业薪酬水平见表 2-02-02-02-1。

表 2-02-02-02-1　类似职业薪酬水平

| 职业名称 | 薪酬水平（元 / 月） |
| --- | --- |
| 施工安全员 | 6000~9000 |
| 工程造价员 | 7000~12000 |
| 工程预算员 | 7000~12000 |
| 工程监理员 | 7000~10000 |

## 五、从事工程测量工程技术人员工作需要哪些本领

该职业从业人员需要具备的知识和技能有测量基础知识、计算机基础知识、安全生产与环境保护知识、相关法律法规知识等。

工程测量工程技术人员需具备的知识和技能见表 2-02-02-02-2。

表 2-02-02-02-2　工程测量工程技术人员需具备的知识和技能

| 职业功能 | 工作内容 | 知识和技能要求 |
| --- | --- | --- |
| 工作准备 | 资料准备 | 能根据工程需要，列出各种测图控制网所需资料的清单，能分析所收集资料的正确性及准确性，掌握测量坐标系统、高程基准，掌握平面、高程控制网的布网原则、测量方法及精度指标，掌握大比例尺地形图的成图方法及成图精度指标 |

续表

| 职业功能 | 工作内容 | 知识和技能要求 |
| --- | --- | --- |
| 工作准备 | 仪器准备 | 能对全站仪主机进行测前检视，能对水准仪进行测前检视，能对全球卫星导航系统接收机及天线进行测前检视，掌握常用测量仪器的基本结构、主要性能和精度指标，掌握常用测量仪器的检视内容与步骤 |
| 测量实施 | 控制测量 | 能进行一、二、三级导线测量的选点、埋石、观测、记录，能进行全球卫星导航系统静态测量外业观测、记录，能进行全球卫星导航系统载波相位差分技术测量，能进行三、四等水准测量的选点、埋石、观测、记录，掌握测量误差的概念，掌握导线、水准和光电测距测量的主要误差来源，掌握全球卫星导航系统静态测量和全球卫星导航系统载波相位差分技术测量知识，掌握相应等级导线、水准测量记录要求与各项限差规定 |
| | 地形测量 | 能进行大比例尺地形图数据采集，能进行地形地物的综合取舍，掌握大比例尺地形图测图的知识，掌握地形测量原理及工作流程，掌握地形图图式符号运用，掌握外业数据采集内容综合取舍的一般原则 |
| | 工程测量 | 能进行各类平面点位的放样，能进行不同高程位置的放样，能进行纵横断面图测量，掌握平面点位测设方法，掌握高程位置放样方法，掌握纵横断面图测量方法 |
| 数据处理 | 数据整理 | 能进行一、二、三级导线观测数据的检查与资料整理，能进行三、四等水准观测数据的检查与资料整理，能进行一般地区大比例尺地形图数据的整理，能进行平面点位放样和高程位置放样的数据整理，掌握等级导线测量成果计算和精度评定知识，掌握等级水准路线测量成果计算和精度评定知识，保证大比例尺地形图的完整性与合理性，掌握平面点位放样和高程位置放样的计算和限差检查知识 |
| | 计算 | 能进行单一导线、单一水准路线的平差计算与成果整理，能进行平面点位放样数据和高程位置放样数据计算，掌握单一导线平差计算，掌握单一水准线路平差计算 |

续表

| 职业功能 | 工作内容 | 知识和技能要求 |
| --- | --- | --- |
| 设备维护 | 仪器设备检校 | 能进行全站仪、全球卫星导航系统接收机、水准仪等仪器设备的检校，能进行温度计、气压计的检校，能进行袖珍计算机的硬件连接，掌握全站仪、全球卫星导航系统接收机、水准仪等仪器设备的安全操作规程，掌握温度计、气压计的读数方法 |
| | 仪器设备保养 | 能进行全站仪、全球卫星导航系统接收机、水准仪等仪器设备的日常保养，能进行温度计、气压计的日常保养，能进行袖珍计算机的日常保养，掌握全站仪、全球卫星导航系统接收机、水准仪等仪器设备的保养知识，掌握温度计、气压计的维护知识 |

## 六、工程测量工程技术人员的专业教育现状

### （一）相关专业

目前已有较多院校开设了与该职业相关的专业，涉及普通本科院校、职业院校等。普通本科院校相关专业有测绘工程、地理信息科学、空间信息与数字技术、遥感科学与技术等。职业院校相关专业有工程测量技术等。

### （二）开设相关专业的院校（排名不分先后）

★ 相关院校：中国矿业大学、中国地质大学、北京建筑大学、天津城建大学、华北理工大学、山东科技大学、太原理工大学、吉林大学、同济大学、东南大学等。

◆ 相关院校：咸宁职业技术学院、武汉城市职业学院、北京工业职业技术学院、天津铁道职业技术学院、石家庄工程职业学院、江西交通职业技术学院、广东工贸职业技术学院、重庆工程职业技术学院、四川机电职业技术学院、云南工程职业学院等。

## 七、工程测量工程技术人员的就业创业信息

工程测量工程技术人员可以在建筑、土木、交通、水利、能源等领域从事测

量、勘测、地理信息系统应用等工作。他们可以在工程项目中进行测量和定位，提供精确的数据支持和技术服务。常见的岗位包括测量工程师、测绘技术员、勘测员、地理信息系统专员等。该职业从业人员主要分布在建筑工程、土木工程、交通工程、水利工程、能源工程、地理信息系统、环境保护、城市规划等相关行业。

吸纳工程测量工程技术人员就业较多的用人单位主要有：

1. 建筑工程公司：中国建筑集团有限公司、中国中铁股份有限公司、中国交通建设股份有限公司、中国电力建设集团有限公司、中国冶金科工集团有限公司、太平洋建设集团有限公司、绿地控股集团有限公司等。

2. 勘测设计院：上海现代建筑设计（集团）有限公司、中国建筑设计研究院有限公司、中国电建集团成都勘测设计研究院有限公司、长江设计集团有限公司、同济大学建筑设计研究院（集团）有限公司等。

3. 地理信息系统公司：东方道迩数字数据技术（北京）有限公司、苍穹数码技术股份有限公司、北京灵图软件技术有限公司、深圳市伟图科技开发有限公司等。

此外，工程测量工程技术人员还可以在政府部门、科研院所、大学等机构就业，从事相关的研究和教学工作。

注：以上机构信息仅供参考，不代表编写出版方对其推荐或认可。

## 八、工程测量工程技术人员的职业贯通发展

该职业的发展路径主要有四条：管理路线，即从员工逐步晋升为项目管理者。专家路线，即在职业等级上逐步晋升，成为行业专家。复合人才路线，即向其他行业跨越或进行职业转型，如通过学习土木工程、建筑工程等相关领域的知识，发展成为土木工程师、建筑工程师等；通过学习和积累地理信息系统、遥感技术、数据分析等相关知识，发展成为地理信息系统工程师、遥感工程师、数据分析工程师等。创业路线，即基于个人兴趣爱好进行创新创业。工程测量工程技术人员职业贯通发展如图 2-02-02-02-2 所示。

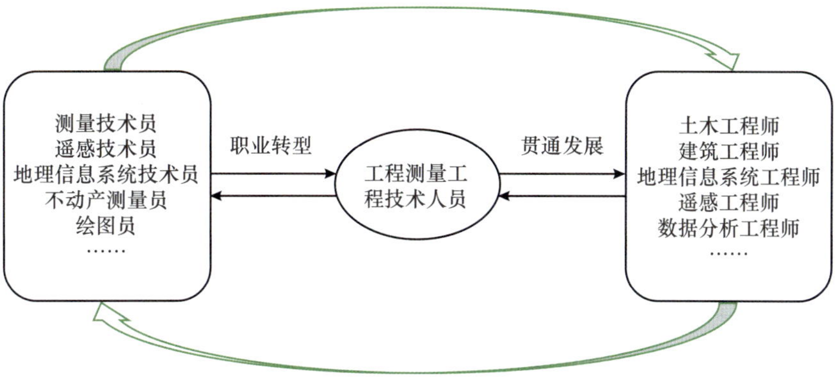


图 2-02-02-02-2　工程测量工程技术人员职业贯通发展图

## 九、工程测量工程技术人员的发展前景

**从市场供需看。**我国工程测量工程技术人员存在较大的缺口。工程测量广泛应用在公路工程、铁路工程、房屋建筑工程、市政公用工程等诸多行业工程控制网的建立、地形测绘。近年来，我国经济迅速发展，基本建设投资规模稳步增长，各行各业的建设会持续地进行下去，这就需要大批的建设者和管理者，工程测量市场规模高于 5000 亿元，保持稳中向上的发展趋势。

**从产业发展看。**随着城市化进程的不断加快，基础设施建设、房地产开发、城市规划等领域的发展，为工程测量工程技术人员提供了更多的就业机会。同时，由于科技的不断进步，工程测量领域涌现出许多新的应用和需求，如无人驾驶、智能交通系统、智慧城市等，这些新兴领域对工程测量工程技术人员的需求将不断增加。

**从政策红利看。**近年来，国家高度重视基础设施建设，提出了一系列政策和计划，如“一带一路”倡议、城镇化建设等。这些政策的实施将带动基础设施建设，从而增加对工程测量工程技术人员的需求。政府对工程测量技术的创新和应用也给予支持。例如，推动无人机、激光扫描等新技术在工程测量中的应用，提高测量效率和精度。这为工程测量工程技术人员提供了更多的发展机会。

## 十、相关内容链接

**国家职业标准：**暂缺。

**相关政策文件：**见表 2-02-02-02-3。

**表 2-02-02-02-3　工程测量工程技术人员相关政策文件**

| 序号 | 发布或通过时间 | 发布或通过机构 | 文件名称 |
| --- | --- | --- | --- |
| 1 | 2017 年 4 月 | 全国人民代表大会常务委员会 | 《中华人民共和国测绘法》 |
| 2 | 2021 年 9 月 | 住房城乡建设部 | 《工程测量通用规范》 |

供稿：咸宁职业技术学院　李晓微

# 自动控制工程技术人员 S

职业编码：2-02-07-07

自动控制是指在没有人直接参与的情况下，利用设备或装置，使机器、设备或生产过程（统称被控对象）的某个工作状态或参数（被控制量）自动地按照预定的规律运行。随着生产力的飞速发展，自动控制技术在各个行业广泛运用，不仅极大地提高了生产效率和运行的经济性，而且有利于将人类从复杂、危险、烦琐的劳动环境中解放出来，提高了工作的可靠性，保证了生产质量，大大改善了劳动条件，方便了人们的生活。从事自动化元器件、装置、系统设计和测试、集成，指导相关安装、维护工作的工程技术人员称为自动控制工程技术人员。

自动控制工程技术人员的常规工作包括设计、测试自动化仪表、生产流水线系统和运行控制系统，并指导技术人员对相关设备进行安装、调试、维护等工作；进行数控编程，指导数控加工工作；及时分析、处理生产技术问题，确保日常生产安全、有序进行。自动控制工程技术人员的工作环境如图 2-02-07-07-1 所示。

图 2-02-07-07-1　自动控制工程技术人员的工作环境

## 一、自动控制工程技术人员的一天

**记录时间：2023 年 6 月 20 日　　　　记录人：王某盛**

### 上午工作情况

**8 点：**

1. 到公司查看自动控制设备的运行状况。（查看运行）

2. 查看生产计划，对照生产进度，做好设备的点检及维保计划。（制订计划）

3. 检查自动化设备，包括机电一体化设备、液压设备、PLC、变频器、组态人机界面等，以确保系统正常运行。（设备点检）

4. 负责自动化设备操作工艺的执行及监督，对设备进行定期检修、保养，保证设备的正常运行。（设备维护、保养）

5. 协助生产部门对新设备进行安装、调试、验收。（设备安装、调试）

6. 协助工程师分析验证，解决设备相关的技术、工艺和质量等问题。（技术改进）

设备点检如图 2-02-07-07-2 所示。

图 2-02-07-07-2　设备点检

## 下午工作情况

**14 点：**

1. 收到紧急故障报告，某条产线设备出现了故障，导致产品无法自动识别并分拣。（故障报警）

2. 迅速响应故障报告，与组员一同前往现场检查。发现该产线设备出现了传送故障，导致系统无法正常工作。随即开始排除故障，检查电源线路、控制面板、传感器、数控机床等设备，发现线路接触不良，导致传感器无法正常工作。（故障分析）

3. 维修接触不良的线路，并重新启动产线。经过测试，确认产线已经恢复正常工作，向生产部门报告故障原因和设备修复情况。（故障排除）

设备故障分析如图 2-02-07-07-3 所示。

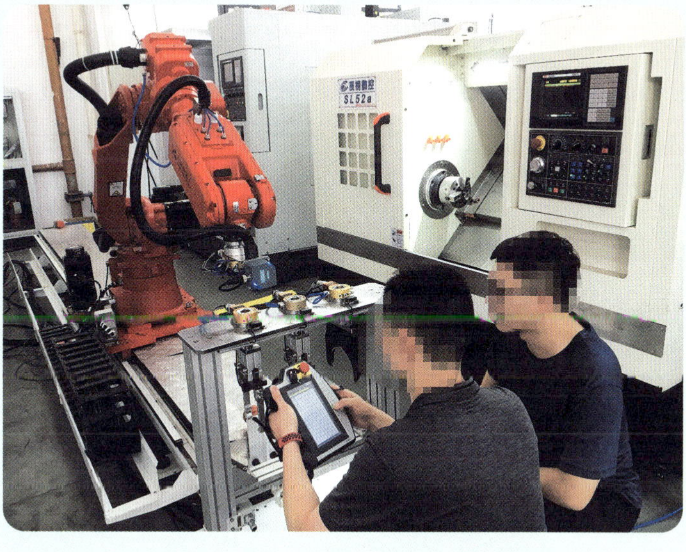


图 2-02-07-07-3　设备故障分析

**16 点：**

1. 编写自动化设备生产工艺及流程指导文件。（应用方案制定）

2. 进行班组讨论交流，汇报当前工作进度。（工作汇报）

3. 总结当天完成的工作，并形成工作日志。（工作小结）

## 二、什么是自动控制工程技术人员

**职业定义。**自动控制工程技术人员是从事自动化元器件、装置、系统设计和测试、集成，指导相关安装、维护工作的工程技术人员。

**定义解读。**在现代科学技术的众多领域中，自动控制技术的作用越来越重要。自动控制是指在没有人直接参与的情况下，利用设备或装置，使机器、设备或生产过程（统称被控对象）的某个工作状态或参数（被控制量）自动地按照预定的规律运行。自动化技术的深入发展，促进了单元技术的不断综合，以计算机集成制造系统（CIMS）为代表的工厂自动化技术，正不断显示出巨大的效益。

**关联职业。**密切相关的职业有智能制造工程师、自动化仪器仪表工程师、电气自动化工程师、自动化机械工程师等。智能制造工程师负责设计、开发、维护和优化智能制造系统，包括数字化、网络化、智能化的生产流程和生产设备等。自动化仪器仪表工程师负责设计、开发、维护和优化自动化仪器仪表系统，包括传感器、仪表、控制器和数据采集设备等。电气自动化工程师负责设计、开发、维护和优化电气自动化系统，包括电气控制装置、电气传动装置和电气保护装置等。自动化机械工程师负责设计、开发、维护和优化自动化机械系统，包括机械传动、机械结构和机械控制等。

**相应岗位。**自动控制工程师、智能制造工程师、自动化仪器仪表工程师、电气自动化工程师、自动化机械工程师等。

## 三、自动控制工程技术人员的主要工作职责

1. 负责元器件设计、测试，参与设计、测试自动化元器件及相关装置，并指导技术人员进行安装、调试、维护。

2. 负责产品设计，参与产品的设计和开发过程，包括机械结构设计、电气控制设计等。

3. 负责系统集成，设计、测试生产流水线系统和运行控制系统、自动化系统软件等，将组件进行集成，并指导技术人员进行安装、调试、维护，确保整个系统能够正常运行。

4. 负责生产加工，进行数控编程，指导数控加工。

5. 负责调试维护，分析、处理生产技术问题；对自动化仪表等设备进行调试和维护，解决故障问题，并及时更新维护记录。

6. 负责编制规范，结合实际情况，编制、推广自动化控制标准、规范。

7. 负责技术支持，为客户提供技术支持和服务，解答客户疑问。

8. 负责项目管理，参与项目管理，协调各个部门的工作，确保项目按时完成。

## 四、自动控制工程技术人员的薪酬福利待遇

**平均薪酬水平。**根据看准网 2023 年 6 月发布的数据，自动控制工程技术人员全国的平均月薪为 13256 元，中位数为 11773 元，7000~12000 元的占比最大，约为 43%。同时，自动控制工程技术人员的薪资水平因地区而异，北京、上海、广州、深圳等一线城市的薪资水平高于其他城市。

**与类似职业对比。**根据看准网 2023 年 6 月发布的数据，全国范围内该职业的薪酬高于模具设计师、材料工程师，低于系统集成工程师、电路设计工程师等的薪酬。类似职业薪酬水平见表 2-02-07-07-1。

表 2-02-07-07-1　类似职业薪酬水平

| 职业名称 | 薪酬水平（元 / 月） |
| --- | --- |
| 模具设计师 | 6262 |
| 材料工程师 | 10534 |
| 系统集成工程师 | 14755 |
| 电路设计工程师 | 20533 |

## 五、从事自动控制工程技术人员工作需要哪些本领

该职业从业人员需要具备的知识和技能有：根据客户的需求设计相应的功能，测试和设计系统结构，进行 PLC 编程、人机界面（HMI）组态，并能胜任工厂验收测试和现场调试工作，组织自动化工程施工，具备自动化系统设计和自动控制系统开发、编程、测试等能力。

自动控制工程技术人员需具备的知识和技能见表 2-02-07-07-2。

**表 2-02-07-07-2　自动控制工程技术人员需具备的知识和技能**

| 职业功能 | 工作内容 | 知识和技能要求 |
|---|---|---|
| PLC 编程与维护 | 自动控制元件设备安装、检修 | 能对 PLC、变频器、继电器等自动控制元件设备进行安装、检修 |
| | PLC 编程与维护 | 能对西门子、施耐德、三菱、ABB 中一种或以上 PLC 进行编程与维护 |
| 仪器仪表管理与维护 | 自动化仪表检修 | 能识别仪表故障，能检修仪表连接线路 |
| | 测控模块检修 | 能识别测控模块故障，能检修测控模块连接线路 |
| | 自动化仪表设备设施巡查 | 能巡查自动化仪表设备设施状态，能检测自动化仪表功能 |
| 数控编程 | 手工编程 | 能根据零件与加工要求编制具有指导性的程序 |
| | 计算机辅助编程 | 能利用计算机高级语言编制特殊曲线轮廓的铣削程序，能利用计算机 CAD/CAM 软件对复杂零件进行实体或曲线、曲面造型，能编制复杂零件的三轴联动铣削程序 |
| | 数控加工仿真 | 能利用数控加工仿真软件分析和优化数控加工程序 |
| 自动引导车（AGV）设备管理与维护 | 机械系统检查与诊断 | 能对 AGV 设备进行检查与诊断，能对末端执行器机械系统进行检查与诊断，能对周边设备机械系统进行检查与诊断 |
| | 电气系统检查与诊断 | 能对 AGV 控制系统进行检查与诊断，能对末端执行器电气系统进行检查与诊断，能对周边设备电气系统进行检查与诊断 |
| 系统开发与现场调试 | 设备装调 | 能根据设计图样检查与检验设备部件，能按照图样要求组装设备部件 |
| | 电气线路布排 | 能按照设计要求布排设备线路 |

续表

| 职业功能 | 工作内容 | 知识和技能要求 |
| --- | --- | --- |
| 系统开发与现场调试 | 设备调试 | 能按照设计要求对自动化产线进行调试，能对调试好的设备进行生产验证 |
| | 反馈及完善 | 能反馈设备组装、布线、调试过程中各种疑难问题，配合工程师做好机台图样的修改和完善，能编制设备操作运行说明书，能在设备交付使用前对员工进行操作培训及性能讲解 |

## 六、自动控制工程技术人员的专业教育现状

### （一）相关专业

目前已有较多院校开设了与该职业相关的专业，涉及普通本科院校、职业院校等。普通本科院校相关专业有智能装备与系统、电气工程及其自动化等。职业院校相关专业有机电一体化技术、智能控制技术等。

### （二）开设相关专业的院校（排名不分先后）

★ 相关院校：清华大学、北京理工大学、哈尔滨工业大学、华南理工大学、华东理工大学、华中科技大学、厦门大学等。

◆ 相关院校：广东机电职业技术学院、广东工贸职业技术学院、辽宁机电职业技术学院、广州市公用事业技师学院、江苏省常州技师学院、杭州萧山技师学院、中山市技师学院等。

## 七、自动控制工程技术人员的就业创业信息

该职业的从业人员遍布全国各地，主要集中在北京、上海、广州、深圳等一线城市，以及制造业比较发达的城市，如苏州、东莞、长沙、武汉等。

吸纳自动控制工程技术人员就业较多的用人单位主要有：

1. 精密元器件制造企业：华凌光电（常熟）有限公司、迈锐恩精密元器件（深圳）有限公司、耘德有限公司等。

2. 高端装备制造企业：华为技术有限公司、三一重工股份有限公司、深圳市

三一联光智能设备股份有限公司、安徽格美自动化设备有限公司、天津中环工业控制系统有限公司等。

3. 家电制造企业：海尔集团公司、小米科技有限责任公司、珠海格力电器股份有限公司、美的集团股份有限公司等。

4. 3C 产品制造企业：深圳比亚迪电子科技有限公司、绿点（苏州）科技有限公司等。

注：以上机构信息仅供参考，不代表编写出版方对其推荐或认可。

## 八、自动控制工程技术人员的职业贯通发展

该职业的发展路径主要有四条：技术路线，即通过不断学习和掌握新技术，逐步成为技术专家或技术顾问。管理路线，即通过不断学习和提升管理能力，逐步成为团队领导或项目经理。销售路线，即通过不断学习和提升销售技能，逐步成为销售代表或销售经理。创业路线，即对市场进行深入的调研和分析，成为自动控制工程系统集成商、自动控制工程设备供应商、柔性制造解决方案提供商等。自动控制工程技术人员职业贯通发展如图 2-02-07-07-4 所示。

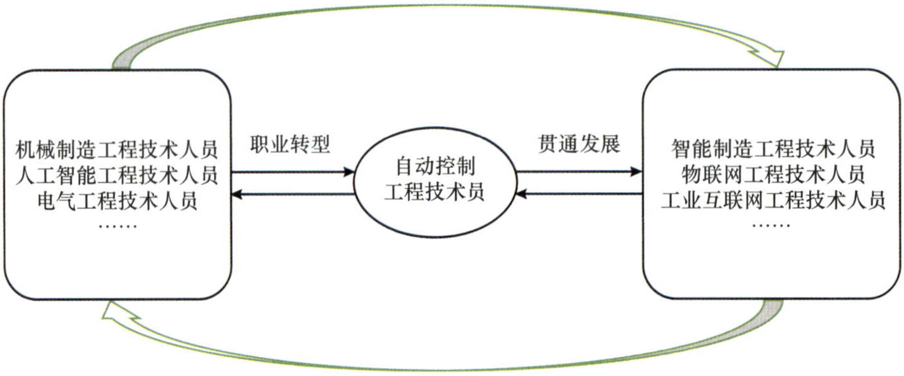


图 2-02-07-07-4　自动控制工程技术人员职业贯通发展图

## 九、自动控制工程技术人员的发展前景

**从市场供需看。**随着工业和制造业的发展，对自动控制工程技术人员的需求量在不断增长。一是需求增长迅速，随着产业的不断转型升级和工业 4.0 与智能制

造的发展，越来越多的企业开始重视自动化技术的应用，目前自动控制工程技术人员的社会需求量巨大，预计在未来较长的时间里将一直保持较大的需求量，这使自动化工程师成为非常热门的职业之一。二是薪资待遇优厚，由于对自动控制工程技术人员的技术要求较高，且市场需求量大，因此他们的薪资待遇通常比其他行业的技术人员要高。三是技能更新换代快，自动化技术的更新换代速度非常快，因此，自动控制工程技术人员需要不断地学习新知识和新技能，以跟上时代的步伐。四是工作环境较为稳定，相比于一些新兴行业，自动控制工程技术人员的工作环境相对稳定，且发展潜力较大。

**从产业发展看。**自动控制工程技术人员紧紧依托制造业，发展前景得到了多项国家政策的支持。制造业是立国之本、强国之基，是国家经济命脉所系。推动制造业高质量发展是建设现代化经济体系的内在要求。制造业是产业链、供应链体系的重要构成，外部与农业、服务业等产业关联互动，内部涵盖了从原材料、中间产品到最终产品生产与流通的一系列环节。制造业健康发展是产业链、供应链安全稳定的主要标志和基本前提。制造业为产业链、供应链循环提供了源源不断的产品和要素，为社会经济稳定运行和健康发展提供了不可或缺的物质保障。

**从政策红利看。**近年来，国家出台了一系列政策，内容涉及多个子系统的产品与服务，如 2021 年 4 月工业和信息化部颁布的《“十四五”智能制造发展规划》（征求意见稿）、2021 年 7 月广东省人民政府印发的《广东省制造业数字化转型实施方案（2021—2025 年）》等。我国正处于工业化建设的中期，对工业制造设备的投资需求非常大，相应地，对工业自动化装备、智能化装备的投资需求也很大。随着我国工业经济结构调整与产业升级的发展，我国工业增加值逐年递增。从 2016 年到 2021 年我国工业增加值从 245406.4 亿元增长至 372575.3 亿元，2021 年较上年同比增速更是达到了 19.1%，这为我国工业自动化行业发展带来了巨大的市场机遇。根据国家统计局数据，从 2019 年到 2021 年，虽然经历了新冠疫情，但我国规模以上工业企业利润总额仍然实现了增长。2019 年我国规模以上工业企业实现利润总额 61995.5 亿元；2021 年全国规模以上工业企业实现利润总额 87092.1 亿元；2022 年 1—6 月，全国规模以上工业企业实现利润总额 42702.2 亿元，同比增长 1.0%（按可比口径计算）。这为我国工业自动化行业发展提供了良好的经济环境。

## 十、相关内容链接

**国家职业标准：**暂缺。

**相关政策文件：**见表 2-02-07-07-3。

**表 2-02-07-07-3　自动控制工程技术人员相关政策文件**

| 发布或通过时间 | 发布或通过机构 | 文件名称 |
| --- | --- | --- |
| 2021 年 12 月 | 工业和信息化部等部门 | 《“十四五”智能制造发展规划》 |

供稿：广州市公用事业技师学院　罗贤

# 雷达导航工程技术人员 S

职业编码：2-02-09-03

雷达导航是一种利用雷达技术进行导航和定位的技术。雷达导航系统通过发送雷达信号，并接收信号的反射来确定目标的位置、速度和方向。它利用雷达信号在空间传播的特性，通过测量信号的时间延迟、幅度和频率等参数，来计算目标物体相对于雷达系统的位置和运动状态。雷达导航广泛应用于多个领域，包括航空、航海、车辆导航及军事等。在航空领域，雷达导航系统可用于飞机的导航、目标检测和避障；在航海领域，雷达导航系统可用于船舶的定位和航行安全；在车辆导航中，雷达导航系统可以帮助车辆定位、避免碰撞和提供辅助驾驶功能；在军事领域，雷达导航技术被广泛应用于侦察、导弹制导和战术部署等任务。通过使用雷达导航系统，可以实现准确的目标定位和导航，提高航行安全性和效率，同时也为自动驾驶、无人机和导航系统等技术的发展提供了重要基础。

## 一、雷达导航工程技术人员的一天

**记录时间：2023 年 5 月 25 日**　　　　**记录人：吴某平**

### 上午工作情况

**9 点：**

1. 检查和回顾前一天的工作情况，解决待处理的问题，并制订当天的工作计划。（工作计划制订）

2. 参加内部会议、团队讨论或项目评审会等。这些会议用于沟通项目进展、讨论技术问题、协调工作计划，并与团队成员和其他相关部门进行协作

和信息交流。（工作协调）

**10 点：**

根据工作计划，完成各种与雷达导航系统相关的任务。这包括设计和开发雷达导航系统的硬件和软件，进行系统测试和验证，进行系统故障排查和维护，或研究和应用新的雷达导航技术等。（项目开发）

## 下午工作情况

**14 点：**

1. 对收集到的雷达数据进行分析和处理。使用专业的软件工具和算法来解析数据、提取关键信息，并进行必要的数据处理和数据优化。（数据处理）

2. 编写技术报告、工作文档和系统文档，记录项目进展、测试结果、故障排除过程和编写技术规范等。（文档处理）

**16 点：**

阅读相关学术论文、参加培训课程或参与专业社区的交流活动，以提升自己的专业知识和技能。（能力提升）

工作中的雷达导航工程技术人员如图 2-02-09-03-1 所示。

图 2-02-09-03-1　工作中的雷达导航工程技术人员

## 二、什么是雷达导航工程技术人员

**职业定义。**雷达导航工程技术人员是从事雷达、导航设备和系统工程研发，设计并指导雷达、导航设备生产和维护管理的工程技术人员。

**定义解读。**雷达导航工程技术人员是在雷达导航领域工作的专业人员。他们掌握雷达技术的原理和应用，专注于设计、开发、测试和维护雷达导航系统。他们具备专业的技术知识和技能，包括雷达信号处理、数据分析、硬件设计、软件开发等。他们熟悉雷达信号的特性，并通过算法和工程手段将其转化为有用的导航信息。

**关联职业。**密切相关的职业有雷达工程师、导航工程师、无人系统工程师、航空工程师、航海工程师、防务工程师、电子工程师和算法工程师。雷达工程师是负责设计、开发和维护雷达系统的工程师。他们专注于雷达信号处理、雷达硬件设计和性能优化等方面。导航工程师是专门从事导航系统设计和开发工作的工程师。他们研究和应用各种导航技术，包括基于雷达的导航技术，以实现精确的定位和导航功能。无人系统工程师是专门从事无人系统（如无人机、自动驾驶车辆等）开发和控制工作的工程师。他们利用雷达导航技术实现无人系统的精确定位、避障和路径规划等功能。航空工程师负责航空领域的设计和工程工作，包括飞机导航系统的设计和开发。他们使用雷达导航技术来实现飞机的定位、导航和自动驾驶等功能。航海工程师是从事船舶导航和海洋测绘等领域工作的工程师。他们利用雷达导航技术进行船舶定位、航线规划和海洋勘测等工作。防务工程师是专门从事国防领域工作的工程师，负责雷达导航系统的研发和应用，包括侦察、导弹制导和战术部署等方面。电子工程师是负责电子系统设计和开发的工程师。他们可能参与雷达导航系统的电子元器件和电路的设计等工作。算法工程师负责分析和处理雷达导航系统收集的数据，提取有用的信息并进行数据优化和算法开发。

**相应岗位。**雷达系统工程师、导航算法工程师、雷达信号处理工程师、雷达硬件工程师、测试与验证工程师、系统集成工程师、技术支持工程师、研发经理或项目经理。

## 三、雷达导航工程技术人员的主要工作职责

1. 雷达导航系统设计与开发：参与雷达导航系统的设计和开发工作，包括系统架构设计、硬件选型、软件开发等，确保系统满足导航需求和性能要求。

2. 雷达信号处理与数据分析：负责对雷达回波信号进行处理和分析，提取目标信息、位置数据和运动轨迹等，以实现精确的目标检测和定位功能。

3. 算法开发与优化：研究和应用雷达导航相关的算法，包括目标跟踪、路径规划、碰撞避免等，不断优化算法性能，提高导航系统的准确性和鲁棒性。

4. 系统集成与测试：负责不同雷达导航系统组件的集成和测试工作，确保各组件的协调运行，验证系统的功能和性能，进行系统级的测试和调试。

5. 故障排除与维护：负责解决雷达导航系统中出现的故障和问题，进行故障排查和维修，确保系统的稳定性和可靠性。

6. 技术支持与培训：对用户提供技术支持，解答技术问题，指导使用和操作雷达导航系统，开展相关的培训活动。

7. 技术研究与创新：跟踪雷达导航领域的最新技术和研究进展，进行技术研究和创新，推动雷达导航系统的技术发展和应用。

8. 文档编制与报告撰写：编写技术文档、测试报告和项目文档，记录系统设计和开发过程中的关键信息和技术细节。

9. 与团队合作与沟通：与团队成员、其他部门成员和合作伙伴合作，进行有效的沟通和协调，确保项目的顺利推进和交付。

## 四、雷达导航工程技术人员的薪酬福利待遇

**平均薪酬水平。**雷达导航工程技术人员的薪酬水平在我国一般较高，高级工程师或专家级别的人员可能获得较高的薪酬。随着经验和技能的积累，薪酬水平会有所提高。需要注意的是，不同地区和行业的雷达导航工程技术人员的薪酬水平可能有所差异。一般来说，一线城市的薪酬水平相对较高，而较为偏远或经济欠发达地区的薪酬水平相对较低。此外，随着行业技术的发展和需求的变化，薪酬水平可能会有所调整。根据猎聘网的统计数据，该职位工作时间在1年以下的，月薪为27344元；工作时间在1~3年的，月薪为33003元；工作时间在3~5年

的，月薪为 36166 元；工作时间在 5 年以上的，月薪为 44095 元；平均月薪为 33680 元。

**与类似职业对比。**与雷达导航工程技术人员类似的职业，如雷达工程师、导航工程师、无人系统工程师等，薪酬水平一般也较为可观。不同职业的薪酬差距可能受到需求和供给关系、专业技能需求程度及行业竞争等因素的影响。类似职业薪酬水平见表 2-02-09-03-1。

表 2-02-09-03-1　类似职业薪酬水平

| 职业名称 | 薪酬水平（元/月） |
|---|---|
| 导航工程师 | 22000~47000 |
| 雷达工程师 | 16000~50000 |
| 无人系统工程师 | 9000~60000 |

## 五、从事雷达导航工程技术人员工作需要哪些本领

该职业从业人员需具备的知识和技能有雷达导航知识、工程技术能力、数学和信号处理等。核心技能是数据分析和模型建立。

雷达导航工程技术人员需具备的知识和技能见表 2-02-09-03-2。

表 2-02-09-03-2　雷达导航工程技术人员需具备的知识和技能

| 职业功能 | 工作内容 | 知识和技能要求 |
|---|---|---|
| 项目规划 | 项目规划、总体设计 | 对雷达原理、雷达系统设计等方面的知识有深入理解；能整体规划雷达导航系统的设计和开发工作，包括系统架构设计、硬件选型、软件开发等；熟练掌握至少一种编程语言（如 C/C++、Python 等） |
| 信号处理 | 信号处理和分析 | 对雷达信号处理和性能评估等方面的知识有深入理解；负责对雷达回波信号进行处理和分析，提取目标信息、位置数据和运动轨迹等，以实现精确的目标检测和定位功能 |

续表

| 职业功能 | 工作内容 | 知识和技能要求 |
| --- | --- | --- |
| 算法设计 | 数学和信号处理 | 熟悉数学和信号处理相关的知识，包括概率论、数理统计、数字信号处理等，能够应用数学和信号处理技术解决导航问题；研究和应用雷达导航相关的算法，包括目标跟踪、路径规划、碰撞避免等，不断优化算法性能，提高导航系统的准确性和鲁棒性 |
| 应用开发 | 系统集成与测试 | 负责不同雷达导航系统组件的集成和测试工作，确保各个组件之间的协调运行，验证系统的功能和性能，进行系统级的测试和调试；具备分析和解决复杂问题的能力，能够进行系统调试和故障排除，提出创新性解决方案 |
| 技术支持 | 技术支持与培训 | 负责解决雷达导航系统中出现的问题，进行故障排查和维修，确保系统的稳定运行和可靠性；提供对用户和客户的技术支持，解答技术问题，指导使用和操作雷达导航系统，开展相关的培训活动 |
| 团队合作 | 团队合作与沟通能力 | 具备良好的团队合作和沟通能力，能够与团队成员、其他部门和合作伙伴合作，有效沟通和协调工作 |
| 工作创新 | 学习能力与创新思维 | 具备快速学习新技术和领域知识的能力，持续关注雷达导航领域的最新发展，能够提出创新思路和解决方案 |

## 六、雷达导航工程技术人员的专业教育现状

### （一）相关专业

目前已有较多院校开设了与该职业相关的专业，涉及普通本科院校、职业院校。普通本科院校相关专业有导航工程、自动化、探测制导与控制技术等。职业院校相关专业有电子信息工程技术、现代通信工程、导航工程技术、卫星通信与导航技术、通信工程设计与监理等。

### （二）开设相关专业的院校（排名不分先后）

★ 相关院校：清华大学、西安电子科技大学、武汉理工大学、哈尔滨工业大学、北京航空航天大学、北京邮电大学、上海交通大学、国防科技大学、北京理

工大学、南京理工大学等。

◆ 相关院校：吉林城市职业技术学院、南京信息职业技术学院、南京机电职业技术学院、广西电力职业技术学院、梧州职业学院、重庆航天职业技术学院、重庆电子工程职业大学、石家庄邮电职业技术学院、辽宁装备制造职业技术学院、浙江邮电职业技术学院等。

## 七、雷达导航工程技术人员的就业创业信息

雷达导航工程技术人员的就业情况相对良好。随着科技的发展和应用领域的拓展，雷达导航技术在军事、航空航天、海洋、交通运输、测绘勘测等领域都有广泛的应用需求，因此对具备相关技能和知识的工程技术人员的需求量较大。该职业从业人员主要分布在区域经济发展较快、工业发展成熟、自动化技术需求较大、用工成本较高的地区，如北京、上海、成都、深圳。

吸纳雷达导航工程技术人员就业较多的用人单位主要有：

1. 研究所：中国科学院软件研究所、中国科学院自动化研究所、中国航天科工集团第二研究院、中国电子科技集团公司第三十八研究所等。

2. 制造类企业：四川长虹电器股份有限公司、英诺赛科（苏州）半导体有限公司、北京万集科技股份有限公司、广州中海达卫星导航技术股份有限公司等。

注：以上机构信息仅供参考，不代表编写出版方对其推荐或认可。

## 八、雷达导航工程技术人员的职业贯通发展

雷达导航工程技术人员的职业发展取决于个人的努力程度和能力，持续学习和不断提升专业知识和技能是职业发展的关键。此外，参加行业会议、培训课程和专业认证等也有助于拓宽职业发展的道路。该职业的发展路径主要有四条：管理路线，即从普通员工晋升到主管 / 单位中层，再晋升到经理 / 单位领导层，甚至往更高的领导职务发展。专家路线，即不断提高技能水平，成为雷达导航领域专家。复合人才路线，即向其他行业跨越或进行职业转型，如通过学习相关知识和技能转型为项目经理、研发管理、咨询和销售工程师等。创业路线，即基于个人兴趣爱好进行创新创业。雷达导航工程技术人员职业贯通发展如

图 2-02-09-03-2 所示。

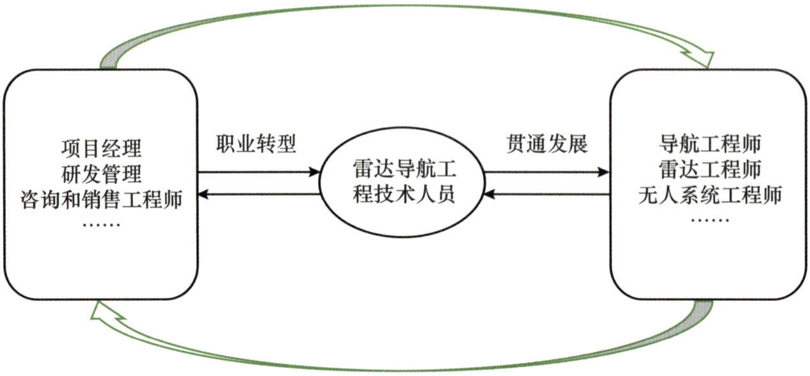


**图 2-02-09-03-2 雷达导航工程技术人员职业贯通发展图**

## 九、雷达导航工程技术人员的发展前景

**从市场供需看。**雷达导航技术在军事、航空航天、海洋、交通运输、测绘勘测等领域都有广泛的应用需求。随着技术的不断进步和新兴领域的不断发展，雷达导航技术的应用范围将进一步扩大，为相关人才提供更多的就业机会。

**从产业发展看。**2023 年是将扩内需作为首要任务的、走出新冠疫情阴影的开局之年。跟随国家宏观经济布局，加之恰当的产业政策，新能源、智能驾驶、激光雷达等产业将迎来爆发式增长期。2022 年是中国激光雷达产业规模上车元年。据中航证券研究分析测算，2022 年车载激光雷达全球市场规模约为 44 亿元，2027 年将达到 633 亿元，年复合增长率约为 70%。

**从政策红利看。**近些年来，为了促进激光雷达行业发展，我国陆续发布了许多政策。例如，2022 年 2 月中国气象局、科学技术部、中国科学院联合发布的《中国气象科技发展规划（2021—2035 年）》提出，突破极轨卫星十米级宽幅盖全球光学成像、静止轨道区域秒级快速成像技术，发展天地一体化极端天气和气象灾害智能机动观测和高低轨道协同观测模式，研究建立基于空间辐射基准的超高精度空间辐射定标和图像定位与配准技术体系，突破主动激光雷达风场测量、主动雷达降水测量、高光谱大气成分探测、静止轨道微波探测及基于导航卫星的无线电掩星和反射观测等探测技术及其资料反演技术，研发国产化自主快速辐射传输模式和高精度遥感产品反演技术。为了响应国家号召，各省份积极推动激光雷达行业发展，发布了一系列政策推进产业发展。例如，2021 年 11 月中共北京市委、北京市人民政府发布的《北京市“十四五”时期国际科技创新中心建设规划》提出，自动驾驶方面重点突破固态激光雷达、成像雷达、融合感知等先进环境感知技术，车规级芯片技术，基于域控制的电子电气架构技术，计算平台、车控操作系统等智能决策技术，基于轮毂电动机的分布式驱动、高安全线控底盘等控制执行技术，并实现在车辆上集成应用。

## 十、相关链接

**国家职业标准：**暂缺。

**相关政策文件：**见表 2-02-09-03-3。

**表 2-02-09-03-3 雷达导航工程技术人员相关政策文件**

| 序号 | 发布或通过时间 | 发布或通过机构 | 文件名称 |
| --- | --- | --- | --- |
| 1 | 2020 年 1 月 | 住房城乡建设部 | 《通用雷达站设计标准》 |
| 2 | 2020 年 7 月 | 国务院 | 《新时期促进集成电路产业和软件产业高质量发展若干政策》 |
| 3 | 2021 年 11 月 | 工业和信息化部 | 《汽车雷达无线电管理暂行规定》 |

供稿：中国东方航空江苏有限公司 茅忠华

# 计算机软件工程技术人员 S

职业编码：2-02-10-03

信息产业的发展极大地改变了传统行业的发展面貌，也使得现代化产业呈现出新的发展局面。软件工程作为信息产业中的重要基础学科，在计算机学科领域有着十分重要的作用。随着信息技术在人们生活中的应用越来越广泛，软件工程在诸多领域也得到了施展和应用。随着计算机学科领域的不断丰富与拓展，软件工程逐渐转变为计算机领域的一门重要独立学科。软件被广泛应用于传统工业、金融行业，以及人们的日常生活中。软件的不断丰富与拓展，极大地改变了人们的日常生活，为人们的工作学习提供了诸多便利，对促进社会经济的发展与进步、提高人们的生活质量有着十分积极的影响。

## 一、计算机软件工程技术人员的一天

**记录时间：2023 年 6 月 12 日** **记录人：杨某**

### 上午工作情况

**8 点：**

1. 参加项目会议，讨论需求、框架设计、开发进度等。（参加项目会议）

2. 处理重要邮件，参与项目的前期策划与目标制定，通过自己的专业知识为项目的前期目标设定提供可行性建议。（处理项目邮件）

3. 编写开发计划、开发文档、详细设计、测试计划等。（编写计划）

4. 基于工程进度和任务要求，开展软件编码和调试工作。（编程开发）

5. 软件演讲、软件技术实施与服务资料的编写。（研讨与资料归档）

### 下午工作情况

**14 点：**

1. 参与客户需求沟通会，调整软件系统及模块功能。（与客户沟通）
2. 软件内模块和软件系统的编程。（软件开发）
3. 与软件策划人员沟通，根据需求完成软件模块设计。（组内研讨）
4. 对软件进行运行试验与测试，发现问题及时修改。（软件调试）

工作中的计算机软件工程技术人员如图 2-02-10-03-1 所示。

图 2-02-10-03-1　工作中的计算机软件工程技术人员

## 二、什么是计算机软件工程技术人员

**职业定义。**计算机软件工程技术人员是从事计算机软件研究、需求分析、设计、测试、维护和管理的工程技术人员。

**定义解读。**软件工程是指以系统性的、规范化的、可定量的过程化方法去开发和维护软件。软件开发，就是通过可行性研究、初步项目计划、需求分析、概要设计、详细设计、实现、测试等工作环节，形成软件产品化的工作过程。计算机软件工程技术人员是从事计算机软件研究、需求分析、设计、测试、维护和管理的工程技术人员。

**关联职业。**密切相关的职业有计算机软件测试员、计算机程序设计员。计算机软件测试员是根据测试计划和测试方案进行软件测试，能够针对软件需求开发测试模型，制定测试方案，安排测试计划，并对测试项目进行管理的专业人员。计算机程序设计员是从事程序代码开发、维护的相关专业人员，一般指专注软件代码编写阶段的技术人员。而计算机软件工程技术人员是从事软件项目全过程管理与开发工作，经常面向复杂软件系统的技术人员。

**相应岗位。**系统分析工程师、系统架构设计师、软件设计工程师、数据库系统工程师等。

## 三、计算机软件工程技术人员的主要工作职责

计算机软件工程技术人员的工作内容包括指导程序员的工作，参与软件工程系统的设计、开发、测试等过程，协助工程管理人员保证项目的质量，负责工程中主要功能的代码实现和解决工程中的关键问题和技术难题；根据开发进度和任务分配，完成相应模块软件的设计、开发、编程任务；进行程序单元、功能的测试，查出软件存在的缺陷并保证其质量；编制项目文档和质量记录；维护软件，使之保持可用性和稳定性。计算机软件工程技术人员的主要工作职责包括但不限于以下几个方面：

1. 研究、应用计算机软件开发技术和方法。
2. 分析项目或产品需求，编写需求说明书及软件设计文档。
3. 设计、编码和测试计算机软件。
4. 部署和集成计算机软件。
5. 编写和管理软件开发文档。
6. 维护和管理计算机软件系统。
7. 评估软件质量和软件过程能力，改进软件过程实施。
8. 实施软件质量保证和软件质量控制。

## 四、计算机软件工程技术人员的薪酬福利待遇

**平均薪酬水平。**根据国家统计局2023年发布的《2022年规模以上企业就业人员年平均工资情况》，该职业所属信息传输、软件和信息技术服务业在16个行业中位列第一。从岗位上看，该职业属于专业技术人员，全国平均年薪为133264元。从地区上看，东部地区（如北京、上海）的工资为25000~35000元/月，略高于其他地区。

**与类似职业对比。**根据智联招聘网2022年数据，计算机软件工程技术人员属于需求广泛的技术型人才，尤其随着传统工业和新兴产业的蓬勃发展，该职业的薪酬有明显上升、高于其他关联职业的趋势，类似职业薪酬水平见表2-02-10-03-1。

表2-02-10-03-1 类似职业薪酬水平

| 职业名称 | 薪酬水平（元/月） |
|---|---|
| 网络工程师 | 10000~20000 |
| 信息安全审计员 | 10000~20000 |
| 程序员 | 15000~25000 |
| IT 运维人员 | 10000~20000 |

## 五、从事计算机软件工程技术人员工作需要哪些本领

计算机软件工程技术人员需具备的知识和技能见表2-02-10-03-2。

表2-02-10-03-2 计算机软件工程技术人员需具备的知识和技能

| 职业功能 | 工作内容 | 知识和技能要求 |
|---|---|---|
| 问题分析定义 | 对实际问题分析定义 | 熟练掌握软件需求分析领域知识，能够提出关于问题性质、工程目标和规模的书面报告。通过对系统的实际用户和使用部门负责人的访问调查，分析员能扼要地写出对问题的理解，并在用户和使用部门负责人的会议上认真讨论这份书面报告，澄清含混不清的地方，改正理解不正确的地方，最后得出一份双方都满意的文档 |

续表

| 职业功能 | 工作内容 | 知识和技能要求 |
| --- | --- | --- |
| 可行性研究 | 撰写可行性研究报告 | 熟练掌握软件开发技术知识，掌握一定的法律法规及财务知识。在对用户调查的基础上，能说明对所建议的开发项目进行可行性研究的前提，如要求、目标、假定、限制等；能够对现有系统进行分析，对所开发的系统进行论述，在技术、操作等方面进行可行性研究，给出市场需求情况和风险分析，投资估算、经济和社会效益分析，项目实施进度计划等 |
| 需求分析 | 功能性需求 | 熟练掌握软件需求分析领域知识，能利用功能分解方法、结构化分析方法、信息建模法和面向对象的分析方法，确定软件的功能，形成软件需求规格说明书 |
|  | 非功能性需求 | 熟练掌握软件工程规范、人体工程学等领域知识，能提出软件使用时对性能、运行环境等方面的要求；能编写软件设计必须遵循的相关标准、规范、用户界面设计的具体细节、未来可能的扩充方案等 |
|  | 设计约束 | 了解软件设计的约束条件，能编写与其他软件的关系等说明 |
| 软件设计 | 概要设计 | 熟练掌握软件架构设计、操作系统等方面知识，能完成软件的总体设计、接口设计、系统数据结构设计、系统出错处理设计等 |
|  | 数据库设计 | 熟练掌握数据库管理系统等方面知识，能确定数据库的名称和使用此数据库的软件系统的名称，完成数据库概念结构、逻辑结构、物理结构、数据字典、安全保密等方面设计 |
|  | 详细设计 | 熟练掌握算法设计等方面知识，能完成程序系统的结构、程序的功能与性能等描述，程序的算法设计等 |
| 编码实现 | 编码实现 | 熟练掌握编程语言等方面知识，能确定程序开发的语言，编写高质量的程序代码，形成可执行的程序 |
| 软件测试 | 软件测试 | 熟练掌握软件测试等方面知识，编写软件测试计划，制定软件测试方案，设计软件测试用例，熟练使用软件测试工具开展软件测试，对软件测试结果进行有效分析，提升软件质量保障体系 |

续表

| 职业功能 | 工作内容 | 知识和技能要求 |
|---|---|---|
| 软件运行与维护 | 软件运行 | 熟练掌握软件开发与维护领域知识，能够开展软件部署，对系统进行初始化、输入各种原始数据记录；记录系统运行的数据和状况；对实际系统的输入方式进行考查，对系统实际运行、响应速度（包括运算速度、传递速度、查询速度和输出速度等）进行实际测试 |
| | 软件维护 | 熟练掌握软件开发与维护领域知识，能根据需求变化或硬件环境的变化对应用程序进行部分或全部的修改，包括正确性维护、适应性维护、完善性维护和预防性维护等 |

## 六、计算机软件工程技术人员的专业教育现状

### （一）相关专业

目前已有较多院校开设了与该职业相关的专业，涉及普通本科院校和职业院校。普通本科院校相关专业有软件工程、计算机科学与技术、电子与计算机工程、物联网工程等。职业院校相关专业有软件技术、电子信息工程技术、人工智能技术应用、物联网应用技术、大数据技术等。

### （二）开设相关专业的院校（排名不分先后）

★ 相关院校：北京航空航天大学、南京大学、浙江大学、同济大学、电子科技大学、哈尔滨工业大学、天津大学、东北大学、大连理工大学、沈阳工程学院等。

◆ 相关院校：广东松山职业技术学院、三门峡职业技术学院、邯郸职业技术学院、山东商业职业技术学院、广东水利电力职业技术学院等。

## 七、计算机软件工程技术人员的就业创业信息

软件工程是学校就业优势专业，以软件工程、计算机科学与技术为主干学科，以信息技术行业人才能力需求为导向，培养从事软件分析、设计、开发、测试和维护工作的应用型工程技术和管理人才。软件工程技术已广泛应用于我国工业、农业、金融、航空等多个重要领域，计算机软件工程技术人员可在政府机关、企

事业单位、教育机构、科研院所等从事软件的设计、开发、测试、管理工作。软件技术的发展也带来了许多新的职业和就业机会。例如，人工智能、大数据分析、云计算等领域将需要更多的软件技术人才。

吸纳计算机软件工程技术人员就业较多的用人单位主要有：

1. 机关、事业单位信息化部门。

2. 各大信息化研究所、国防等重要部门。

3. 高等院校、职业院校等。

4. 信息化企业：联想、华为、腾讯、百度、谷歌、微软等。

注：以上机构信息仅供参考，不代表编写出版方对其推荐或认可。

## 八、计算机软件工程技术人员的职业贯通发展

该职业的发展路径主要有四条：专家技术路线，即努力钻研技术，紧跟行业动向，深入研究，掌握精髓，成为该领域的专家。开发管理路线，即首先要精通技术，然后具备良好的协调沟通能力，从普通程序员晋升到开发组长，再晋升到项目经理 / 高级经理，甚至往更高级的领导职务发展，如技术总监等。创业创新路线，即以所具备的软件工程技术知识进行软件相关的创新创业，成为企业董事。复合人才路线，即向其他行业跨越或进行职业转型，如通过学习相关知识和技能转型为网络工程技术人员、信息系统分析工程师、信息系统管理工程师等。

计算机软件工程技术人员职业贯通发展如图 2-02-10-03-2 所示。

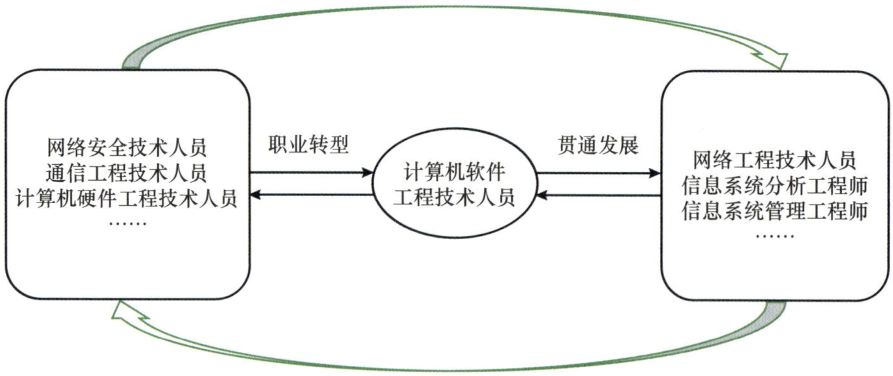


图 2-02-10-03-2　计算机软件工程技术人员职业贯通发展图

## 九、计算机软件工程技术人员的发展前景

在现代社会中，软件应用于多个方面，典型的有电子邮件、嵌入式系统、人机界面、办公套件、操作系统、编译器、数据库、游戏等。同时，各个行业几乎都有计算机软件的应用，如工业、农业、金融、航空、政府部门等。软件产业作为信息产业的核心，是国民经济信息化的基础，已经涉足工业、农业、商业、金融、科教文卫、国防和百姓生活等各个领域。采用先进的工程化方法进行软件开发和生产是实现软件产业化的关键技术手段。因此，为积极促进我国软件产业发展，加速我国信息化建设，增强国际竞争力，急需培养大批软件工程领域的实用型、复合型软件工程技术人才和软件工程管理人才。

软件产业的发展水平决定了一个国家的信息产业发展水平及其在国际市场中的综合竞争力。我国软件高级人才的短缺已经成为制约我国软件开发产业快速发展的一个瓶颈。中国市场对软件人才的需求每年高达 80 万人，而高校计算机专业毕业生中的软件工程人才还很缺乏，尤其是高素质的软件工程人才极度短缺。

**从市场供需看。**随着国家社会经济的不断发展，人们的收入水平逐年提高，对计算机软件的应用需求也随之增加，使计算机软件开发得到了良好的发展。在软件开发的过程中，计算机软件的形式和范围在逐渐地改变和扩大，对于软件开发的技术要求也更加严格，这就需要越来越多的更加专业的计算机软件工程技术人员。

**从产业发展看。**随着信息行业的不断增速发展，越来越多的互联网信息产业开始呈现跨越式的扩增态势，对专业的计算机软件工程技术人员的需求量也在逐年加大。相比于传统行业，计算机软件工程技术人员有着较为良好的工作环境和薪资待遇。计算机软件工程技术人员有着较为广泛的就业方向。

**从政策红利看。**《中华人民共和国国民经济和社会发展第十四个五年规划和 2035 年远景目标纲要》表明，在当前我国经济由高速增长转向高质量发展的重要阶段，以软件工程技术为代表的信息化技术，将成为我国“十四五”期间推动经济高质量发展，建设创新型国家，实现新型工业化、信息化、城镇化和农业现代化的重要技术保障和核心驱动力之一。

《中华人民共和国职业分类大典（2022 年版）》将近年来新增的职业信息纳入

其中，为推动数字经济、数字技术发展，新版大典标注数字职业 97 个，数字职业中含计算机软件工程技术人员、大数据工程技术人员等多个近年来发展迅猛的新兴职业。

## 十、相关内容链接

**国家职业标准：** 暂缺。

**相关政策文件：** 见表 2-02-10-03-3。

**表 2-02-10-03-3　计算机软件工程技术人员相关政策文件**

| 序号 | 发布或通过时间 | 发布或通过机构 | 文件名称 |
| --- | --- | --- | --- |
| 1 | 2020 年 7 月 | 国务院 | 《新时期促进集成电路产业和软件产业高质量发展若干政策》 |
| 2 | 2021 年 11 月 | 工业和信息化部 | 《“十四五”软件和信息技术服务业发展规划》 |

供稿：沈阳工程学院　杨政

# 计算机网络工程技术人员 S

职业编码：2-02-10-04

计算机网络工程技术人员职业的发展可以追溯到计算机网络技术的兴起和普及时期。随着计算机的发展，人们意识到将计算机连接起来可以实现资源共享和信息传递，于是计算机网络技术应运而生。

20 世纪 80 年代，互联网的出现引发了计算机网络技术的革命。互联网的普及使得计算机网络的需求大幅增加，这就需要有专业人员来设计、构建和管理网络系统，于是计算机网络工程技术人员这个职业逐渐形成。

随着互联网的迅速发展，对计算机网络工程技术人员的需求不断增加。计算机网络工程技术人员在企业、组织和政府等各个领域都扮演着重要的角色。他们负责设计和部署网络架构，确保网络的安全和稳定运行，排除网络故障和解决网络问题，优化网络性能等。

随着信息技术的快速发展和云计算、大数据、物联网等新技术的兴起，对计算机网络工程技术人员的需求将继续增加。计算机网络工程技术人员需要不断学习和更新知识，以适应新技术的发展和变化。

对个人而言，计算机网络工程技术人员是一个充满挑战和机会的职业。他们可以通过不断学习和提升技能，晋升到网络架构师、网络安全专家、系统管理员等高级职位。同时，计算机网络工程技术人员职业发展受到相关认证的影响，如华为、新华三、思科、计算机技术与软件专业技术资格（水平）考试等网络技能认证，可以提升个人的职业竞争力。

## 一、计算机网络工程技术人员的一天

记录时间：2023 年 7 月 7 日　　　　记录人：杨某飞

### 上午工作情况

**9 点：**

打开工作邮箱，查看工作日程安排。参加公司晨会，对近期工作中遇到的热点难点问题和同事进行接班前交流和讨论。领取当日任务工单。（内部协调与交流）

**10 点：**

召开需求确认会议。与客户沟通，确定网络需求，讨论现有网络性能，询问关于服务质量的具体需求，确定实施计划。（需求确认）

**11 点：**

1. 到达客户现场，清点货物，检查项目实施所需的工具是否完备，开始巡检。（巡检）

2. 利用午餐时间与客户交流，明确施工计划。也可以利用这个时间阅读最新的网络技术资料，以保持对行业发展的了解。（深挖客户潜在需求）

### 下午工作情况

**13 点 30 分：**

1. 配置网络设备，确保它们按照设计要求工作，与弱电工程师配合完成安装连线等工作。（运行与维护）

2. 安装完成后，检查设备是否正确部署，是否上线，然后通知客户，准备进行业务上线测试。（上线前测试）

**16 点 30 分：**

1. 业务成功上线后，检查客户网络系统整体运行情况，监控网络性能和流量，分析网络瓶颈和性能问题，优化网络带宽和延迟，通过优化路由器和

交换机等来提高网络速度和可靠性。（调试监控）

2. 对现场设备进行备份操作，以确保网络数据的安全性和可用性。（系统安全备份）

**17 点：**

1. 现网状况整理，输出验收文档，并对现场运维人员进行网络运维技能培训；若客户的网络系统在日常运行时出现意外，能够及时采取正确补救措施；普及日常巡检的注意事项；在日常工作中，能够提前发现可能出现的网络故障。（技能培训）

2. 撰写工作日志，记录当天的工作情况。（日志更新）

3. 与客户交接完毕，准备撤离现场时，接到老客户的电话，×× 单位的网络正常运行，刚才突然局部瘫痪，找不到原因。通知距离故障现场最近的同事前往现场，与设备供应商联系，建立 ×× 单位网络故障临时群，与相关人员同步情况。（启动应急抢修预案）

4. 远程至故障现场，检查现网情况，逐步检查网络设备、链路和连接，以确定故障出现的位置，以第一时间恢复业务为首要目标，进行快速诊断。（远程在线支持）

5. 确定故障位置后，查看设备日志查找原因，通过工作文档找到对应设备原本的配置，对其进行覆盖。故障排除后，总结相应的改进措施，撰写故障报告，以备处理类似故障。（排故与总结）

6. 根据客户反馈，更新工作计划，包括时间表、成本估算和项目阶段。将更新后的计划发送给客户确认。（更新计划）

7. 更新网络拓扑图，以反映新的配置和设备。确保文档的准确性，以便其他团队成员参考。撰写一份详细的报告，总结本周的网络活动和故障处理情况。（文档更新）

计算机网络工程技术人员在网络中心工作的场景如图 2-02-10-04-1 所示。

图 2-02-10-04-1　计算机网络工程技术人员在网络中心工作的场景

## 二、什么是计算机网络工程技术人员

**职业定义。**计算机网络工程技术人员是从事互联网等计算机网络研究、设计、安装、集成、调试、维护、管理和服务的工程技术人员。

**定义解读。**网络是许多组织的关键基础设施之一，计算机网络工程技术人员需要对网络的可用性、安全性和性能负责。计算机网络工程技术人员需要完成各种各样的任务，包括网络设计、配置路由器和交换机、网络监测、故障排除、安全管理等。他们需要具备多任务处理能力，需要具备深厚的计算机网络知识和技术技能，包括网络协议、路由和交换技术、网络安全等方面的知识，同时需要解决各种网络技术问题，包括性能问题、连接问题、安全漏洞等。该岗位对追踪新技术发展的学习能力和快速解决实际问题的能力要求较高。

**关联职业。**密切相关的职业有通信工程技术人员、计算机软件工程技术人员、信息系统分析工程技术人员、信息安全工程技术人员、信息系统运行维护工程技术人员等。

**相应岗位。**网络管理员、综合布线工程师、网络安全工程师、网络工程师、网络架构师、项目经理、技术总监等。

## 三、计算机网络工程技术人员的主要工作职责

1. 研究、应用计算机网络技术、体系结构、协议和标准。

2. 负责单位整体业务系统需求的评估和分析、项目实施及后续完善管理，参与其他信息化项目的实施。

3. 负责机房和网络、监控、巡检、变更、故障处理等日常运维，保障网络系统稳定运行。

4. 负责网络项目无线规划和优化相关参数、专业工具部署和方案落地，提升业务流程效率，为突发安全事件的应急处置提供支持。

5. 负责网络信息安全管理，通过运用各种安全产品和技术进行安全制度建设、安全技术规划、日常维护管理、信息安全检查、审计系统账号管理及系统日志检查等，及时发现安全威胁，验证、处置及报告，确保网络及业务系统安全、稳定运行。

6. 负责计算机软硬件安装、配置、升级、运行维护与管理，保障系统正常运行，满足日常工作需要。

7. 负责制定网络建设标准规范，整理编写网络运维文档。

8. 负责单位网站的技术维护。

9. 负责提供计算机网络系统技术咨询和技术支持。

## 四、计算机网络工程技术人员的薪酬福利待遇

**平均薪酬水平。**根据国家统计局 2022 年发布的平均工资数据，信息传输、软件和信息技术服务业平均工资在各行业中最高。根据职友集网和前程无忧网信息，计算机网络工程师平均月薪在 1 万元左右。杭州、深圳、上海等数字经济相对发达地区的人才需求量较大，平均薪酬相对较高。

**与类似职业对比。**根据职友集网信息，计算机网络工程师的薪酬水平与运维工程师、电气工程师基本持平，比弱电工程师高 20% 以上。类似职业薪酬水平见表 2-02-10-04-1。

表 2-02-10-04-1 类似职业薪酬水平

| 职业名称 | 薪酬水平（元 / 月） |
| --- | --- |
| 运维工程师 | 7000~10000 |
| 电气工程师 | 6500~9000 |
| 弱电工程师 | 5000~8000 |

## 五、从事计算机网络工程技术人员工作需要哪些本领

计算机网络工程技术人员应具备计算机网络体系结构和网络协议的理论基础，能为用户提供完整的网络规划方案，熟练掌握交换机、路由器等网络设备的配置和相关网络安全产品的应用，熟悉网络工程实施 5S 规范，确保网络项目的顺利实施和日常网络的畅通和优化。

计算机网络工程技术人员需具备的知识和技能见表 2-02-10-04-2。

表 2-02-10-04-2 计算机网络工程技术人员需具备的知识和技能

| 职业功能 | 工作内容 | 知识和技能要求 |
| --- | --- | --- |
| 网络规划设计 | 需求分析<br>方案设计 | 能够对组网需求进行分析并形成需求分析报告和可行性报告；能够按照需求分析，应用先进网络技术设计网络方案 |
| 网络工程 | 综合布线<br>工程实施<br>工程监理<br>网络设备配置 | 能够根据方案图样实施综合布线并进行测试；能够根据需求分析、方案设计对网络设备进行配置，实现网络的互联互通；能够根据监理要求有效调配资源，发现问题，预判项目存在的风险并解决，处理项目相关方的关系 |
| 网络服务 | 网络应用规划<br>网络应用配置 | 能够根据网络需求进行网络应用规划；能够进行网络应用配置，实现网络应用 |
| 网络管理 | 网络管理与维护<br>网络安全防护 | 熟悉信息等级保护测评要求，能够制定网络管理策略，能够对网络设备、网络应用进行日常管理及维护，能够根据需求、等级保护要求对网络安全设备进行配置 |

## 六、计算机网络工程技术人员的专业教育现状

### （一）相关专业

目前已有较多院校开设了与该职业相关的专业，涉及普通本科院校、职业院校等。相关专业有网络工程、计算机网络技术、网络工程技术等。

### （二）开设相关专业的院校（排名不分先后）

★ 相关院校：吉林大学、南京邮电大学、安徽大学、杭州电子科技大学、电子科技大学等。

◆ 相关院校：浙江机电职业技术大学、北京电子科技职业学院、陕西工业职业技术学院、常州信息职业技术学院、重庆电子科技职业大学、长春职业技术学院、安徽机电职业技术学院、芜湖职业技术学院、武汉铁路职业技术学院等。

## 七、计算机网络工程技术人员的就业创业信息

随着数字化时代的到来，计算机网络技术在企业和组织中扮演了关键角色。从小型企业到大型跨国公司，几乎每个组织都需要专业的网络技术人员来管理和维护计算机网络。计算机网络工程技术人员就业的去向主要在科技产业园区和技术中心、科技型企业和创新型企业聚集的地区、金融和银行业、大型企业和医疗机构等。

在信息技术行业，如华为、新华三、锐捷网络等公司，可以从事网络管理员、网络工程师、网络安全专家、系统管理员等岗位工作。

在通信行业，如中国电信、中国移动、中国联通等公司，可以从事网络设施规划、网络性能优化、家庭宽带网格化运营和维护工作。

在云计算和大数据行业，对构建和管理云基础设施、部署平台应用的云计算工程师、网络技术人员、网络安全人员的需求增加。

在直播电商行业，可以从事网络规划、网络性能优化、网络和数据安全和网络可靠运维工作。

在创业方面，可以创办信息化工程公司，提供网络方面的系统规划、设计、

咨询、安装、测试、网络代运营等服务。

注：以上机构信息仅供参考，不代表编写出版方对其推荐或认可。

## 八、计算机网络工程技术人员的职业贯通发展

计算机网络工程技术人员的职业贯通发展路径可以是多样的，取决于个人的兴趣、技能和职业目标。该职业的发展路径主要有两条：专业路线，即首先从事初级网络支持 / 技术支持工作，作为网络技术专业的起点，主要涉及处理日常网络问题，为用户提供支持，并排除常见的网络故障；不断提高网络技能水平，晋升为网络管理员或网络工程师，负责更高级的网络配置、网络设备的管理和网络性能优化；提高复杂网络管理水平，成为网络架构师和云计算工程师，负责设计和规划大规模网络架构，以及构建和管理云基础设施，使企业能够在云平台上部署和运行应用程序。管理路线，即如果对管理感兴趣，可以朝着项目经理或团队领导的职位发展；成为网络咨询顾问，可以提供网络方面的专业建议和咨询服务，帮助企业解决网络问题并改进网络架构；成为项目负责人，将负责指导团队完成网络项目、管理资源和与客户沟通。计算机网络工程技术人员职业贯通发展如图 2-02-10-04-2 所示。

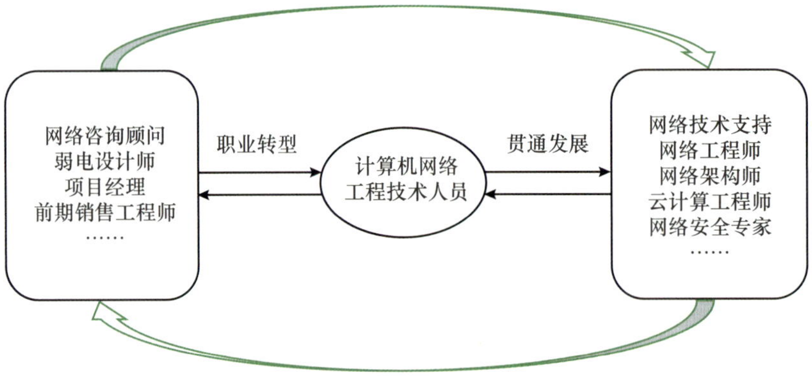


图 2-02-10-04-2　计算机网络工程技术人员职业贯通发展图

## 九、计算机网络工程技术人员的发展前景

**从市场供需看。**随着新一代信息技术的不断突破，全球将数字经济作为当今

经济发展的重点，并不断强化数字技术创新以寻求在国际竞争中的优势。数字技术已深刻改变了社会的生产生活方式，极大推动了经济发展的质量变革、效率变革和动力变革，信息与通信技术（ICT）人才的重要性越发凸显。各行各业对ICT人才的需求正在急剧增加。到2025年，ICT人才缺口将达到2135万人，云计算产业人才缺口将达到561万人，其中，非一线城市的ICT相关岗位的需求占比为50%，三四线城市ICT人才缺口显著。

**从产业发展看。**从产业发展的角度来看，计算机网络工程技术人员的发展前景非常乐观。随着企业、政府数字化转型，云计算和边缘计算，消费互联网、工业互联网和农业互联网的快速发展和应用场景不断扩大，以及国家和企业对数据安全、网络攻击等网络安全领域的逐步重视，对计算机网络工程技术人员的需求将持续增加。

**从政策红利看。**在数字经济重点产业中，物联网、人工智能、大数据在产业规模上有相对明确的目标。工业互联网通过明确企业内网改造、工业平台改造、5G工业企业渗透率等目标提高了未来解决方案的辐射度及需求量。各部委分别出台了各自领域的"十四五"发展规划，与本职业相关的主要规划有《关于推进"上云用数赋智"行动 培育新经济发展实施方案》《物联网新型基础设施建设三年行动计划（2021—2023年）》《"十四五"数字经济发展规划》《"十四五"智能制造发展规划》《"十四五"国家信息化规划》等。

## 十、相关内容链接

**国家职业标准：**暂缺。

**相关政策文件：**见表2-02-10-04-3。

**表2-02-10-04-3 计算机网络工程技术人员相关政策文件**

| 序号 | 发布或通过时间 | 发布或通过机构 | 文件名称 |
| --- | --- | --- | --- |
| 1 | 2020年4月 | 国家发展改革委等部门 | 《关于推进"上云用数赋智"行动 培育新经济发展实施方案》 |

续表

| 序号 | 发布或通过时间 | 发布或通过机构 | 文件名称 |
| --- | --- | --- | --- |
| 2 | 2021 年 9 月 | 工业和信息化部等部门 | 《物联网新型基础设施建设三年行动计划（2021—2023 年）》 |
| 3 | 2021 年 12 月 | 国务院 | 《“十四五”数字经济发展规划》 |
| 4 | 2021 年 12 月 | 工业和信息化部等部门 | 《“十四五”智能制造发展规划》 |
| 5 | 2021 年 12 月 | 中央网络安全和信息化委员会 | 《“十四五”国家信息化规划》 |

供稿：浙江机电职业技术大学　葛永明

# 嵌入式系统设计工程技术人员 S

职业编码：2-02-10-06

随着信息化、智能化、网络化的发展，嵌入式系统技术将获得广阔的发展空间。我们通常认为的嵌入式系统是以应用为中心，以现代计算机技术为基础，软硬件可裁剪，适应应用系统对功能、可靠性、成本、体积、功耗等的严格要求的专用计算机系统。与通用型计算机系统相比，嵌入式系统的优点包括：功耗低、可靠性高；功能强大、性价比高；实时性强，支持多任务；占用空间小，效率高；面向特定应用，可根据需要灵活定制。无人机、智能音响、机器人控制、天眼系统、智能家具、自动驾驶汽车、扫地机器人、智能手环等前沿科技产品都离不开嵌入式系统。这些产品的需求分析、设计开发、集成调试、测试验证、运行维护都离不开嵌入式系统设计工程技术人员这一职业。

## 一、嵌入式系统设计工程技术人员的一天

记录时间：2023 年 6 月 20 日　　　　记录人：郑某元

### 上午工作情况

**8 点 30 分：**

1. 整理工作资料，开启计算机及设备。（工作准备）

2. 阅读项目技术文档，整理设计需求。（需求整理）

3. 召开团队内部会议，分析项目需求，讨论技术重点和难点，提出设计方案。（研讨需求及方案）

4. 将任务划分为若干模块，分工至项目组成员。（任务分工）

**9 点：**

1. 查阅模块资料，了解当前相关先进技术。（资料查阅）

2. 将模块工作内容划分为数个小单元。（工作细分）

3. 依次设计各小单元，并在开发环境中进行调试。（单元设计）

## 下午工作情况

**13 点：**

1. 整合各小单元，完成模块初步设计。（完成初步设计）

2. 模块在开发环境中测试运行，并进行功能调试。（设计调试）

3. 模块交给他人进行功能测试。（功能检测及查找 BUG）

**16 点：**

1. 项目组成员将各自负责模块进行整合，完成项目初样。（整合初样）

2. 各模块之间相互调试，验证功能。（集成调试）

3. 模拟项目实际使用流程及工作环境，进行整体的功能和性能测试。（测试验证）

**18 点：**

1. 记录当前工作内容，总结遇到的问题。（工作总结）

2. 提出项目开发后续改进思路。（工作展望）

3. 整理工作环境，调试设备归位，电气设备关机断电。（整理设备）

工作中的嵌入式系统设计工程技术人员如图 2-02-10-06-1 所示。

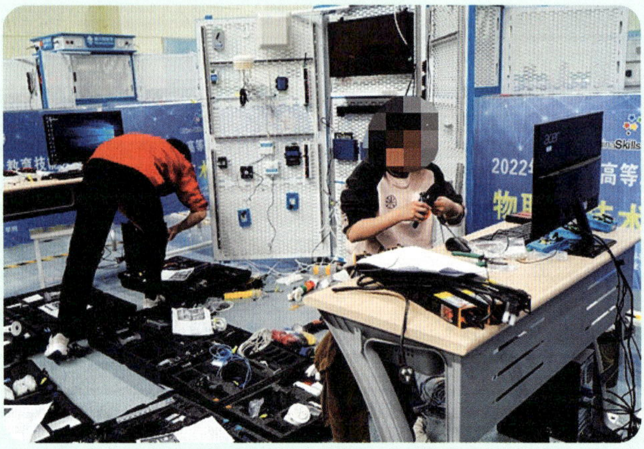

图 2-02-10-06-1　工作中的嵌入式系统设计工程技术人员

## 二、什么是嵌入式系统设计工程技术人员

**职业定义。**嵌入式系统设计工程技术人员是从事嵌入式应用系统和自动化控制系统的分析、编程、设计、集成、维护、评价、改进的工程技术人员。

**定义解读。**嵌入式系统是以应用为中心，以现代计算机技术为基础，能够根据用户需求（功能、可靠性、成本、体积、功耗、环境等）灵活裁剪软硬件模块的专用计算机系统。以应用为中心是指满足用户的特定需求，就绝大多数完整的嵌入式系统而言，用户打开电源即可使用其功能，无须进行二次开发或仅需少量配置操作。而根据用户需求不同，灵活裁剪软硬件、组建符合要求的最终系统是嵌入式技术发展的必然技术路线。

**关联职业。**密切相关的职业有计算机软件工程技术人员、计算机硬件工程技术人员、信息系统分析工程技术人员和信息系统运行维护工程技术人员。计算机软件工程技术人员是从事计算机软件研究、需求分析、设计、测试、维护和管理的工程技术人员。计算机硬件工程技术人员是从事计算机整机、主板、外设等硬件技术研究、设计、调试集成、维护和管理的工程技术人员。信息系统分析工程技术人员是从事信息系统分析、设计、咨询的工程技术人员。信息系统运行维护工程技术人员是从事信息系统开发、功能检测、运行管理和维护的工程技术人员。以上四类职业与嵌入式系统设计工程技术人员的工作内容和能力要求有所交叉，最核心的区别在于嵌入式系统设计工程技术人员往往针对专门的嵌入式系统进行需求分析、设计开发、集成调试、测试验证和运行维护，所开发的产品和应用场景与上述四类职业有所不同。

**相应岗位。**嵌入式软件工程师、嵌入式硬件工程师、嵌入式系统架构师、嵌入式测试工程师、嵌入式应用工程师、嵌入式系统安全工程师、嵌入式系统项目经理。

## 三、嵌入式系统设计工程技术人员的主要工作职责

1. 需求分析：根据系统功能需求参数，分析理解控制对象的要求并归纳成技术指标，给出系统需求的量化定义。

2. 硬件开发：根据系统需求的量化定义，配置嵌入式应用系统和自动化控制

系统硬件，确定技术规格。

3. 软件开发：使用编程语言完成嵌入式系统的编程，并进行驱动、操作系统、应用软件等模块的测试，完成编程和测试系统软件。

4. 集成调试：根据嵌入式系统设计方案，使用各功能模块搭建系统，完成系统的设计、集成、调试与维护。

5. 测试验证：根据功能测试方案执行测试用例，撰写功能测试报告，完成嵌入式系统的分析、评价和改进。

## 四、嵌入式系统设计工程技术人员的薪酬福利待遇

**平均薪酬水平。**根据 BOSS 直聘网的统计数据，2023 年 5 月该职业就业人员的平均月薪为 10006 元，48% 的嵌入式系统设计工程技术人员任职年龄在 24 岁以下。任职年限与薪酬水平见表 2-02-10-06-1。

**表 2-02-10-06-1　任职年限与薪酬水平**

| 任职年限 | 薪酬水平（元 / 月） |
| --- | --- |
| 1 年以内 | 6573 |
| 1~3 年 | 9231 |
| 3~5 年 | 12194 |
| 5~10 年 | 14692 |
| 10 年以上 | 20112 |

**与类似职业对比。**根据 BOSS 直聘网的统计数据，截至 2023 年 5 月，该职业的薪酬一般略高于计算机软件工程技术人员、计算机硬件工程技术人员、信息系统分析工程技术人员和信息系统运行维护工程技术人员等职业的薪酬，类似职业薪酬水平见表 2-02-10-06-2。

表 2-02-10-06-2 类似职业薪酬水平

| 职业名称 | 薪酬水平（元 / 月） |
|---|---|
| 计算机软件工程技术人员 | 7000~15000 |
| 计算机硬件工程技术人员 | 8000~14000 |
| 信息系统分析工程技术人员 | 8000~13000 |
| 信息系统运行维护工程技术人员 | 6000~11000 |

## 五、从事嵌入式系统设计工程技术人员工作需要哪些本领

该职业从业人员需要具备的知识和技能有嵌入式软硬件基础、嵌入式产品测试基础、相关法律法规，以及环境保护、文明生产等的相关知识。

根据《嵌入式系统设计工程技术人员职业技术技能标准》，嵌入式系统设计工程技术人员需具备的知识和技能见表 2-02-10-06-3。

表 2-02-10-06-3 嵌入式系统设计工程技术人员需具备的知识和技能

| 职业功能 | 工作内容 | 知识和技能要求 |
|---|---|---|
| 设计开发 | 硬件功能模块开发 | 掌握电路原理基础、常用电子元器件的选用方法、最小系统的基本概念和设计方法、印制电路板的基本概念和设计原则、常见的通信方式及特点，能分析电路原理图，能使用常用元器件设计基本电路模块，能设计嵌入式微处理器基本应用电路，能使用专业软件设计印制电路板，能根据应用场景选择适用的通信方式 |
| | 软件功能模块开发 | 掌握编程语言基本概念和程序设计基本方法、嵌入式系统外设的操作方法、微处理器基本原理、嵌入式软件开发工具的使用方法、嵌入式操作系统的基本原理与开发方法、常用通信方法、常用网络通信协议优缺点及应用场景，能使用编程语言开发功能模块，能使用嵌入式系统的外设驱动程序，能依据嵌入式微处理器的工作原理进行软件开发，能使用嵌入式工具开发和调试软件模块，能使用嵌入式操作系统完成功能模块的开发，能使用通信模块实现嵌入式系统与其他设备的通信 |

续表

| 职业功能 | 工作内容 | 知识和技能要求 |
| --- | --- | --- |
| 集成调试 | 功能模块调试 | 掌握功能模块性能参数的基本概念、功能模块的使用与测试方法，能使用各个功能模块，能使用常用方法解决功能模块调试中的问题 |
| | 系统联调实施 | 掌握系统功能基本概念与分析方法、系统搭建基本方法、系统联调常用仪器工具使用方法、系统联调实施规范，能分析系统各功能模块关系，能使用各功能模块搭建系统，能实现既定的系统联调方案 |
| 测试验证 | 功能测试实施 | 掌握功能测试基本概念、功能测试基本方法、功能测试工具仪器使用方法、功能测试实施规范、功能测试报告规范，能依据功能测试方案执行测试用例，能填写功能测试报告 |
| | 性能测试实施 | 掌握性能测试基本概念、性能测试基本方法、性能测试工具仪器使用方法、性能测试实施规范、性能测试报告规范，能依据性能测试方案执行测试用例，能填写性能测试报告 |
| | 可靠性测试实施 | 掌握可靠性基本概念、可靠性测试基本方法、可靠性测试工具仪器使用方法、可靠性测试实施规范、可靠性测试报告规范，能依据可靠性测试规范执行测试用例，能填写可靠性测试报告 |
| 运行维护 | 系统安装和调试 | 掌握系统安装调试基本规范、系统安装调试基础知识，能根据实施方案进行系统安装，能根据系统操作说明书进行参数配置及调试 |
| | 系统状态监测和维护 | 掌握系统监测知识、系统维护基本规范，能分析运行记录并发现系统非正常工作状态，能根据维护手册进行系统维护操作 |

## 六、嵌入式系统设计工程技术人员的专业教育现状

### （一）相关专业

目前已有较多院校开设了与该职业相关的专业，涉及普通本科院校、职业院校等。普通本科院校相关专业有集成电路设计与集成系统、电子科学与技术、自动化、物联网工程、电子与计算机工程等。职业院校相关专业有嵌入式技术、嵌入式技术应用、物联网应用技术、应用电子技术等。

### （二）开设相关专业的院校（排名不分先后）

★ 相关院校：电子科技大学、西安电子科技大学、东南大学、浙江大学、清华大学、华中科技大学、北京航空航天大学、哈尔滨工业大学、西安交通大学、上海交通大学等。

◆ 相关院校：嘉兴职业技术学院、深圳信息职业技术学院、成都职业技术学院、重庆电子科技职业大学、金华职业技术大学、湖南铁道职业技术学院、温州市职业中等专业学校、杭州市电子信息职业学校、华北机电学校等。

## 七、嵌入式系统设计工程技术人员的就业创业信息

该职业从业人员主要集中在电子信息、计算机产业及互联网经济较为发达的城市，以及制造业数字化转型程度比较先进的地区，如长三角地区、珠三角地区、京津冀地区等。

吸纳嵌入式系统设计工程技术人员就业较多的用人单位主要有：

1. 通用芯片厂商：从事芯片产品的底层电路设计、分析、诊断和测试，芯片级应用开发，以及系统调试和软硬件升级，提供技术支持服务，协助客户解决芯片的应用和软硬件问题。主要用人单位有德州仪器、全志科技、华为、海思、高通、恩智浦、意法半导体等。

2. 智能硬件厂商：从事自主产品硬件的元器件选型、原理图设计、印制电路板调试等工作，负责分析产品技术规范，主导硬件设计和评审，负责支持和配合完成产品可靠性测试，完成产品相关文档的整理及归档工作。主要用人单位有小米、华为、美的、海尔、大疆等。

3. 物联网平台厂商：从事平台服务器的应用部署和配置及软件性能分析及调优，完成软件代码测试、单元测试、集成测试，完成数据库系统性能的优化设计并进行相关文档的整理和归档工作。主要用人单位有西门子、中国电信、中国移动、中国联通、涂鸦智能等。

4. 互联网厂商：从事市场主流芯片及处理器的驱动开发，完成软件的功能设计和架构设计，搭建开发和测试环境，编写系统测试评估软件，进行软件功能验证，并积极参与产品整体功能和流程的设计和优化。主要用人单位有百度、阿里巴巴、腾讯、美团、京东等。

注：以上机构信息仅供参考，不代表编写出版方对其推荐或认可。

## 八、嵌入式系统设计工程技术人员的职业贯通发展

该职业的发展路径主要有四条：专家路线，即不断提高技能水平，在职业等级上不断晋升，成为嵌入式系统领域专家。管理路线，即从基层技术人员晋升为项目组组长、中层管理人员，再晋升为公司高层业务领导，甚至往更高的领导职务发展。复合人才路线，即向其他行业跨越或进行职业转型，通过学习相关知识和技能转型成为计算机软件工程技术人员、计算机硬件工程技术人员、信息系统分析工程技术人员和信息系统运行维护工程技术人员，与专业技术岗位横向贯通。创业路线，即基于个人兴趣爱好或者团队优势进行创新创业，成为企业董事。嵌入式系统设计工程技术人员职业贯通发展如图 2-02-10-06-2 所示。

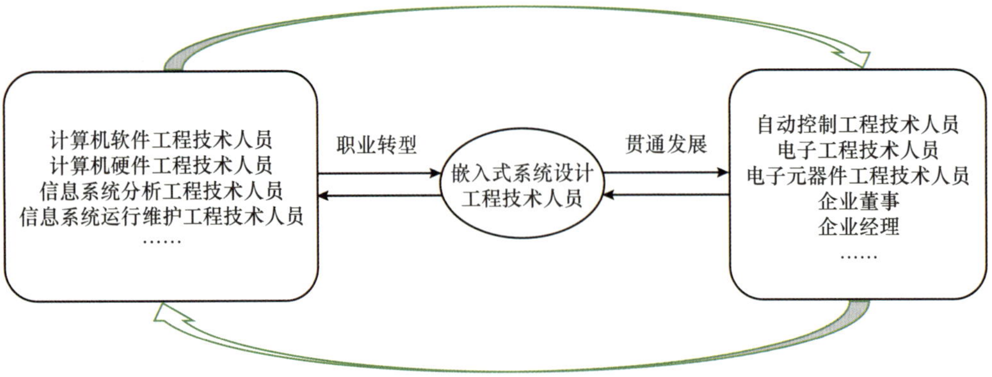


图 2-02-10-06-2 嵌入式系统设计工程技术人员职业贯通发展图

## 九、嵌入式系统设计工程技术人员的发展前景

**从市场供需看。**在我国大力推进信息技术国产化的大背景下，特别是当前人工智能、物联网、芯片等技术的创新应用，造成嵌入式人才极度稀缺。根据中研网的统计数据，我国嵌入式人才缺口每年有 50 万人左右。在所有软件开发类人才的需求中，对嵌入式工程师的需求达到全部需求量的 60%~80%，且每年增长约 20%，供需严重失衡。

**从产业发展看。**嵌入式计算机的研制和应用已经成为我国信息化带动工业化、工业化促进信息化发展的新的国民经济增长点，嵌入式技术作为智能终端产品核心已经渗透到社会的各个领域和人们的生活。根据共研网的统计数据，2020 年中国嵌入式系统行业市场规模为 7492 亿元。随着我国现代化建设进程的持续推进以及物联网时代的到来，嵌入式技术将在下游领域得到更广泛的应用，其未来市场规模也将同步增加，预计 2025 年中国嵌入式系统行业市场规模有望突破 16000 亿元。

**从政策红利看。**《中华人民共和国国民经济和社会发展第十四个五年规划和 2035 年远景目标纲要》明确提出要加快建设新型基础设施，围绕强化数字转型、智能升级、融合创新支撑，布局建设信息基础设施、融合基础设施、创新基础设施等新型基础设施；建设高速泛在、天地一体、集成互联、安全高效的信息基础设施，增强数据感知、传输、存储和运算能力；积极稳妥地发展工业互联网和车联网，不断推动嵌入式技术在各行各业发挥更大作用。

## 十、相关内容链接

**职业标准：**扫码即可查看☞。

**相关政策文件：**见表 2-02-10-06-4。

**表 2-02-10-06-4　嵌入式系统设计工程技术人员相关政策文件**

| 序号 | 发布或通过时间 | 发布或通过机构 | 文件名称 |
| --- | --- | --- | --- |
| 1 | 2020 年 4 月 | 工业和信息化部办公厅 | 《关于深入推进移动物联网全面发展的通知》 |

续表

| 序号 | 发布或通过时间 | 发布或通过机构 | 文件名称 |
| --- | --- | --- | --- |
| 2 | 2020 年 7 月 | 国务院 | 《新时期促进集成电路产业和软件产业高质量发展若干政策》 |
| 3 | 2021 年 3 月 | 全国人民代表大会 | 《中华人民共和国国民经济和社会发展第十四个五年规划和 2035 年远景目标纲要》 |

供稿：嘉兴职业技术学院　翁政魁

# 信息安全工程技术人员 S

职业编码：2-02-10-07

随着互联网的发展和 IT 技术的普及，计算机技术已经日渐深入人们的日常生活和工作中，社会信息化和信息网络化突破了应用信息在时间和空间上的障碍，使信息的价值不断提高。与此同时，计算机病毒、系统非法入侵、数据泄密、网站欺骗、服务瘫痪、软件漏洞非法利用、网页篡改等信息安全事件时有发生。为了防止这类事故风险的发生，信息安全工程技术人员这一职业应运而生。

传统的信息安全一般集中关注数据安全，强调数据信息本身的安全属性，这也是现在信息安全中较为重要的内容。信息安全主要包括：①保护数据的秘密性，确保信息不被未授权者知晓；②保护数据的完整性，确保信息是正确的、真实的、未被篡改的、完整无缺的；③保护数据的可用性，确保信息可以随时正常使用。除数据安全外，信息安全还可以划分为设备安全、内容安全、行为安全三个层次。保证设备安全，即确保存储信息的软硬件设备可以正常执行任务；保证内容安全，即确保信息在政治上是健康的，在法律上符合国家法律法规，在道德上符合公序良俗；保证行为安全，即确保信息处理的各部分协调工作的程序符合系统设计的预期。

## 一、信息安全工程技术人员的一天

**记录时间：2023 年 5 月 23 日** **记录人：张某东**

### 上午工作情况

**9 点：**

1. 检查各终端设备运行状态及运行日志，检查是否有不正常的流量问题，检查所有设备工作状态是否正常。发现“挖矿”、境外 IP 流量等问题时，需要及时上报，并寻找对应资产负责人。（设备巡检）

2. 分析前一日下班后至当天上班时的攻击告警日志（该日志由安全设备产生，旨在发现网络流量中的风险事件），发现异常情况时，及时反馈上级领导，针对问题进行分析排查。（告警分析）

3. 针对设备巡检及告警分析做好相关的记录留痕，以供历史查询。时刻关注设备的告警信息，及时发现异常情况。（实时告警监控）

工作中的信息安全工程技术人员如图 2-02-10-07-1 所示。

图 2-02-10-07-1　工作中的信息安全工程技术人员

**11 点：**

1. 使用病毒查杀工具，检查现网内终端运行情况，检查是否存在异常文件或木马病毒。（木马防范）

2. 结合告警日志与查杀日志，通知相关资产负责人进行杀毒或格式化操作。（病毒查杀）

**下午工作情况**

**14点：**

1. 针对上级提供的资产清单，对资产进行统一检查，并对相关资产统一设定防护程序，检查对应防火墙是否开启。（资产安全防护）

2. 对资产上的相关软件程序进行安全漏洞扫描，并检查更新对应安全系统。（漏洞扫描）

3. 针对设备巡检、病毒查杀的结果出具报告，与上级领导及资产负责人对报告的内容进行确认，对发现的问题进行沟通和修复。（系统风险评估报告）

**17点：**

监测安全设备，发现有资产涉及异常流量交互，检查发现该资产存在被控制后进行“挖矿”的行为，通知相关资产负责人对该资产进行全方位的杀毒，并将相关存储介质进行格式化和恢复备份，防止该资产继续被非法利用。（应急响应）

**18点：**

1. 再次分析当天网络安全设备产生的流量告警日志，检查可疑文件，确认资产没有被木马病毒攻击的隐患，以此完成当日告警分析日报。（告警日报）

2. 完成当日工作日报及明日工作计划。（工作日报）

## 二、什么是信息安全工程技术人员

**职业定义。**信息安全工程技术人员是从事信息系统安全研究、规划、设计、实施、评估的工程技术人员。

**定义解读。**信息安全工程技术人员是分析计算机信息安全的职业，其需要遵循的信息安全管理体系和标准包括且不限于《信息安全管理体系规范》《中华人民共和国网络安全法》《中华人民共和国密码法》《中华人民共和国个人信息保护法》等。信息安全是指保护信息系统的硬件、软件及相关数据，使之不因为偶然或恶意的侵犯而遭受破坏、更改和泄露，保证信息系统中信息的机密性、完整性和可用性。防范安全隐患时运用的安全产品和技术一般指防火墙工具、漏洞扫描器、入侵检测工具、病毒查杀工具等。

**关联职业。**密切相关的职业有软件架构师、算法工程师、软件开发工程师、数据恢复工程师。其中，软件架构师是在软件项目开发过程中，将客户的需求转换为规范的开发计划及文本，并制定这个项目的总体架构，指导整个开发团队完成开发计划，主导系统全局分析设计与实施、负责软件架构和关键技术决策的人员。软件架构师在设计软件整体架构时，可能引入架构层面的软件和信息安全脆弱性隐患，造成用户信息泄露的风险，需要和信息安全工程技术人员对接软件架构安全，确保软件信息存储、读取的安全。算法工程师是设计、利用、改进计算机编程算法来解决特定的计算机软件功能、性能问题的工作人员。软件开发工程师是从事程序开发、测试、维护的基层工作人员。算法工程师和软件开发工程师在编写算法和程序时均需与信息安全工程技术人员对接，对读取信息进行权限审查，对上传信息进行内容过滤，否则由于缺乏信息安全专业知识，会造成信息泄露、引入木马病毒等安全隐患。数据恢复工程师是指利用自己掌握的专业知识及从业经验，通过专业软硬件工具，对出现问题的存储介质进行检测处理，能够恢复存储介质上的有效文件数据的人员。数据恢复工程师在进行数据备份、恢复时，需要经过信息安全方面的指导，根据数据安全的需求，定期进行数据备份、数据清洗，并确保在数据恢复时清除信息泄露的隐患。

**相应岗位。**渗透工程师、Web 安全工程师、逆向工程师、漏洞 / 病毒分析工程师、等级保护测评师、应急响应工程师、安全服务工程师、安全研究员、数据安全咨询顾问、网络安全运维经理等。

## 三、信息安全工程技术人员的主要工作职责

1. 负责公司信息安全产品的安装、调试、客户培训工作。

2. 负责公有云、私有云安全产品运维，如 WAF、IDS、APT、DDoS、天擎、NGSOC 等。

3. 负责收集网络环境中存在的交换机、路由器、PC、服务器等设备的资产信息，对资产的规格、型号、分类、用途有一定认知了解。

4. 负责分析溯源网络中发现的网络安全事件，协助上级定位、排查、解决问题。

5. 负责审查各终端资产中可能存在的信息漏洞，严格限制信息的流动。

6. 设定信息安全等级和人员访问权限等级，指定访问控制表、授权关系表。

7. 负责系统上线的安全评估，包括基线扫描、漏洞扫描、渗透测试、病毒查杀等。

8. 负责输出应急事件报告、功能测试方案、应急预案、系统风险评估报告等。

9. 负责持续优化基础安全体系防护能力，发现潜在威胁及漏洞，并制定相应优化方案。

10. 负责信息安全需求分析，设计、生产信息安全产品，包括安全方案设计、产品选型、项目实施。

11. 负责企业客户信息安全建设、实施、技术支持工作，对终端资产等进行风险评估和应对。

12. 遵守信息安全相关的法律法规，确保系统的合法性。

木马后门查杀如图 2-02-10-07-2 所示。

图 2-02-10-07-2　木马后门查杀

## 四、信息安全工程技术人员的薪酬福利待遇

**平均薪酬水平。**信息安全工程技术人员的月薪为4500~80000元，平均值为26900元，中位数为27300元，其中，22000~30000元的占比最大，约为23%。目前，信息安全工程技术人员的就业岗位有系统安全工程师、信息安全工程师、大数据安全工程师、服务安全工程师、电子系统安全工程师、云计算安全工程师、运维工程师等。随着信息安全问题的凸显，现在信息安全人才缺口越来越大，薪酬在逐渐上涨中。

**与类似职业对比。**根据职友集网收集的数据，进行横向对比，类似职业薪酬水平见表2-02-10-07-1。

**表2-02-10-07-1　类似职业薪酬水平**

| 职业名称 | 薪酬水平（元/月） |
|---|---|
| 网络安全工程师 | 4500~50000 |
| 软件开发工程师 | 4500~50000 |
| 运维工程师 | 4500~50000 |

## 五、从事信息安全工程技术人员工作需要哪些本领

信息安全工程技术人员需具备的知识和技能见表2-02-10-07-2。

**表2-02-10-07-2　信息安全工程技术人员需具备的知识和技能**

| 职业功能 | 工作内容 | 知识和技能要求 |
|---|---|---|
| 信息安全攻防管理 | 网络攻击技术 | 掌握信息安全攻击手段原理及防护方法，如跨站脚本攻击、SQL注入、网络钓鱼、0day攻击、目录遍历、DDoS攻击、口令暴力破解等 |
| | 设备攻击技术 | 掌握汇编与逆向技术、二进制静态分析技术、二进制动态监控方法、操作系统内核安全技术等 |
| | 移动端攻击技术 | 掌握移动应用组件安全、通信协议安全、移动操作系统安全、移动小程序安全等技术 |

续表

| 职业功能 | 工作内容 | 知识和技能要求 |
|---|---|---|
| 信息安全攻防管理 | 工控物联网安全技术 | 掌握工业控制系统、物联通信协议、入侵检测与防护、渗透攻击与防护、APT 攻击等技术 |
| | 病毒分析 | 掌握恶意代码分析技术、蠕虫与木马构建与防护方法、病毒分析案例、后门构建与检测技术等 |
| | 防护技术 | 熟悉 TCP/IP 协议、SQL 注入原理和手工检测方法、内存缓冲区溢出原理和防范措施、信息存储和传输安全技术、数据包结构、安全防火墙配置、IIS 安全设置、IPSec、组策略系统安全设置等；了解主流信息安全产品，如防火墙、IDS 入侵检测系统、扫描器、安全审计工具的配置及使用 |
| 信息安全理论支撑 | 操作系统与编程语言 | 熟悉 Windows、Linux、Android 和 iOS 等操作系统机制原理，精通 PHP/Shell/Perl/Python/Java/C/C++ 等至少一种语言 |
| | 网络工程技术 | 掌握数据库原理与应用、网络互联技术、无线网络技术、数据通信核心技术、路由与交换技术、网络存储技术、服务器虚拟化技术、云计算与云存储系统部署等 |
| | 密码学技术 | 了解密码学原理、公钥密码学数学基础、数字签名与认证等技术 |
| 安全应急技术支持 | 应急响应 | 了解网络安全应急响应和事件处置方法，如网络攻击事件的分析、响应流程、应急响应等，能够对突发的安全故障进行诊断、定位、排除 |
| | 安全问题分析与诊断 | 了解编制信息安全文档设计方法等，能对项目运营中安全问题进行定位和诊断，能根据诊断结果，撰写漏洞问题分析报告，能编制安全监测文档 |
| | 网络管控技术 | 熟悉网络安全技术与数据安全技术，包括端口、服务漏洞扫描、程序漏洞分析检测、入侵和攻击分析追踪、网站渗透、病毒木马防范等，行为监控、数据脱敏、权限管控等 |
| 信息安全风险评估 | 管理 | 掌握设置人员信息访问策略、权限管理等技术 |
| | 评估 | 具备对终端软硬件进行安全风险评估、维护和管理能力 |

## 六、信息安全工程技术人员的专业教育现状

### （一）相关专业

目前已有较多院校开设了与该职业相关的专业，涉及普通本科院校、职业院校等。普通本科院校相关专业有信息安全、网络空间安全、密码科学与技术、计算机科学与技术、软件工程等。职业院校相关专业有电子信息工程技术、信息安全技术应用、信息安全与管理、网络安全与执法等。

### （二）开设相关专业的院校（排名不分先后）

★ 相关院校：四川大学、山东大学、南开大学、东南大学、北京理工大学、北京航空航天大学、江西师范大学、上海公安学院、山东警察学院、中国人民公安大学等。

◆ 相关院校：安徽公安职业学院、重庆市育才职业教育中心、重庆市城口县职业教育中心、平山县职业教育中心、保定市职业技术教育中心等。

## 七、信息安全工程技术人员的就业创业信息

信息安全工程技术人员就业的岗位持续增多，主要关注的方向是安全工具、Web 安全和漏洞，需求远大于其他安全方向；其次是威胁情报、CTF 和二进制安全；其余如逆向分析、应急响应、IOT 和安全运维需求量较为接近，还有安全测评工程师、安全架构师、安全运维工程师、安全信息法律相关从业人员等。由于政企机构的人才需求正在升级，而市场上现有的信息安全人才储备不足，因此，企业普遍通过提高薪资福利的方式吸纳优质人才。

从地域来看，信息安全工程技术人员的就业地区多集中于北京、上海、深圳等一线城市，这三个城市对信息安全人才需求量占全国需求总量的 37.7%。除这些一线城市外，我国西南地区对信息安全人才的需求也较大。此外，其他地区对信息安全人才的需求也有不小的占比，说明该职业的地域分布整体较为平均。信息安全人才就业地区分布如图 2-02-10-07-3 所示。

从就业行业方面来看，目前信息安全工程技术人员的就业岗位主要来自 IT 软件公司的安全团队和专门的安全技术公司。IT 软件行业的各大头部企业（如

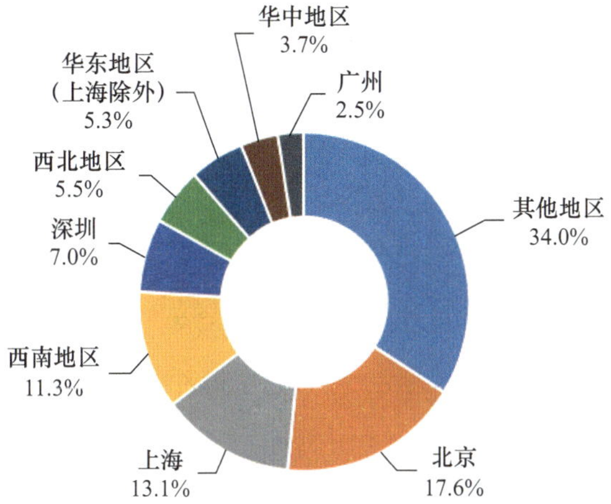


图 2-02-10-07-3　信息安全人才就业地区分布

阿里巴巴、京东、华为等）均有自己的安全团队，这些安全团队提供了较多的就业岗位。还有专门在安全方向专攻的技术公司，如奇安信、天融信、深信服等，这些企业都一直有岗位的空缺。除软件方面外，在 IT 硬件及一些相关底层方面也需要相关专业人才进行安全配置，如科大讯飞等，这些企业提供了许多进行底层安全开发的岗位。信息安全人才就业行业分布如图 2-02-10-07-4 所示。

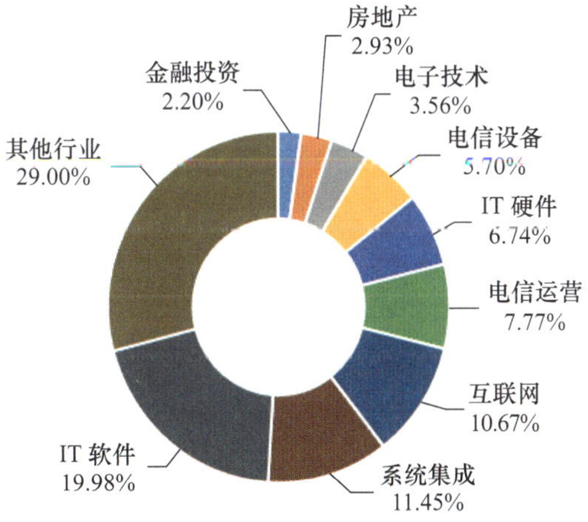


图 2-02-10-07-4　信息安全人才就业行业分布

从创业方面来看，目前的信息安全工程技术人员的初创业务主要集中于授权渗透测试、网络流量威胁检测与防御、智能化分析、加密认证、数据安全、零信任安全、数字资产安全等，主要为安全产品、安全平台的自主研发或者为企业提供技术支持。代表性的初创企业有观成科技、金睛云华、雷盾信安、虎符网络、德思科技等。

注：以上机构信息仅供参考，不代表编写出版方对其推荐或认可。

## 八、信息安全工程技术人员的职业贯通发展

该职业可以深入发展成为信息安全领域专家等，也可以转型成为其他方向专业人才，如首席技术官、首席运营官等，实现跨行业、跨领域职业发展的多向贯通，包括技术、技能岗位的横向贯通以及管理、营销岗位的纵向贯通。该职业可以纵深发展，深入信息安全领域，转型成为信息安全顾问、安全运维工程师、高级安全工程师、信息安全分析师、首席信息安全官等；可以横向跨领域发展，深入某一行业，成为行业信息化转型升级操盘手，转型为首席技术官、首席运营官、首席数据官、数据分析师、软件架构师等。信息安全工程技术人员职业贯通发展如图 2-02-10-07-5 所示。

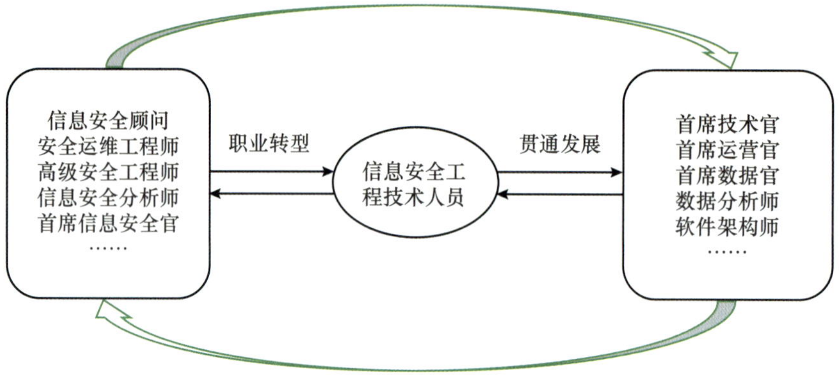


图 2-02-10-07-5　信息安全工程技术人员的职业贯通发展图

## 九、信息安全工程技术人员的发展前景

**从市场供需看。**目前我国信息安全领域发展仍然处于初级阶段，对人才的需求量较大。根据教育部网络空间安全教学指导委员会统计，2023 年我国信息安全的人才缺口为 70 万 ~140 万人，而我国信息安全从业人员约为 10 万人，人才缺口比例高达 93%。而目前我国信息安全人才年培养规模为 2 万 ~3 万人，远远不

能满足对安全人才的需求。信息安全从业人员全方位短缺，一是信息安全人员规模总量不足，除了信息安全专业服务企业、特大型企业集团及大型互联网企业建立有规模化的信息安全人才梯队，50% 的政企单位信息安全团队人员规模在 20 人以下；二是大量信息安全工作以“非专职”方式完成，近六成信息安全从业人员并不是专职从事信息安全的工作人员，即存在其他专业的从业人员需要兼任信息安全员的情况，政府机关事业单位里需要“身兼数职”的现象最为显著；三是各类安全工作角色均存在人才缺口，从安全角色大类来看，安全建设和规划管理类的角色相对更加紧缺，从子类来看，最紧缺的角色依次是分析设计、组织管理、开发与集成。目前，我国仍然紧缺信息安全方面的人才，尤其缺少专业化、系统化的信息安全专职工程师。

**从产业发展看。**根据企查查数据，近年来我国信息安全行业快速发展，历年新注册企业数量快速增长。截至 2023 年 6 月 23 日，中国信息安全行业注册企业共有 5824 家。近年来，信息安全行业注册企业数量连年攀升，2022 年新注册企业数量创历史高峰，达 620 家，表明我国信息安全行业发展热度正高涨。2021 年，我国信息安全行业市场规模超 1800 亿元。信息安全市场已进入稳健增长阶段，即传统安全业务增长放缓，新兴安全市场（如态势感知、智慧城市安全运营等）进入加速期，助推新一轮市场增长。随着“新基建”加速建设必将催生和引领新的信息安全需求，形成可观的增量市场。前瞻预计，未来信息安全市场将保持 11.93% 的增速，到 2027 年市场规模预计突破 3500 亿元。

**从政策红利看。**信息安全地位举足轻重，我国非常重视信息安全产业的发展，自“十一五”规划发布以来，出台了多项政策和法律法规用以规范国家信息安全、促进国内安全产业建设。2018 年 3 月，中央网信办和中国证监会联合印发《关于推动资本市场服务网络强国建设的指导意见》，要求规范和促进网信企业创新发展，推进网络强国、数字中国建设。2021 年 3 月，《中华人民共和国国民经济和社会发展第十四个五年规划和 2035 年远景目标纲要》要求加强网络安全保护，加强重要领域数据资源、重要网络和信息系统安全保障。2022 年 6 月，国务院印发的《关于加强数字政府建设的指导意见》提出，构建开放共享的数据资源体系，加快推进全国一体化政务大数据体系建设，加强数据治理，依法依规促进数据高效共享和有序开发利用，充分释放数据要素价值，确保各类数据和个人信息安全。

总体而言，信息安全行业的发展得到了国家政策的大力扶持，受政策引导，在“十四五”规划期间，信息安全行业细分领域会受到各方资本青睐，从而促进行业规模的进一步扩张。计算机行业的每个方面都离不开信息保护，信息安全工程技术人员作为计算机行业的核心职业，在此国家战略背景下大有可为。

## 十、相关内容链接

**国家职业标准：**暂缺。

**相关政策文件：**见表 2-02-10-07-3。

**表 2-02-10-07-3　信息安全工程技术人员相关政策文件**

| 序号 | 发布或通过时间 | 发布或通过机构 | 文件名称 |
| --- | --- | --- | --- |
| 1 | 2021 年 3 月 | 全国人民代表大会 | 《中华人民共和国国民经济和社会发展第十四个五年规划和 2035 年远景目标纲要》 |
| 2 | 2021 年 6 月 | 全国人民代表大会常务委员会 | 《中华人民共和国数据安全法》 |
| 3 | 2021 年 8 月 | 全国人民代表大会常务委员会 | 《中华人民共和国个人信息保护法》 |
| 4 | 2021 年 11 月 | 国家网信办 | 《网络数据安全管理条例（征求意见稿）》 |
| 5 | 2022 年 12 月 | 工业和信息化部 | 《工业和信息化领域数据安全管理办法（试行）》 |

供稿：南开大学　过辰楷

# 信息系统运行维护工程技术人员 S

职业编码：2-02-10-08

在一家大型银行的总部，信息系统突然崩溃，导致用户无法进行交易和查询，员工无法处理业务。他们迅速定位问题，排除了故障，并制订了维护计划确保系统稳定运行。他们与银行密切合作，提供培训和技术支持，保障了银行信息系统的顺利运行，维护了用户和员工的利益。他们的存在，避免了信息系统故障给银行带来巨大损失和对用户服务产生的负面影响，他们就是信息系统运行维护工程技术人员。

信息系统运行维护工程技术人员可以在政府机构、医院、学校和公司等单位工作，负责管理数据和应用程序，保证其可用性和安全性。他们维护服务器、网络设备、数据库和存储系统，解决与硬件和软件相关的问题。他们的办公环境可能是数据中心或办公室，他们需要管理复杂的系统并解决突发问题。在数字经济时代，他们的作用越来越重要，越来越不可替代。

## 一、信息系统运行维护工程技术人员的一天

**记录时间：2023 年 7 月 15 日** **记录人：赵某晖**

### 上午工作情况

**9 点：**

1. 登录系统或者通过监控报警平台查看系统运转的负载磁盘空间状态、内存使用状态、有无报错日记及报警记录等。（运行检查）

2. 根据检查与监控的情况，对发现的系统故障进行处理，对已知故障进

行预防方案部署。(故障处理)

3. 通过监控平台，在数据库支持下，对特定的业务通过图形分析了解服务器压力情况，比如磁盘IO、内存使用率、CPU使用率等，进行定期分析和优化。(分析和优化服务器压力情况)

**11点:**

1. 对于发生的紧急和重大故障，在规定时间内进行排除，并按要求提交相应故障处理报告。(排除故障)

2. 运维信息系统，查找信息系统中存在的缺陷，对所有问题进行分析，并对服务效率有影响的问题提供反馈意见，确保系统7×24小时可用。(查找缺陷)

系统故障分析如图2-02-10-08-1所示。

图2-02-10-08-1 系统故障分析

## 下午工作情况

**13点:**

1. 负责各种操作系统、数据库、中间件应用系统的安装、部署、维护和调优工作。(服务器系统安装、维护和调优)

2. 负责系统发布、升级和维护，线上故障迅速响应和排除，协助各种线上问题的深入排查定位，保障系统安全、稳定和不间断运行。（系统发布、升级和维护）

3. 根据用户需求设计信息安全运维方案，按照文档规范整理编写相关运维报告文档。（设计运维方案）

4. 制订各服务器的数据备份计划，并确保备份数据可用性。（制订备份计划）

16 点：

1. 进行周报、月报、风险评估及其他相关服务报告的编制、审核、提交、汇报。（编制服务报告）

2. 负责信息系统的用户咨询和常见问题解答。（用户咨询）

3. 整理各类运维文档，积累经验。（整理文档）

工作中的信息系统运行维护工程技术人员如图 2-02-10-08-2 所示。

图 2-02-10-08-2 工作中的信息系统运行维护工程技术人员

## 二、什么是信息系统运行维护工程技术人员

**职业定义。**信息系统运行维护工程技术人员是从事信息系统开发、功能检测、

运行管理和维护的工程技术人员。

**定义解读。**信息系统是指由计算机硬件、网络和通信设备、计算机软件、信息资源、信息用户和规章制度组成，以处理信息流为目的的人机一体化系统。其基本功能包括信息的输入、存储、处理、输出和控制。运行维护是指对已投入使用的系统或设备进行持续的监控、调整和修复，以确保其稳定、可靠并持续有效地执行预定功能。工程是指个人或团体为完成某项任务，在一段时间内进行单独或协作活动的过程。技术人员是指以特定的专业技术从事相应技术工作的人员。

**关联职业。**密切相关的职业有计算机软件工程技术人员、计算机网络工程技术人员和信息安全工程技术人员。计算机软件工程技术人员是专门从事计算机软件设计、开发、测试和优化的专业人员。计算机网络工程技术人员是主要负责计算机信息系统的设计、建设、运行和维护，具备深厚的网络技术理论知识和操作技能的专业人员。信息安全工程技术人员是专门从事保护信息系统安全、预防网络攻击、防止数据泄露，以及在信息安全事件发生时进行应急处理的专业人员。

**相应岗位。**系统运维工程师、数据库管理员、网络工程师、信息安全工程师、存储工程师等。

## 三、信息系统运行维护工程技术人员的主要工作职责

1. 系统架构设计：参与设计、审核及优化信息系统和应用系统的体系架构，确保系统的可维护性和稳定性。

2. 应用平台部署：负责设计并部署相关的应用平台，针对该平台提供实施和运行的报告，确保平台能够满足业务需求。

3. 系统配置和安装：负责服务器的配置管理、基础软件的安装，以及性能调优和应用部署。根据系统的实际运行状态和业务需求，进行资源的动态分配和调整，如内存、存储和计算资源，以确保系统的高效和稳定运行。

4. 系统测试：负责对系统进行稳定性和性能的测试，确保各个组件都能正常工作。运用各种工具和方法，如日志分析、性能监控等，预测可能出现的问题或

系统瓶颈，在复杂的环境中迅速定位和解决问题。

5. 监控系统运行状态：定期监控系统运行状态，以便及时发现并处理系统中出现的问题。

6. 故障排查和系统修复：一旦系统出现故障，迅速定位排查，并进行相应的系统修复。

7. 系统优化：定期对系统进行优化，以提高系统的运行效率和稳定性。

8. 系统安全维护：监控系统的安全状态，并及时处理任何可能的安全风险以保证系统的安全。

9. 数据备份和恢复：制定系统、信息备份的安全策略，定期备份重要数据，并在数据丢失时进行数据恢复。

10. 信息系统管理与维护：为了确保信息系统的安全和稳定运行，根据用户的角色和职责来分配合适的系统权限，确保数据的安全性和完整性。响应用户的技术要求并解决疑问及在系统使用过程中遇到的各种问题。

11. 评估信息系统：负责风险评估，并定期对信息系统进行安全审查，及时发现并解决可能的问题，优化信息系统以满足高可用性、高性能的要求，从而确保系统的长期稳定运行。

## 四、信息系统运行维护工程技术人员的薪酬福利待遇

**平均薪酬水平。**根据国家统计局 2023 年 5 月 9 日发布的 2022 年全国平均工资相关数据，信息传输、软件和信息技术服务业中专业技术人员的平均年薪是 244283 元。根据猎聘网对 138620 份职位薪资样本数据的统计，全国信息系统运行维护工程技术人员的平均月薪为 12326 元，其中，6000~8000 元的占比为 27.0%。信息系统运行维护工程技术人员的薪酬水平可能会受到多种因素的影响，包括地理位置、公司规模、行业、个人技能和经验等。

**与类似职业对比。**根据前程无忧网 2023 年 7 月的数据，该职业的薪酬与软件开发工程师、网络工程师等职业的薪酬相当，略高于数据库管理员的薪酬，低于信息安全工程师的薪酬。类似职业薪酬水平见表 2-02-10-08-1。

表 2-02-10-08-1　类似职业薪酬水平

| 职业名称 | 薪酬水平（元 / 月） |
|---|---|
| 软件开发工程师 | 8000~20000 |
| 网络工程师 | 8000~15000 |
| 数据库管理员 | 4000~15000 |
| 信息安全工程师 | 6000~40000 |

## 五、从事信息系统运行维护工程技术人员工作需要哪些本领

该职业从业人员需具备的知识和技能有广泛的计算机知识和技能，包括操作系统、网络、安全、数据库管理、监控管理、容器技术和安全管理，同时还要拥有分析问题和解决问题的能力。

信息系统运行维护工程技术人员需具备的知识和技能见表 2-02-10-08-2。

表 2-02-10-08-2　信息系统运行维护工程技术人员需具备的知识和技能

| 职业功能 | 工作内容 | 知识和技能要求 |
|---|---|---|
| 系统管理 | 安装操作系统 | 能安装、配置、运维服务器的操作系统，了解系统启动、服务管理 |
| | 用户和权限管理 | 熟悉用户和权限管理，熟练掌握基本的 Linux 命令 |
| | 安全管理 | 能进行漏洞扫描并及时打补丁，确保数据和系统的安全性 |
| 服务器管理 | 服务器的安装和配置 | 掌握主流服务器（如 Nginx、Apache 等）的安装和配置 |
| | 服务器监控 | 了解不同服务器的优缺点，能够进行性能监控和故障排查 |
| | 脚本编程 | 至少熟悉一种脚本语言（如 Shell、Python 等），能够编写脚本实现自动化运维 |
| | 故障处理 | 熟悉各种系统日志，能快速定位和排除系统故障 |

续表

| 职业功能 | 工作内容 | 知识和技能要求 |
| --- | --- | --- |
| 网络管理 | 网络故障的排查 | 掌握网络相关知识，如 TCP/IP、防火墙配置、域名系统等；能够进行网络故障的排查 |
| 应用管理 | 数据库管理 | 能够安装、配置、备份、优化主流数据库（如 MySQL、MongoDB 等） |
|  | 监控管理 | 能够搭建系统和网络的监控平台，实时掌握系统（如 Zabbix、Nagios 等开源监控系统）状态 |
|  | 容器技术 | 了解 Docker 等容器技术，会进行部署和管理；能够结合虚拟化技术进行资源管理 |

## 六、信息系统运行维护工程技术人员的专业教育现状

### （一）相关专业

目前已有较多院校开设了与该职业相关的专业，涉及普通本科院校、职业院校等。普通本科院校相关专业有计算机科学与技术、软件工程、网络工程、信息安全、网络空间安全等。职业院校相关专业有计算机应用技术、计算机网络技术、软件技术、云计算技术应用、信息安全技术应用等。

### （二）开设相关专业的院校（排名不分先后）

★ 相关院校：中国科学技术大学、南京大学、西安交通大学、哈尔滨工业大学、东南大学、中山大学、华中科技大学、北京邮电大学、上海交通大学、南京邮电大学。

◆ 相关院校：北京工业职业技术学院、杭州职业技术学院、浙江机电职业技术大学、无锡职业技术学院、金华职业技术大学、浙江省东阳市技术学校。

## 七、信息系统运行维护工程技术人员的就业创业信息

该职业从业人员主要分布在北京、上海、广州、深圳等一线城市，以及经济发展较快或人口较多的城市，如南京、杭州、成都、武汉等。

吸纳信息系统运行维护工程技术人员就业较多的用人单位主要有：

1. 信息化企业：负责构建企业信息化系统的运行环境、上线业务；负责构建、管理、监控企业信息化系统；负责维护并确保整个服务的高可用性；确保企业数据安全，提升用户体验。例如，制造业、农业、建筑业、交通运输业、金融业等。

2. 互联网企业：参与设计、审核和优化公司 IT 系统及应用系统的体系架构；配合开发团队完成公司运维项目的系统升级和扩容需求；负责数据库的维护，进行性能调优、数据备份恢复及数据导入导出；负责风险评估，并定期对信息系统进行安全审查，及时发现并解决可能存在的问题。例如，百度、阿里巴巴、腾讯等。

3. 政府机关：提供日常网络设备的运维服务，确保网络和设备运行稳定；负责整个项目团队的管理，整理日常报告，并向相关部门及上级领导进行汇报；参与数据中心基础设施的技术规划、技术方案评审、运维管理体系建设等工作；协助编制技术文档、应急预案和管理流程；制定和优化运维解决方案，确保技术环境的稳定、安全和高效运行。例如，各级政府部门、事业单位等。

注：以上机构信息仅供参考，不代表编写出版方对其推荐或认可。

## 八、信息系统运行维护工程技术人员的职业贯通发展

该职业的发展路径主要有四条：管理路线，即员工通过提升团队管理能力、项目管理能力和技术水平，晋升到主管 / 单位中层，再通过提升领导力、沟通协调能力和战略思维能力，晋升到经理 / 单位领导层，甚至往更高的高级领导职务发展。专家路线，即通过不断学习、深入了解业务、关注行业动态、精通多种技能、参与开源社区、拓展人脉等方式，不断提升自己的职业能力和竞争力，在职业等级上不断晋升，成为系统运维领域的专家。复合人才路线，即向其他行业跨越或进行职业转型，如通过学习相关知识和技能转型为计算机软件工程技术人员、计算机网络工程技术人员和信息安全工程技术人员等，与专业技术岗位横向贯通。创业路线，即基于个人能力、志向与相关条件进行创新创业。信息系统运行维护工程技术人员职业贯通发展如图 2-02-10-08-3 所示。

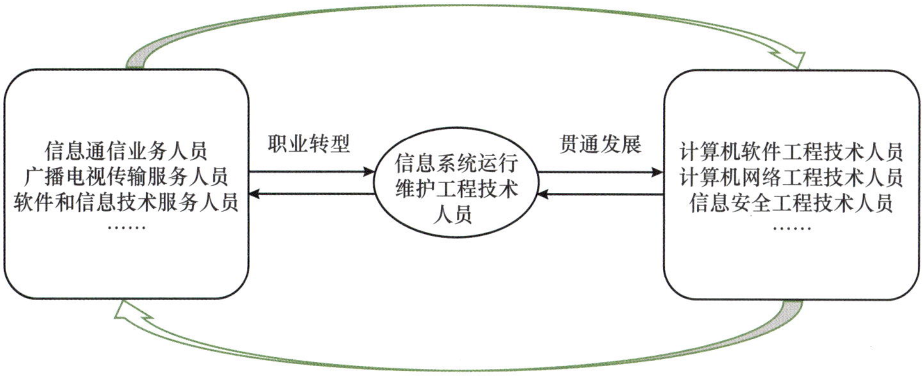


图 2-02-10-08-3　信息系统运行维护工程技术人员职业贯通发展图

## 九、信息系统运行维护工程技术人员的发展前景

**从市场供需看。**近年来，随着国家数字经济的建设，行业数字化转型持续推进，各领域用户的软件与信息技术需求仍处于快速发展期，IT 人才需求旺盛。系统运维行业进入国家紧缺人才目录，预计未来 5 年的年均需求增长将达到 15%。

**从产业发展看。**许多企事业单位需要进行信息化建设，建立各种信息系统，需要对系统进行部署、配置、维护和优化，保证系统的稳定性和高效性，这需要大量的信息系统运行维护工程技术人员提供技术支持和服务。根据国家统计局数据，2022 年我国信息传输、软件和信息技术服务业增加值同比增长 9.1%，直接推动了对 IT 运维人才需求的增长。中国信息通信研究院预测，到 2025 年，中国系统运维服务市场规模有望达到 1618 亿元，年复合增速将达到 13.3%。

**从政策红利看。**数字经济已经成为全球经济发展的主要趋势，我国也因此出台了一系列数字经济发展战略和政策。这些政策将促进数字经济的快速发展，也将推动信息系统运行维护工程技术人员需求的增长。2021 年 2 月，四川省经济和信息化厅发布《四川省软件与信息服务业三年行动计划》，规划了运维等软件专业人才培训基地。2021 年 11 月，工业和信息化部出台《"十四五"软件和信息技术服务业发展规划》，要求优化信息技术服务，围绕数字化管理咨询、智能运维等，完善信息技术服务体系，提升重点行业和领域专业化信息技术服务能力。2021 年 12 月，中央网络安全和信息化委员会印发的《"十四五"国家信息化规划》指出，加快数字化发展、建设数字中国。该规划将促进信息技术领域的技术创新和产业升级，也将增加对信息系统运行维护工程技术人员的需求。2022 年 7 月，北京市经济和信息化局印发《北京市推动软件和信息服务业高质量发展的若干政策措施》，支持运维等软件人才培养。

## 十、相关内容链接

**国家职业标准：**暂缺。

**相关政策文件：**见表 2-02-10-08-3。

**表 2-02-10-08-3　信息系统运行维护工程技术人员相关政策文件**

| 序号 | 发布或通过时间 | 发布或通过机构 | 文件名称 |
| --- | --- | --- | --- |
| 1 | 2021 年 11 月 | 工业和信息化部 | 《“十四五”软件和信息技术服务业发展规划》 |
| 2 | 2021 年 12 月 | 中央网络安全和信息化委员会 | 《“十四五”国家信息化规划》 |

供稿：浙江广厦建设职业技术大学　赵永晖

# 数据分析处理工程技术人员 S

职业编码：2-02-30-09

在数字化时代来临的今天，互联网、大数据和人工智能等技术的普遍应用，构筑了一个数字化的信息空间，改变了人们的生活方式。从社交、娱乐、购物到出行，人们越来越多地借助各种网络平台，同时个人行为和信息数据也被平台不断地记录和分析着。这些数据蕴含着业务的优化信息和未来发展启示，其价值得到了越来越多企业的认可。但原始数据是繁杂、孤立的，并不能直观参考，唯有将其结合实际业务，并经过有效的处理和分析，才能将隐藏在背后的富含价值的信息展现出来，这一过程就是数据分析。它能帮助人们做出明智决策、优化运营效率、促进创新与发展，还能帮助解决各种现实问题，成为企业获取竞争优势的重要手段。数据分析处理工程技术人员就是完成这一工作的专业人士，他们的工作是和数据打交道，分析挖掘、提炼有价值的数据指标和分析结果，为决策者提供数据思维的依据和支持。他们掌握着三种武器：一是计算机数据相关技术；二是数学专业知识；三是对相关业务的深入了解。近年来，随着大数据技术的迅猛发展，数据分析处理相关人才出现了供不应求的情况，使这一职业成为最具发展潜力的职业之一。

## 一、数据分析处理工程技术人员的一天

**记录时间：2023 年 6 月 5 日** **记录人：王某**

### 上午工作情况

**9 点：**

1. 参加部门会议，汇报总结上周工作成果，解决遗留问题，领取新任务。（任务领取）

2. 业务部门运营人员发现某项目上期报表有数据异常，需要支持。结合业务和数据进行深入分析，查找原因，给出解释说明。（数据分析）

**10 点：**

某项目上线新功能，对上报的原始用户数据进行加工，计算出需要的指标，并根据不同的主题用多个报表将数据储存下来方便以后使用。（数据处理）

### 下午工作情况

**14 点：**

1. 浏览与行业相关的新闻、资讯及论坛，了解、学习行业相关前沿技术和发展趋势；与同事、同行在线交流，借鉴和吸取行业内先进经验，获取灵感。（学习知识）

2. 对新发展的项目进行新用户承接分析，对业务改善提出建议。（新用户承接分析）

**16 点：**

1. 参加网络会议，领取对业务相关经营数据进行提取和分析的任务。（任务领取）

2. 会后继续沟通，明确任务需求，确定统计口径、重点指标、分析维度、看板样式等。（需求分析）

3. 明确需求以后，开始思考解决方案。首先确定数据来源，经查看了解，数据库内已存有主要相关历史报表基础数据，通过数据库 SQL 可提取和统计到需要的数据。（方案制定）

4. 拿到主要数据以后，对于还缺少的数据，需要动用定期累积的沉淀数据，通过编写 SQL 程序进行计算和统计得到。对于仍无法准确得到的数据，经过和业务方沟通，用其他能够简便获得的数据来替代，不影响总体的业务分析效果。（数据收集）

5. 检查数据的正确性和合理性，对波动异常数据进行深入分析验证，得到合理的波动原因。（数据分析验证）

6. 利用已有的数据模型，对未来的数据进行预测，对业务关键环节给出一定的建议和指导。（数据分析预测）

7. 最后，把已生成的数据进行可视化图表制作，让用户可以直观地看到产品现在的数据状态。（数据展示）

工作中的数据分析处理工程技术人员如图 2-02-30-09-1 所示。

图 2-02-30-09-1　工作中的数据分析处理工程技术人员

## 二、什么是数据分析处理工程技术人员

**职业定义。**数据分析处理工程技术人员是从事信息系统数据规划、采集、管理、分析及数据库设计与优化、数据资源整合、数据挖掘、数据分析等工作的工程技术人员。

**定义解读。**随着互联网的发展，现代生活进入了一个数据日益泛滥的时代。收集并利用这些数据资源，可以用来完善企业、政府和社会层面的决策机制，实现价值增长。数据分析是指用适当的方法和模型对数据进行统计和定量分析，从中提取具有价值的信息并进行详细研究和概括总结的过程。数据分析处理工程技术人员是专门从事某特定领域内的数据采集、整理、汇总、分析，并依据数据做出展示、评估和预测等工作的专业人员。随着数字经济的推进和大数据在国内的飞速发展，对数据分析处理工程技术人员的需求也快速增长，使数据分析处理工程技术人员成为未来最具发展潜力的职业之一。

**关联职业。**密切相关的职业有大数据工程技术人员、商务数据分析师等。大数据工程技术人员面向种类多、体积大、价值密度高的数据，关注数据的存储、分析和处理。数据分析处理工程技术人员的工作任务更多注重数据分析及数据准备工作。商务数据分析师专注于商务领域相关数据的分析决策。

**相应岗位。**数据处理工程师、数据库开发工程师、业务数据分析师、数据架构师、数据科学家等。

## 三、数据分析处理工程技术人员的主要工作职责

1. 负责项目的需求调研、数据分析、商业分析等，分析系统数据来源、数据应用需求。

2. 制定数据采集、集成、处理及存储等各环节技术方案和技术规范。

3. 根据产品功能、性能和扩展，设计数据资源整合解决方案，完成数据抽取、清洗、转化等数据处理，对获取到的数据信息进行整合筛选。

4. 参与数据挖掘模型的构建、维护、部署和评估。

5. 基于对产品需求的充分理解，设计数据分析和洞察方案，洞察数据变化趋势、关联关系等，设计数据分析模型并输出数据分析和产品策略报告。

6. 进行数据库逻辑设计，进行数据库和数据服务应用编程。

7. 运行维护数据库系统，调整、优化数据库系统。

8. 进行数据分析、数据挖掘、数据展现、决策支持。结合业务的综合信息，从不同的方面运用可视化工具实现数据可视化，并形成数据分析报告。

9. 理解业务运作逻辑，利用数据分析手段，及时发现业务流程中存在的问题，进行原因分析，提出解决方案并与业务人员沟通达成共识。

10. 利用数据分析工具进行数据和信息处理，高效支持业务端的数据查询需求，包括经营数据、用户数据等的查询，提供数据咨询服务。

## 四、数据分析处理工程技术人员的薪酬福利待遇

**平均薪酬水平。**国家统计局公布的城镇单位就业人员年平均工资数据显示，2021 年信息传输、计算机服务和软件业城镇单位就业人员的年平均工资为 201506 元。根据看准网的数据，全国数据分析师的月平均工资为 22827 元，中位数为 26681 元，其中，22000~30000 元的占比最大，约为 20%，平均薪酬高于传统软件与信息服务行业，吸引力更大。

**与类似职业对比。**BOSS 直聘网 2023 年 6 月的数据显示，在北京地区，该职业薪酬略高于运维开发岗位，低于人工智能岗位，类似职业薪酬水平见表 2-02-30-09-1。

表 2-02-30-09-1 类似职业薪酬水平

| 职业名称 | 薪酬水平（元 / 月） |
|---|---|
| 运维开发工程师 | 7000~30000 |
| 云计算工程技术人员 | 8000~45000 |

## 五、从事数据分析处理工程技术人员工作需要哪些本领

该职业从业人员需具备的知识和技能有熟练使用数据分析的工具，掌握常用统计学方法、数据挖掘算法模型，具备方案制定、数据处理、数据分析、数据显示等技能。

数据分析处理工程技术人员需具备的知识和技能见表 2-02-30-09-2。

**表 2-02-30-09-2　数据分析处理工程技术人员需具备的知识和技能**

| 职业功能 | 工作内容 | 知识和技能要求 |
| --- | --- | --- |
| 需求方案 | 需求识别 | 具备相关领域业务知识，能正确识别数据分析的目标需求 |
| | 制定方案 | 具有清晰的数据分析思路，能设计数据资源整合解决方案 |
| 数据处理 | 数据收集 | 具备从内部数据库或公开信息中获得数据的技术能力 |
| | 数据清洗 | 能对数据进行处理和加工，使其适合分析和建模 |
| | 数据转换 | 能根据定义的数据映射规则转换数据 |
| | 数据提取 | 具备理解业务需求、进行数据提取的能力 |
| 数据分析 | 数据挖掘 | 掌握数据挖掘相关能力：一是数据挖掘、统计学、数学基本原理和常识；二是熟练使用一门数据挖掘工具，也可以选择编程实现；三是需要了解常用的数据挖掘算法及每种算法的应用场景和优劣 |
| | 数据分析 | 运用适当的分析方法和工具，对收集到和处理过的数据进行分析，提取出有价值的信息，形成有效结论的过程 |
| | 数据显示 | 能以表格和图形的形式呈现数据中的关系和规律 |
| | 报告撰写 | 能将数据分析的原因、过程、结果和建议通过报告完整呈现，供决策者参考 |
| 运维 | 数据库运维 | 能运行维护数据库系统，维护数据库数据安全 |
| | 应用程序运维 | 能进行数据服务应用程序运维 |
| 设计与开发 | 开发模型 | 能进行数据库逻辑设计、模型创建，开发和测试新算法 |
| | 应用编程 | 掌握开发语言，能根据需求进行数据服务应用编程 |

## 六、数据分析处理工程技术人员的专业教育现状

### （一）相关专业

目前已有较多院校开设了与该职业相关的专业，涉及普通本科院校、职业院校等。普通本科院校相关专业有统计学、数学与应用数学、数据计算及应用、数据科学与大数据技术、大数据管理与应用等。职业院校相关专业有大数据工程技术、统计与大数据分析、商务数据分析与应用、运动数据分析、生态环境大数据技术等。

### （二）开设相关专业的院校（排名不分先后）

★ 相关院校：北京大学、清华大学、浙江大学、北京航空航天大学、华中科技大学、北京邮电大学、哈尔滨工业大学、上海交通大学、南京大学、河南大学等。

◆ 相关院校：安徽商贸职业技术学院、重庆财经职业学院、金华职业技术大学、江西职业技术大学、无锡职业技术学院、山东商业职业技术学院、广州番禺职业技术学院、北京信息职业技术学院等。

## 七、数据分析处理工程技术人员的就业创业信息

随着大数据应用的普及和发展，数据分析处理需要的人才数量逐步攀升，且涉及的行业也越发广泛。

吸纳数据分析处理工程技术人员就业较多的用人单位主要有：

1. 互联网行业：阿里巴巴、腾讯、京东、美团、小米、拼多多、快手、大众点评、汽车之家、天眼查等。

2. 电信及信息技术行业：中国移动、中国电信、中国联通、中国信通院、华为、中兴、科大讯飞等。

3. 传媒中介行业：智联招聘、BOSS 直聘、去哪儿网、链家置地、21 世纪不动产、学而思、作业帮等。

4. 物流运输：高德地图、北斗星通、滴滴出行、顺丰速运、德邦快递等。

5. 数据分析专业服务机构：用友、金蝶、淘宝、百度、新华信、零点有数等。

6. 政府机关，研究机构等。

注：以上机构信息仅供参考，不代表编写出版方对其推荐或认可。

## 八、数据分析处理工程技术人员的职业贯通发展

该职业的发展路径主要有四条：管理路线，即从员工晋升到主管 / 单位中层，再晋升到经理 / 单位领导层，甚至往更高的高级领导职务发展。专家路线，即不断提升技能水平，在职业等级上不断晋升，成为数据分析处理领域的专家。复合人才路线，即向其他行业跨越或进行职业转型，如通过学习相关知识和技能转型为商务数据分析师、经营分析师、数据挖掘工程师、风控建模分析师、AI 算法工程师等，与专业技术岗位横向贯通。创业路线，即基于个人能力、志向与相关条件进行创新创业。数据分析处理工程技术人员职业贯通发展如图 2-02-30-09-2 所示。

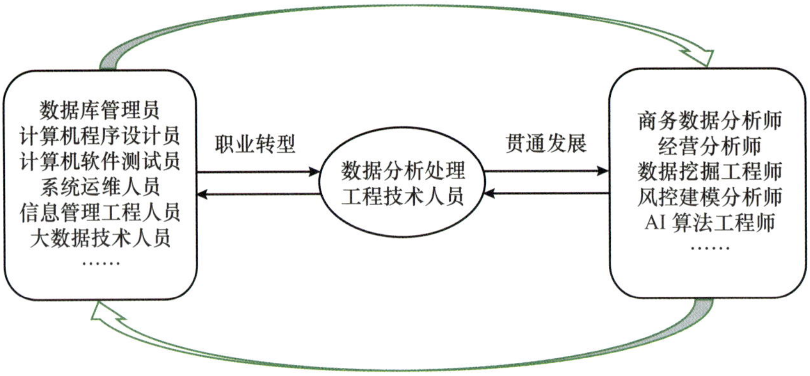


图 2-02-30-09-2　数据分析处理工程技术人员职业贯通发展图

## 九、数据分析处理工程技术人员的发展前景

从市场供需看。根据中国商业联合会数据分析专业委员会统计，未来中国基础性数据分析人才缺口将达到 1400 万人。根据领英发布的《2021 年中国最热职位人才报告》，有六类热门职位的人才当前都处于供不应求的状态，稀缺程度各有不同，其中，数据分析人才的供给指数最低，仅为 0.05，属于高度稀缺。

**从产业发展看。**数据分析行业在近些年成为了一项热门行业。科技的高速发展、数据量的爆发性增长，推动了数据分析行业的迅速发展。据福布斯的调查，数据分析师已经成为全球从业人数增长最快的职业之一。可以预见的是，在未来十年内，数据分析行业将成为求职市场的首选。

**从政策红利看。**近年来，数字经济和大数据技术成为了国家发展战略和经济发展新引擎，而数据分析是其中关键的组成部分。2015 年 9 月，国务院发布《促进大数据发展的行动纲要》，大数据正式上升至国家战略层面。党的十九大报告提出要推动大数据与实体经济的深度融合。2019 年 10 月，党的十九届四中全会首次将数据纳入生产要素范畴。2021 年 3 月，国家发布《中华人民共和国国民经济和社会发展第十四个五年规划和 2035 年远景目标纲要》，大数据标准体系的完善成为发展重点。2022 年 12 月，中共中央、国务院发布《关于构建数据基础制度更好发挥数据要素作用的意见》，以数据产权、流通交易、收益分配、安全治理为重点，系统搭建了数据基础制度体系的"四梁八柱"。数字经济相关政策红利的密集释放，也为数据分析处理工程技术人员这一职业的发展带来了重大历史机遇。

## 十、相关内容链接

**国家职业标准：**暂缺。

**相关政策文件：**见表 2-02-30-09-3。

**表 2-02-30-09-3　数据分析处理工程技术人员相关政策文件**

| 序号 | 发布或通过时间 | 发布或通过机构 | 文件名称 |
|---|---|---|---|
| 1 | 2020 年 4 月 | 中共中央、国务院 | 《关于构建更加完善的要素市场化配置体制机制的意见》 |
| 2 | 2021 年 12 月 | 国务院办公厅 | 《要素市场化配置综合改革试点总体方案》 |
| 3 | 2021 年 12 月 | 国务院 | 《"十四五"市场监管现代化规划》 |

续表

| 序号 | 发布或通过时间 | 发布或通过机构 | 文件名称 |
| --- | --- | --- | --- |
| 4 | 2022 年 1 月 | 中国银保监会办公厅 | 《关于银行业保险业数字化转型的指导意见》 |
| 5 | 2022 年 12 月 | 中共中央、国务院 | 《关于构建数据基础制度更好发挥数据要素作用的意见》 |

供稿：深圳天源迪科信息技术股份有限公司　曹大鹏

# 供应链工程技术人员 S

职业编码：2-02-30-11

供应链工程技术人员是企业战略的规划师。他们紧跟数字经济浪潮，响应国家供应链发展战略，洞察企业发展趋势和数字化供应链转型需求，做好企业的战略规划、平台架构，推进业务模式创新，为供应链管理决策提供体系化支撑，提升企业的核心竞争力，为企业可持续发展戴上“望远镜”。

供应链工程技术人员是企业数字化战略实施的架构师。他们熟练应用人工智能技术、互联网技术、5G、工业互联网技术、区块链技术、数字孪生技术、软件技术和各类算法等先进技术和工具，构建企业供应链数字化平台，赋能企业的供应链构建、升级和优化，提高供应链整体运行水平和效率，保证供应链全过程全场景可视、可控、可溯，为企业管理和运营戴上“放大镜”。

供应链工程技术人员是企业供应链管理的安全员。他们熟悉供应链各环节的运作机制和方式，见微知著，防患于未然，系统化识别、评估、量化潜在的供应链风险，事前有效预判风险，事中防止风险扩大，事后控制风险损失，保证企业供应链的柔性、安全性和韧性，为企业的管理和运营戴上“显微镜”。

## 一、供应链工程技术人员的一天

**记录时间：2023 年 6 月 10 日** **记录人：朱某亮**

### 上午工作情况

**9 点：**

根据公司供应链战略规划，主持召开数智化团队核心成员工作会议，复盘各供应链数智化项目进展情况，选择部分重要项目跟踪推进。如出现开发困难或者需要协调资源的项目，则安排其他相关成员跟进工作规划。（工作会议）

**9点30分：**

1.通过直接交流或查看相关材料，学习业内先进企业的数智化解决办法或经验。（学习知识）

2.结合公司管理要求、业务情况和数智化项目开发情况，动态调整或完善数智化项目的规划。（项目规划调整）

**10点：**

与公司数字科技团队领导、主管进行沟通，协调公司内部开发资源，形成合力，落实相关数智化项目主要责任人员、协同人员及相关责任、协同方式，排定数智化项目开发日程。（项目推进）

**11点：**

1.向出现开发困难的数字科技团队主管了解异常情况，确认属于技术困难还是用户需求异常。（异常情况处理）

2.与用户进行交流，明确用户核心需求，针对技术困难（结合开发成本）合理调整需求开发计划，对于紧急需求优先安排，非紧急需求规划二期或三期逐步实现。（需求调研）

### 下午工作情况

**14点：**

听取团队其他负责人汇报其负责项目的进展情况，对开发方向出现的偏差予以纠正，对开发过程中出现的困难给予指导建议，或安排其他相关人员进行指导。（项目协调）

**15点：**

抽取或有目的地询问经营单位，了解当前公司已开发或在开发数智化项

目的实际应用情况，登记发现的问题或改进建议，反馈给相关开发组成员。（问题反馈）

**16点：**

组织人员或亲自着手测试数智化项目程序，登记发现的问题或待优化功能，反馈给相关开发组成员。（项目测试）

**17点：**

安排人员汇总各责任人更新数智化项目进展情况，包括重大开发进展、发现的问题和解决思路、需要公司给予的支持等信息。（工作汇总）

工作中的供应链工程技术人员如图 2-02-30-11-1 所示。

图 2-02-30-11-1　工作中的供应链工程技术人员

## 二、什么是供应链工程技术人员

**职业定义。**供应链工程技术人员是从事供应链系统、平台研究与构建及其风险防控，设计、开发供应链相关模型、技术、工具与方法的工程技术人员。

**定义解读。**供应链工程技术人员是运用供应链战略理论和关联技术，规划、构建、优化供应链体系架构和技术应用，具有战略高度、管理跨度和技术深度，跨领域、创新型、复合型的高端技术人才。供应链工程技术人员需要具备系统思维和数字化思维，掌握必要的供应链管理、信息系统实施等理论与方法，拥有大数据、人工智能、区块链等新技术应用技能，熟悉供应链各环节的运作机制和业务模式，并且有着丰富的实践经验和管理、沟通、协同能力。

**关联职业。**密切相关的职业有工业工程技术人员、物流工程技术人员、战略规划与管理工程技术人员、信息管理工程技术人员、数据分析处理工程技术人员、供应链管理师、物流服务师等。

**相应岗位。**技术方面，包含供应链建模工程师、供应链算法工程师、供应链架构工程师等；管理方面，包含供应链经理、供应链总监、高级寻源经理、寻源总监、物流经理、采购经理、供应链计划经理、库存计划经理、供应链副总裁、供应链中心总经理；第三方服务方面，包含供应链咨询顾问、供应链解决方案专家、供应链规划专家等。

## 三、供应链工程技术人员的主要工作职责

1. 供应链管理从本质上来说，就是一个横向的、端到端的、贯穿上下游、贯穿内外的管理体系。供应链发展规划是公司竞争战略和可持续发展战略的重要组成部分，供应链工程技术人员应充分参与研究经济形势对于供应链发展的要求，制定供应链系统发展规划。

2. 根据企业或组织管理、经营目标和业务特性，利用信息技术手段，挖掘供应链构建、优化与再造的需求，降本增效，提高运营效率，提高生产和服务水平。

3. 供应链战略体系包括使命、愿景、价值观及通过 SWOT 分析派生出来的供应链职能战略、输出战略措施及关键行动计划。供应链战略的设计需要分析并深入理解企业整体战略，供应链战略的规划需要评估供应链当下的状态和未来愿景状态之间的差距，制定注重效率、响应迅速、可持续发展的供应链战略，提高企业核心竞争力。

4. 供应链的安全性、稳定性和韧性表现在供应链的应急能力。在突发事件发生时能够积极有效应对，能够对受影响的地区或业务环节紧急提供资金、物资、救援、调度指挥等多维度、多层面的协同，敏捷、动态、协同是应急供应链体系健全的三个重要特征。

5. 建设供应链体系安全机制、供应链风险防范保障机制，规避行业与企业供

应链的结构性风险，识别日常风险，控制突发风险，做到事前有效预防风险发生，事中有力控制风险扩大，事后最大限度地减少风险损失。

6. 供应链数字化平台建设对降本增效、提质增利具有重要的价值。设计供应链网络化、数字化、智能化平台模型，开发平台关联技术、工具，制定技术标准和实施规范，推动企业数字化转型，实现企业管理的创新和迭代升级。通过数字化平台实现协同管理，帮助企业实现需求采购、订单处理、仓储物流等供应链各环节的智能协同，并通过信息化手段优化供需企业之间的信息流、物流和资金流，增强供应链端到端的计划、执行能力。

7. 制定供应链工程项目实施方案和计划。计划是衔接战略层和底层执行的中间层，包含生产计划、采购计划、销售和运营计划、物流计划等多种。这些计划有着不同的时间范围和审核的周期，它们共同组成了供应链计划，是确保供应链战略落地的核心。

## 四、供应链工程技术人员的薪酬福利待遇

**平均薪酬水平。**供应链工程技术人员的平均年薪为 40 万元左右，总监岗位平均年薪在 50 万元以上，上限可以高达 150 万元。

**与类似职业对比。**该职业的类似职业包括供应链管理师、物流工程师。根据招聘网站的数据，类似职业薪酬水平见表 2-02-30-11-1。

**表 2-02-30-11-1　类似职业薪酬水平**

| 职业名称 | 薪酬水平（元 / 月） |
| --- | --- |
| 供应链管理师 | 5000~20000 |
| 物流工程师 | 5000~20000 |

## 五、从事供应链工程技术人员工作需要哪些本领

供应链工程技术人员需具备的知识和技能见表 2-02-30-11-2。

**表 2-02-30-11-2　供应链工程技术人员需具备的知识和技能**

| 职业功能 | 工作内容 | 知识和技能要求 |
|---|---|---|
| 战略规划与需求挖掘 | 供应链战略规划 | 能够应用供应链预测技术，基于社会环境、经济环境、当前和未来的商业环境和市场状况，研究制定企业供应链发展战略；能够基于对组织、流程、技能、数据等各方面的评估，规划整体性、长期性的供应链转型路线图和运营模型 |
| | 供应链需求挖掘 | 能够应用企业资源计划（ERP）等软件工具，大数据、机器学习、动态规划等信息技术，挖掘并预测市场和用户需求，敏捷调整供应链计划、采购、制造、物流等业务活动，实现供需精准对接和柔性匹配 |
| 系统架构与设计 | 供应链系统构建 | 能够熟练应用供应链流程设计相关技术、供应链成熟度诊断模型，设计采购—生产—交付过程中的订单响应机制和操作流程；能够应用供应商管理（SRM）、企业资源计划（ERP）等软件工具，建设供应商资源池并开展分类管理与分级评价，实施采购智能寻源、供应能力监测、供应节点备份、采购精准执行等管理；能够应用仓库管理系统（WMS）、运输管理系统（TMS）等软件工具以及数字化物流装备，开展仓储可视化监控与管理、物流网络规划设计、物流资源柔性配置等工作；能够应用数字化方法、工具和技术，横向打通供应链上下游信息系统的逻辑关系和业务关系，设计与运营供应链质量体系 |
| | 应急供应链设计 | 能够基于应急供应链的基本理论，进行应急网络设计、信息技术系统搭建、沟通分享机制布局等体系设计工作；能够对应急事件进行精准评估，合理制定应急供应链解决方案；能够熟练应用信息技术实施应急物流活动，包括检测系统、物资筹集系统和配送系统的运行管理 |
| 平台项目管理 | 供应链风险防范 | 能够熟练应用预测模型，销售、库存与运营计划（SIOP），网络分析法（PERT），应急供应链模型等，建设企业供应链信用体系、供应链安全机制、供应链风险防范保障机制；能够应用供应链风险预警监控系统，使用供应链订单合规审查、风险预警建模、风险应急处置模拟、信息安全防护等软件工具，开展数字化供应链风险预警、精准评估、快速防控处置 |

续表

| 职业功能 | 工作内容 | 知识和技能要求 |
| --- | --- | --- |
| 平台项目管理 | 数字化供应链平台管理 | 能够基于区块链、人工智能、大数据、物联网、5G、边缘计算等技术，进行数字化供应链平台的设计；能够充分应用软件系统开发环境和建模工具进行数字化供应链平台、工业互联网平台等的搭建；能够应用供应链中台控制技术，根据相关法律法规、行业准则，制定供应链流程标准、运营标准与安全标准；能够运营、维护数字化供应链追溯体系，开展供应链全链条信息采集、跟踪和追溯 |
| | 供应链项目管理 | 能够根据企业的供应链计划，完成供应链工程项目计划的编制；能够面向供应链人工智能应用场景，基于数据挖掘与机器学习（包括深度学习）等技术，构建预测控制、运筹优化、模拟仿真等核心算法，支撑需求预测、计划排程、物流方案等智能化应用的软件开发、算法开发等；能够使用供应链建模方法、工具和技术，基于数据收集、系统建模、问题分析、解决方案设计、分析评估等，实施供应链网络设计、库存优化等工作；能够应用运营分析的定量方法，基于数据分析和可视化技术，进行制造和服务的运营管理 |

## 六、供应链工程技术人员的专业教育现状

### （一）相关专业

目前已有较多院校开设了与该职业相关的专业。相关专业有智慧供应链与运营管理、管理科学、信息管理与信息系统、数据科学、供应链管理等。

### （二）开设相关专业的院校（排名不分先后）

★ 相关院校：清华大学、中国人民大学、复旦大学、上海交通大学、对外经济贸易大学、天津大学、厦门大学、北京工商大学、北京物资学院、上海海事大学等。

◆ 相关院校：宁波职业技术学院、浙江经济职业技术学院、广西职业技术学院、重庆城市管理职业学院等。

## 七、供应链工程技术人员的就业创业信息

在创业方面，一般都是创立第三方咨询服务机构，有代表性的有 IBM（国际商业机器公司）、BSI（英国标准协会）、KPMG（毕马威）等。这些机构专门为企业提供数字化供应链解决方案和咨询服务，通过提供必要的人员培训、专业云服务、解决方案等，推动实现企业组织架构调整、数字化运营管理和智能技术创新，为企业打造安全、稳定、可靠的数字化供应链。

在就业方面，就业领域遍及制造业、交通运输业、商贸流通业等行业。例如，有代表性的生产型企业有海尔、三一重工、华为、中国商飞、联想、美的、上海大众、北京奔驰、国家电网、中国交建等；商贸流通类的企业有京东、阿里巴巴、宝洁、联合利华等。

注：以上机构信息仅供参考，不代表编写出版方对其推荐或认可。

## 八、供应链工程技术人员的职业贯通发展

供应链工程技术人员广泛分布于制造业、交通运输业、信息技术业、商贸流通业等行业，就业面广，职业发展空间广阔。供应链工程技术人员的职业发展有横向、纵向，内部和外部多条成长通道。供应链工程技术人员既可以在企业生产部门、战略部门、供应链工程技术部门、供应链数字化部门、供应链能力建设部门平行流动，从供应链技术专员晋升到供应链技术高级专员；也可以通过“轮岗”形式晋升，从技术岗位转到从事供应链管理、项目管理、企业管理等管理岗位。此外，供应链工程技术人员还可以从事对外部赋能的相关职业，如供应链研究、供应链咨询服务、供应链人才培训、供应链金融服务等岗位工作。在积累一定的工作经验的基础上，供应链工程技术人员也可以转岗从事供应链管理师、物流工程技术人员、战略规划与管理工程技术人员、项目管理工程技术人员等职业相关岗位工作。供应链工程技术人员职业贯通发展如图 2-02-30-11-2 所示。

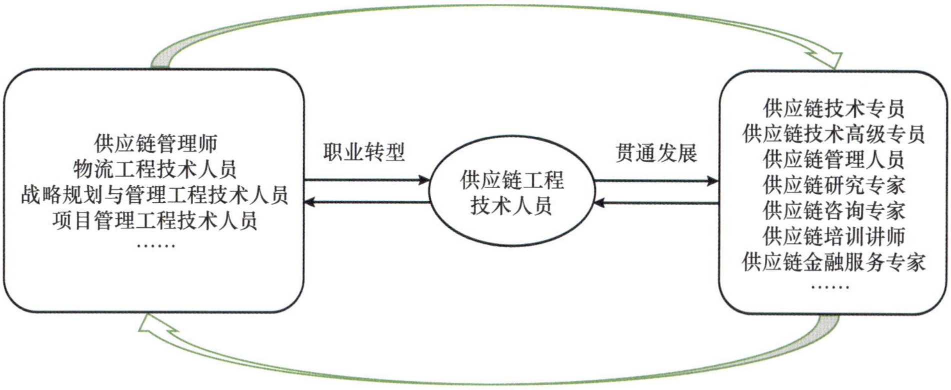


图 2-02-30-11-2 供应链工程技术人员职业贯通发展图

## 九、供应链工程技术人员的发展前景

**从市场供需看。**随着供应链创新与应用上升为国家战略，数字经济蓬勃发展与实体经济转型复苏，全球对供应链管理人才的需求显著增加，无论是生产制造型工业企业，还是能源、零售分销、交通物流、服务、商业、IT 业，乃至军事领域和政府，整个社会的运营管理系统都需要大量的供应链工程技术人员，以完成供应链顶层设计、模型构建、结构优化、运营管理、数字化改造等工作，人力资源市场总体呈现数量上供不应求和质量上不能满足岗位胜任力要求的局面。

**从产业发展看。**在新一轮科技革命和产业互联网发展大势下，供应链已经成为企业的一项战略性资产，被称为第四利润源。以物联网、云计算、大数据、移动互联网、5G、数字孪生等为代表的新一轮技术的快速发展和广泛应用，制造与服务业态迭代创新，推动了企业供应链数字化、智能化转型升级，利用新一代信息技术提升产业链供应链柔性与韧性已成为产业界的共同选择。同时，“中国制造 2025”“绿色制造”“两业融合”使得供应链发展更加集约化、个性化，增强供应链敏捷性、稳健性和风险应对能力，已成为领军企业保持核心竞争优势的共同选择。企业之间的竞争，演化成为供应链与供应链之间的竞争，因此对高质量、复合型的供应链数字化管理人才有巨大需求，相关从业人员具有良好的发展前景与广阔的就业空间。

**从政策红利看。**《中华人民共和国国民经济和社会发展第十四个五年规划和

2035年远景目标纲要》强调，要提升产业链供应链现代化水平，推进重点领域数字产业发展，完善重点产业供应链体系。2020年4月，商务部、工业和信息化部等八部门联合印发《关于进一步做好供应链创新与应用试点工作的通知》，明确提出要加快推进供应链数字化和智能化发展。商务部、工业和信息化部等八部门大力推进供应链创新与应用都是重大的政策利好。基于国家“智能制造”“数字化经济”“双循环”发展战略，以及对国家供应链的建设与优化、产业供应链创新与发展的重视，供应链工程技术人员对于供应链的发展和创新具有巨大的推动和优化作用，其需求量和发展空间巨大。

## 十、相关内容链接

**国家职业标准：** 暂缺。

**相关政策文件：** 见表2-02-30-11-2。

**表2-02-30-11-2　供应链工程技术人员相关政策文件**

| 序号 | 发布或通过时间 | 发布或通过机构 | 文件名称 |
| --- | --- | --- | --- |
| 1 | 2020年4月 | 商务部等部门 | 《关于进一步做好供应链创新与应用试点工作的通知》 |
| 2 | 2020年9月 | 中国人民银行等部门 | 《关于规范发展供应链金融　支持供应链产业链稳定循环和优化升级的意见》 |
| 3 | 2021年2月 | 国务院 | 《关于加快建立健全绿色低碳循环发展经济体系的指导意见》 |
| 4 | 2021年11月 | 工业和信息化部 | 《“十四五”工业绿色发展规划》 |
| 5 | 2022年5月 | 商务部等部门 | 《全国供应链创新与应用示范创建工作规范》 |
| 6 | 2022年5月 | 国务院办公厅 | 《“十四五”现代物流发展规划》 |

供稿：中国物流与采购联合会　张晓梅

# 工业设计工程技术人员 S

职业编码：2-02-34-02

近年来，随着大数据、人工智能、区块链、云计算、5G 等新一代信息技术加速创新，我国数字经济发展迅猛，其规模在 2021 年已达 45.5 万亿元，占 GDP 比重达 39.8%。《中华人民共和国国民经济和社会发展第十四个五年规划和 2035 年远景目标纲要》对加快发展数字经济提出了明确要求。在此背景下，众多数字职业应运而生，数字领域从业人员规模也在逐渐壮大，成为驱动我国数字经济发展的中坚力量。在企业的技术水平接近的情况下，工业设计就成了有力的竞争手段。设计能力是一个国家创造力的重要组成部分，工业设计更是彰显技术创新水平与提升企业竞争力的战略工具。在高端智能装备业、商业、移动互联网、服务业等领域，从事商业模式设计、技术产业化设计、服务与体验设计等规划编制、技术集成、设计开发工作的工程技术人员的地位则变得无比重要。

## 一、工业设计工程技术人员的一天

**记录时间：2023 年 6 月 23 日** **记录人：李某**

### 上午工作情况

**8 点：**

1. 到达办公室，查看电子邮件和日程安排。与团队成员开会，讨论项目进展和下一步的工作计划。（查看日程安排、讨论工作计划）

2. 开始进行产品设计工作。根据用户需求和市场调研结果，进行创意构思和草图设计。与团队成员讨论设计方案，进行初步评估和改进。（构思方案）

**9 点：**

与供应商沟通，了解材料和制造工艺的可行性。根据供应商的建议，调整设计方案。（调整方案）

**10 点：**

进行 CAD 建模工作。使用 CAD 软件创建产品的 3D 模型，并进行必要的调整和优化。（模型创建）

## 下午工作情况

**13 点：**

1. 进行产品工程分析。使用有限元分析软件进行结构强度、疲劳寿命和振动分析，以确保产品的可靠性和性能。（性能分析）

2. 与制造团队开会，讨论产品制造过程中可能遇到的问题和挑战。提供技术支持和解决方案，确保产品能够顺利制造。（技术支持）

**15 点：**

1. 继续进行 CAD 建模工作，完成产品设计的最终调整和优化。（产品优化）

2. 检查和整理工作文件，准备明天的工作计划。与团队成员交流，确认项目进展和下一步的工作安排。（总结）

工作中的工业设计工程技术人员如图 2-02-34-02-1 所示。

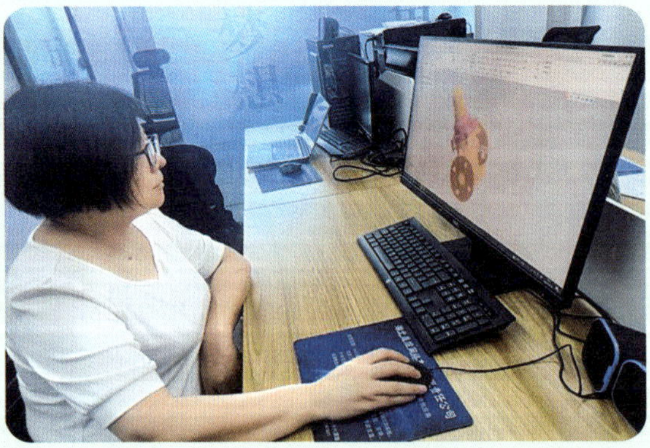

图 2-02-34-02-1　工作中的工业设计工程技术人员

## 二、什么是工业设计工程技术人员

**职业定义。**工业设计工程技术人员是从事研究设计对象的功能、结构、形态及包装等工业设计技术、设计及产业化方案，设计技术实现路径的工程技术人员。

**定义解读。**工业设计工程技术人员在现代工业生产中扮演着重要的角色，负责研究市场需求，进行创意构思、产品设计和开发，并最终将产品推向市场。

**关联职业。**密切相关的职业有产品设计师、机械工程师、制造工程师、项目经理、用户体验设计师、市场营销专员、供应链管理专员。产品设计师负责根据市场需求和用户需求，设计新产品的外观和功能，工业设计工程技术人员可以协助进行产品的技术分析和评估；机械工程师负责设计和开发机械设备和系统，工业设计工程技术人员可以提供机械设计方面的专业知识和技术支持；制造工程师负责制定和实施产品的制造工艺和生产流程，工业设计工程技术人员可以协助制造工程师进行工艺优化和生产效率提升；项目经理负责协调和管理项目的执行，工业设计工程技术人员可以作为项目团队的一员，负责项目中与工业设计相关的任务和工作；用户体验设计师负责优化产品的用户体验和用户界面设计，工业设计工程技术人员可以提供技术支持和合理性评估，以确保设计的可行性和可生产性；市场营销专员负责市场调研和产品推广，工业设计工程技术人员可以协助进行产品竞争力分析和市场需求评估；供应链管理专员负责物料采购和供应商管理，工业设计工程技术人员可以参与供应链管理，确保所需物料的质量和供应的及时性。

**相应岗位。**工业设计师、产品开发工程师、产品测试工程师、制造工程师、供应链工程师、项目经理、用户体验设计师、模型制作师、工艺设计师、项目规划师等。

## 三、工业设计工程技术人员的主要工作职责

1. 研究科技和社会、经济、文化、美学等应用对象的功能、结构、形态及包装设计的技术方法，提高产品的竞争力和用户体验，以满足不同社会、经济、文

化和美学需求。

2. 运用人机工程学、设计心理学、美学等的相关知识和技术，设计产品、环境设施、视觉传达、展示与陈设的技术路径和程序，提供更好的用户体验，满足用户需求，提升产品的美感和品牌形象，增强产品的市场竞争力。

3. 进行产品工程技术的合理性转化，提供设计原型的工程设计解决方案，进行技术功能、性能、安全实验等，通过设计和制造原型来验证产品设计的可行性和可靠性，测试产品的功能、发现潜在问题并进行改进。

4. 进行使用者的身心良好亲和性与匹配的人机交互技术验证，评估和改进人机交互技术，提高用户对技术系统的接受度和满意度，确保人机交互系统能够与用户建立良好的关系，并根据用户的身心特点和偏好提供个性化的交互体验。

5. 指导设计人员应用工业设计技术，审查设计方案和项目，确保设计方案和项目能够达到预期的目标和要求。

## 四、工业设计工程技术人员的薪酬福利待遇

**平均薪酬水平。**根据招聘平台数据统计，工业设计工程技术人员的国内薪酬福利待遇相对较好。基于不同的地区、公司规模和行业背景等，薪酬待遇可能有所差异。一般来说，大型企业和知名设计公司的工业设计工程技术人员的薪酬较高。在北京、上海等一线城市，工业设计工程技术人员的月薪一般为 8000~20000 元，一些有经验的高级工程师甚至可以达到 30000 元。而在二线城市，薪酬水平可能相对较低，一般为 5000~10000 元。同时，工业设计工程技术人员薪资水平与工作年限有关。工作年限 1 年以下的平均月薪为 10341 元，1~3 年的平均月薪为 13748 元，3~5 年的平均月薪为 20972 元，5 年以上的平均月薪为 25359 元。该职业薪资水平与学历也存在一定关系。根据统计，本科学历人员的平均月薪为 15382 元，大专学历人员的平均月薪为 10540 元。

**与类似职业对比。**根据招聘平台公示数据，在北京地区，该职业的薪酬一般与生产制造工程师、机械工程师等职业的薪酬相近，类似职业薪酬水平见表 2-02-34-02-1。

表 2-02-34-02-1　类似职业薪酬水平

| 职业名称 | 薪酬水平（元 / 月） |
|---|---|
| 生产制造工程师 | 10000~15000 |
| 机械工程师 | 8000~14000 |
| 工艺工程师 | 8000~15000 |
| 人机交互设计师 | 8000~15000 |

## 五、从事工业设计工程技术人员工作需要哪些本领

工业设计工程技术人员需要具备扎实的专业知识技能、设计表达能力、设计制图能力、计算机辅助设计能力、产品设计以及沟通合作能力和学习适应能力。这些本领和能力将有助于他们在工作中提供高质量的服务并应对各种挑战和需求。

工业设计工程技术人员需具备的知识和技能见表 2-02-34-02-2。

表 2-02-34-02-2　工业设计工程技术人员需具备的知识和技能

| 职业功能 | 工作内容 | 知识和技能要求 |
|---|---|---|
| 需求分析 | 信息收集 | 掌握市场调查方法，能够进行市场调查，收集产品开发信息 |
| | 产品分析 | 掌握产品功能分析方法；能够识别设计产品的材料、辅料和表面处理方法；能够根据设计产品的目标消费者，进行产品安全性分析和可靠性分析；能够通过分析设计产品的功能，确定功能指标 |
| 设计制图 | 识图与绘图 | 掌握识读和绘制基本视图的方法，掌握制图的图线使用和标注方法，掌握制图的剖视图、剖面图画法，掌握常用材料的剖面符号，掌握识读三视图、结构图等图样的方法，掌握三视图、结构图的绘制方法，掌握轴测图绘制方法，掌握零件图和装配图的绘制方法 |

续表

| 职业功能 | 工作内容 | 知识和技能要求 |
| --- | --- | --- |
| 计算机辅助设计 | 二维图形的绘制 | 能够运用计算机绘图软件绘制二维图形并进行图形修改，能够运用计算机绘图软件进行二维图形文字、尺寸标注并进行图形的保存与输出 |
| | 三维实体的建模 | 掌握计算机三维建模软件的基本操作方法和三维建模方法，能够运用计算机三维建模软件创建三维模型并对模型进行编辑，能够运用计算机三维建模软件进行效果图的材质选择和对效果图进行渲染 |
| 产品设计实施 | 产品结构设计 | 掌握产品设计相关理论知识及装配工艺知识，了解产品结构相关知识，优化设计产品的易制造程度；对产品材料性能有一定的认识，熟悉产品后期表面处理工艺 |
| | 产品设计 | 能够熟练应用手绘快速表达设计，精通相关的建模渲染软件，具备建模渲染能力，将设计概念以视觉形式展现出来，准确地呈现产品的形状、尺寸和比例；通过创建准确的模型，用于工程分析、工艺制造、原型制作和生产 |
| 产品创新与管理 | 技术创新 | 能够提出新颖的设计方案，具备创新设计、独立思考和解决问题的能力 |
| | 项目管理 | 具备项目管理能力，能够有效地组织和管理设计项目，协调各方资源，保证项目按时完成 |
| | 表达沟通 | 具备良好的沟通能力，能够与团队成员、客户和供应商进行有效的沟通和协调 |
| | 安全意识 | 具备安全意识，能够在设计过程中考虑到产品的安全性和可靠性，遵守相关的安全规范和法律法规 |

## 六、工业设计工程技术人员的专业教育现状

### （一）相关专业

目前已有较多院校开设了与该职业相关的专业，相关专业有工业设计、产品设计、会展经济与管理、机械设计制造及其自动化、电气工程及其自动化等。

### （二）开设相关专业的院校（排名不分先后）

★ 相关院校：湖南大学、浙江大学、华南理工大学、上海交通大学、武汉理工大学、西安交通大学、广东工业大学、天津大学、西北工业大学、北京航空航天大学等。

◆ 相关院校：浙江机电职业技术大学、宁波职业技术学院、广东机电职业技术学院、常州机电职业技术学院、重庆工业职业技术学院、广东工贸职业技术学院、湖南化工职业技术学院、顺德职业技术学院、金华职业技术大学、浙江工贸职业技术学院等。

## 七、工业设计工程技术人员的就业创业信息

工业设计工程技术人员具备丰富的专业知识和技能，在工业行业和相关领域有广阔的就业和创业机会。工业设计工程技术人员可以在制造业、设计公司、咨询公司、研究机构、高校等领域就业。他们可以参与产品设计、工艺改进、产品测试、质量控制等工作。

吸纳工业设计工程技术人员就业较多的用人单位主要有：

1. 大型外企：这类企业待遇高，发展潜力大，机会多。

2. 国内大型通信企业：如中兴、华为等，待遇较高，发展潜力大，机会也多，和大型外企一样，竞争也是相对激烈的。

3. 国内大型企业：如联想、海尔等，这类企业福利相对较好，发展潜力也很大，但是在薪资方面有差距。

4. 各类专业设计公司：大型的专业设计公司，发展势头迅猛，待遇等各方面都非常不错。

5. 中小企业的工业设计部门，以及众多的小型设计公司。

从我国目前实际情况看，在广东、上海、北京、深圳及浙江地区，工业设计行业已经形成一定的规模，并有向全国各地发展的趋势。

注：以上机构信息仅供参考，不代表编写出版方对其推荐或认可。

## 八、工业设计工程技术人员的职业贯通发展

工业设计工程技术人员可以通过以下方式实现职业贯通发展。

1. 学习交叉学科知识：工业设计工程技术人员应该具备广泛的知识背景，包括工程学、材料学、人机交互设计等，可以通过修读相关学科的课程或参加相关培训来扩充自己的知识领域。

2. 参与跨学科项目：参与跨学科项目可以帮助工业设计工程技术人员与其他领域的专业人员合作，共同解决复杂的问题。通过与其他专业人员的合作，可以学习到其他领域的知识和技能。

3. 进行跨学科研究：工业设计工程技术人员可以选择进行跨学科研究，探索工业设计与其他领域的交叉点。通过深入研究和实践，可以将不同领域的知识应用于工业设计工程中，提高自己的综合能力。

4. 持续学习和自我提升：工业设计工程技术人员应保持学习的态度，不断更新自己的知识和技能。可以通过参加行业会议、研讨会、培训课程等方式，了解最新的技术和趋势，提高自己的专业水平。

5. 继续职业发展：工业设计工程技术人员可以选择在职业生涯中不断发展自己的技能。可以通过参加职业培训、获得相关证书、参与项目管理等方式，提升自己的职业竞争力和拓展职业发展空间。

工业设计工程技术人员职业贯通发展如图 2-02-34-02-2 所示。

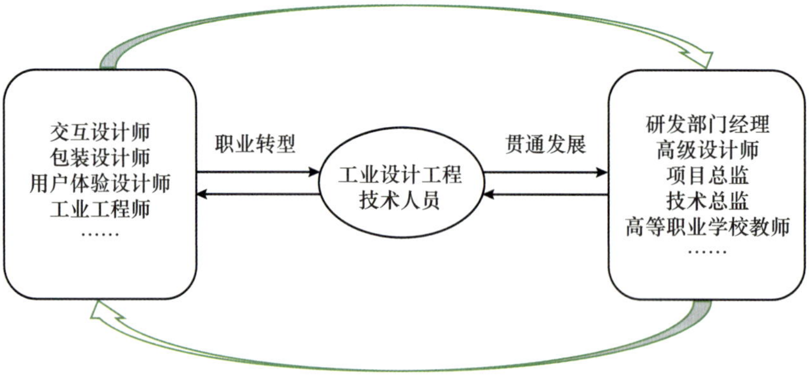


图 2-02-34-02-2　工业设计工程技术人员职业贯通发展图

## 九、工业设计工程技术人员的发展前景

**从市场供需看。**随着全球经济的发展和技术的进步，越来越多的企业意识到产品设计对市场竞争力的重要性，因此对工业设计工程技术人员的需求也在不断增加。2021 年我国规模以上设计企业 14000 家，专业人员超过 70 万人，广义的设计从业者超过 3000 万人，设计市场规模近 5000 亿元。

**从产业发展看。**随着制造业转型升级，传统的工业生产模式已经无法满足市场需求。工业设计工程技术人员能够通过创新设计和技术应用，提升产品的竞争力，增加附加值，推动企业向高端化、智能化方向发展。随着人工智能、物联网等新兴技术的快速发展，工业设计工程技术人员在人机交互和智能化领域发挥着越来越重要的作用。

**从政策红利看。**在当前复杂严峻的形势下，加快工业设计创新发展的重要性和紧迫性更为凸显。我国立足新发展阶段，完整、准确、全面贯彻新发展理念，构建新发展格局，推动制造业高质量发展，以深入实施《制造业设计能力提升专项行动计划（2019—2022 年）》为契机，进一步完善思路和举措，扎实推动工业设计创新发展。2023 年 2 月，中共中央、国务院印发《质量强国建设纲要》，明确提出要发挥工业设计对质量提升的牵引作用，强化研发设计，推动工业品质量迈向中高端；同时提升工业设计、知识产权等科技服务水平，推动产业链与创新链、价值链精准对接、深度融合。

## 十、相关内容链接

**国家职业标准：**暂缺。

**相关政策文件：**见表 2-02-34-02-3。

**表 2-02-34-02-3　工业设计工程技术人员相关政策文件**

| 序号 | 发布或通过时间 | 发布或通过机构 | 文件名称 |
| --- | --- | --- | --- |
| 1 | 2021 年 1 月 | 财政部<br>工业和信息化部 | 《关于支持“专精特新”中小企业高质量发展的通知》 |

续表

| 序号 | 发布或通过时间 | 发布或通过机构 | 文件名称 |
| --- | --- | --- | --- |
| 2 | 2021 年 4 月 | 中共中央、国务院 | 《关于新时代推动中部地区高质量发展的意见》 |
| 3 | 2021 年 11 月 | 国务院促进中小企业发展工作领导小组办公室 | 《提升中小企业竞争力若干措施》 |
| 4 | 2023 年 2 月 | 中共中央、国务院 | 《质量强国建设纲要》 |

供稿：咸宁职业技术学院　陈红卫

# 大数据工程技术人员 S

职业编码：2-02-38-03

大数据工程技术人员的工作看起来很高端，通常在办公室里工作。他们要有扎实的计算机理论基础，对数据结构及算法有较强的功底。他们熟悉 Hadoop、Spark、Hive、Hbase、Flink 等工具。他们精通 SQL，熟悉常用的关系型数据库、非关系型数据库和数据仓库。他们具有 SQL 性能优化经验，熟悉分布式相关系统开发的工作。他们学习能力强，喜欢研究开源新技术。他们保持好奇心，学习跟踪前沿技术。在中国，他们是大数据工程技术人员；在美国，他们被叫作数据挖掘分析师。

## 一、大数据工程技术人员的一天

**记录时间：2023 年 8 月 8 日** **记录人：李某胜**

### 上午工作情况

**8 点：**

开始一天的工作，首先查看电子邮件和消息，是否有新的任务或紧急情况需要处理；然后查看数据的状态和性能，检查所有的数据源是否正常运行，以确保数据的质量和准确性。如果有异常情况，则立即采取措施解决问题，并通知团队成员和上级领导。（工作检查）

**10 点：**

1. 进行数据的处理和分析，主要工作是利用大数据技术（如 Hadoop、Spark、Hive、Pig 等）对大量的数据进行处理和分析，以获取有用的信息。

这些数据可以来自不同的渠道，如传感器、社交媒体、网络日志等。（任务处理）

2. 为了更好地处理这些数据，需要编写一些复杂的脚本和程序，以便实现自动化处理。（编写脚本）

工作中的大数据工程技术人员如图 2-02-38-03-1 所示。

图 2-02-38-03-1 工作中的大数据工程技术人员

**12 点：**

和团队成员一起吃午饭，讨论工作和项目进展，分享彼此的经验和知识，并探讨新的技术和工具，以便更好地完成工作任务。这也是加强团队协作和建立共同目标的时间。（分享经验）

### 下午工作情况

**14 点：**

1. 通常会参加一些会议或讨论，以便更好地了解客户需求和项目进展。这些会议可能是与客户的业务团队或数据分析师的会议，需要了解他们的需求和期望，以便更好地为他们提供服务。（对接客户）

2. 针对客户在会议中提出的意见和建议，运用专业知识和技能提供解决方案。（提供解决方案）

**17 点：**

通过阅读博客、论坛、书籍和其他在线资源来学习新的技术和工具，这有助于更好地了解行业趋势和发展，以及更好地提高专业技能。（探索新知）

## 二、什么是大数据工程技术人员

**职业定义。**大数据工程技术人员是从事大数据采集、清洗、分析、治理、挖掘等技术研究，并加以利用、管理、维护和服务的工程技术人员。

**定义解读。**所谓大数据，就是量大且复杂到用人工无法轻易获取、整合的数据。这个“大”的量是个天文数字，而机器可以获取、整合、处理，甚至比较精确地进行分析，能极大地提高信息处理速度，让信息更直观地呈现在人们眼前，方便进行进一步的分析。大数据工程技术人员需要研究和开发大数据采集、清洗、存储及管理、分析及挖掘、展现及应用等有关技术，研究、应用大数据平台体系架构、技术和标准，设计、开发、集成、测试大数据软硬件系统，大数据采集、清洗、建模与分析，管理、维护并保障大数据系统稳定运行，监控、管理和保障大数据安全，提供大数据的技术咨询和技术服务。

**关联职业。**密切相关的职业有数据科学家、数据分析师、大数据工程师、数据架构师、商业智能（BI）开发人员、统计员、机器学习工程师等。此外，随着数据科学的发展，人们还在开发新的大数据技术，如机器学习、自然语言处理、图像处理等，也会提出新的职位要求，为企业带来更多的数据分析能力。

**相应岗位。**高级分析助理、分析策略师、决策分析师、运营研究分析师、优化分析师、数据分析工程师、数据应用开发工程师、大数据架构师、机器学习工程师、数据营销专员、数据安全专家、大数据项目经理、人工智能工程师、数据产品经理、数据治理架构师、数据咨询师、数据法律顾问等。

## 三、大数据工程技术人员的主要工作职责

1. 应用数学建模和其他优化方法，开发和解释有助于决策、政策制定或其他管理功能的信息；收集和分析数据并开发决策支持软件、服务或产品；开发和提供最佳的时间、成本或物流网络，以进行程序评估、审查或实施；研究、开发大数据采集、清洗、存储及管理、分析及挖掘、展现及应用等技术；与计算机交互，使用计算机和计算机系统（包括硬件和软件）来编程，编写软件、设置功能、输入数据或处理信息。

2. 大数据工程技术人员使用广泛的方法（如预测、数据挖掘和统计分析）来检查和解释数据，研究、应用大数据平台体系架构、技术和标准。他们必须确定适当的软件包，并理解计算机编程语言，以设计和开发新的技术和模型；设计、开发、集成、测试大数据软硬件系统，管理、维护、保障数据系统稳定；监控、管理和保障大数据安全；提供大数据的技术咨询和技术服务；识别和解决商业、物流、医疗保健等领域的现实问题。

3. 大数据工程技术人员经常向管理者和其他高管展示他们的数据和结论，还需要与没有技术背景的人交流技术信息；具备人际交往能力，大数据工程技术人员通常在团队中工作，需要能够说服管理者接受他们的建议；与上级、同级或下属沟通，通过电话、书面、电子邮件或亲自向上级主管、同级和下属提供信息；为他人提供咨询和建议，就技术、系统或过程相关主题向管理层或其他小组提供指导和建议。

4. 做出决策，解决问题。分析信息和评价结果，选择最佳的解决方案以解决问题。大数据工程技术人员必须具有批判性思维，能够找出与工作相关的信息，还必须能够在提出建议之前评估解决方案的成本和收益。收集和组织各种渠道的信息，如计算机数据库、销售数据和客户反馈。

5. 开发、设计、创造新的应用程序、创意、关系、系统或产品，包括艺术创造。更新和使用相关知识，通过学习掌握最新技术和应用新知识；具备相应的数学技能，大数据工程技术人员使用的模型和方法植根于统计学、微积分、线性代数和其他高级数学学科；分析数据或信息，通过将信息或数据分解成独立的部分来识别信息的基本原理、原因或事实；研究信息，找出相关的问题和相应的分析

方法；使用统计分析、模拟、预测建模或其他方法来分析信息，并制定切实可行的解决方案。

6. 大数据工程技术人员需要能够根据他人提供的信息诊断问题，然后分析相关信息以解决问题。通过观察、接收或其他方式从所有相关信息中获取信息，运用先进的数学和分析方法，帮助组织调查复杂问题，确定和解决问题，帮助企业做出更好的决策，向经理和其他决策者提供多种解决问题的方案；利用统计分析和模拟分析方法来分析和解决业务问题，向管理者和决策者提出建议，采取适当的行动解决问题，识别和定义业务问题，如生产、物流或销售中的问题。

7. 大数据工程技术人员撰写备忘录、报告和其他文件，说明他们的发现和建议。处理信息，编辑、编码、分类、计算、制表、审核和验证信息或数据；解释他人信息的含义，翻译或解释他人信息意味着什么，以及如何使用这些信息；写备忘录、报告和其他文件，向经理、高管和其他管理人员说明自己的发现和建议。

## 四、大数据工程技术人员的薪酬福利待遇

**平均薪酬水平。**大数据人才的薪资处于相对较高水平。根据 2019 年 4 月对 27 家大数据行业典型企业的人力资源情况的调研报告，月薪在 1 万元以下的，占总人数的 34.60%；1 万 ~2 万元的，占 35.64%；2 万元以上的，占 29.77%。

根据智联招聘网等招聘网站的数据，大数据工程师的平均薪资为 15000 元 / 月左右。大数据工程师工作的地域和企业规模也会对工资产生影响。一线城市的薪资相对较高，而二线城市和三线城市的薪资则相对较低。另外，一些大型互联网企业的大数据工程师薪资可高达 30000 元 / 月以上。

除此之外，大数据工程师还可以通过自身的技能和经验来获得更高的薪资。比如，某位大数据工程师在机器学习或人工智能等领域拥有独特的技能，那么他的薪资会更高。此外，大型企业和外企在对待大数据工程师的薪资待遇上会更加优越。据统计，未来 5 年内，大数据相关岗位的人才需求在不断增长，这意味着大数据工程师这个职业会更加热门。因此，为了获得更好的薪资待遇和更广阔的职业发展空间，大数据工程师需要不断提升自己的技能和知识水平，这样才有更多的机会获得更高的薪资和更好的职业发展。

**与类似职业对比。**该职业的类似职业包括数据挖掘工程师、算法工程师、数据分析师，类似职业薪酬水平见表 2-02-38-03-1。

**表 2-02-38-03-1　类似职业薪酬水平**

| 职业名称 | 薪酬水平（元/月） |
|---|---|
| 数据挖掘工程师 | 20000~30000 |
| 算法工程师 | 15000~20000 |
| 数据分析师 | 10000~20000 |

## 五、从事大数据工程技术人员工作需要哪些本领

该职业从业人员需具备的知识和技能有大数据主流开发语言、大数据平台的构建、大数据采集、大数据存储与交换、大数据离线计算、大数据实时计算等能力。另外，需具有较强的学习能力、计算能力、表达能力及分析、推理和判断能力。

根据《大数据工程技术人员国家职业标准（2021 年版）》，大数据工程技术人员需具备的知识和技能见表 2-02-38-03-2。

**表 2-02-38-03-2　大数据工程技术人员需具备的知识和技能**

| 职业功能 | 工作内容 | 知识和技能要求 |
|---|---|---|
| 数据应用与分析 | 负责行业数据搜集、整理、分析，并依据数据做出行业研究、评估和预测 | 具有数理统计基础知识，如 Excel、SQL、Python/R |
| 挖掘数据设计算法 | 负责行业数据整理、挖掘，并依据数据做出行业研究、评估和预测 | 掌握常用数据挖掘算法，如 SQL、Python/R、Java |
| 深度学习、算法、机器学习 | 负责利用各种神经网络模型及其算法并处理具体事务 | 熟悉各种神经网络模型，如 Python、C++、Java、TensorFlow、Caffe 等深度学习系统 |

续表

| 职业功能 | 工作内容 | 知识和技能要求 |
|---|---|---|
| 开发相关软件 | 使用编程语言开发大数据相关软件和应用系统 | 熟悉 Java、Python、C++、Scala，Linux/UNIX 系统 |
| 大数据架构设计与运维 | 负责大数据架构的设计与实施 | 熟悉分布式系统原理，Linux/UNIX 系统及其脚本 Shell 等，Hadoop、Spark 等大数据框架及其组件 Yarn，HBase、Hive、Pig 等 |
| | 负责大数据系统的运行和维护 | 熟悉 Linux/UNIX 系统及其脚本 Shell，Java 等 |
| 数据可视化设计 | 负责大数据可视化应用开发，使数据分析结果多维度、生动地体现 | 熟悉前端框架及工具，如jQuery、Vue.js、Webpack 等，Web 前端相关技术包括 HTML、CSS、JavaScript，数据可视化框架如 Echars、Highcahrts、D3.js 等 |
| 数据采集与数据库管理 | 负责数据采集、预处理、标注等 | 熟悉 Linux/UNIX 系统，数据库如 MySQL、Redis、MongDB 等，爬虫框架如 Scrapy 等，Web 基础知识，如 HTML、JavaScript、CSS、XPath、URL、XML 等；解析工具，如 HttpClient、Jsoup、WebDriver、PhantomJS 等 |
| | 负责数据库的运行和维护 | 熟悉 Linux/UNIX 系统、MySQL、SQL 等数据库的运行机制和体系架构 |
| 数据运营 | 负责数据的运营 | 掌握数理统计基础知识、运营方法，如 SQL |
| 数据产品、项目的管理与销售 | 负责数据产品的销售 | 掌握软件工具，如 Axure、Visio、MindManager、Project、PPT、BI、SQL；有产品规划能力、撰写需求文档能力 |
| | 负责数据项目 | 会使用项目管理工具，有 PMP 证书，有梳理流程能力 |
| | 负责大数据业务销售 | 有沟通能力、业务谈判能力 |

## 六、大数据工程技术人员的专业教育现状

### （一）相关专业

目前已有较多院校开设了与该职业相关的专业，涉及普通本科院校、职业院校等。普通本科院校相关专业有数据科学与大数据技术、大数据管理与应用。职业院校相关专业有大数据技术应用、大数据技术。

### （二）开设相关专业的院校（排名不分先后）

★ 相关院校：北京大学、清华大学、浙江大学、国防科技大学、北京航空航天大学、北京邮电大学、哈尔滨工业大学、电子科技大学、上海交通大学、西南财经大学。

◆ 相关院校：陕西职业技术学院、青岛职业技术学院、辽宁经济管理干部学院、襄阳职业技术学院、湖南汽车工程职业大学、湖北职业技术学院、深圳信息职业技术学院、郑州城市职业学院、随州职业技术学院、滁州职业技术学院等。

## 七、大数据工程技术人员的就业创业信息

该职业从业人员遍布全国各地，主要分布在北京、上海、深圳、广州、杭州、合肥、南京、武汉、郑州、成都、合肥等城市。

吸纳大数据工程技术人员就业较多的用人单位主要有：

1. 大型互联网企业：如阿里巴巴、百度、头条、腾讯、美团等互联网公司。这些企业拥有庞大的用户数据库，同时也积累了大量的数据资源，因此它们对数据科学与大数据技术人才的需求相当大。

2. 金融行业：银行、证券公司、保险公司等金融机构面对着庞大的数据量，而可以通过科学的方法来发现这些数据隐藏的商业价值。数据科学与大数据技术将有助于金融机构提升风险控制、精细化运营等能力，因此，这些企业对数据科学与大数据技术人才的需求也非常旺盛。

3. 医疗领域：数据科学与大数据技术有助于研究医疗数据，提升医疗服务质量和疾病预测的准确性。在能源行业，数据科学与大数据技术可以帮助企业更好

地分析能源消耗、优化能源利用，推动能源领域的可持续发展。

4. 科研机构和高校：科研机构和高校注重创新和研发，这些领域需要数据科学与大数据技术人才来进行前沿技术的研究和应用。在这些单位工作，可以参与科学研究项目，与各种领域的专家合作，开展探索性的数据科学和大数据技术工作。

注：以上机构信息仅供参考，不代表编写出版方对其推荐或认可。

## 八、大数据工程技术人员的职业贯通发展

该职业的发展路径主要有四条：管理路线，即从初级工程技术人员晋升到中高级，甚至往更高的决策、规划方向发展。专家路线，即不断提高技能水平，在职业等级上不断晋升，成为大数据工程领域专家。复合人才路线，即向其他行业跨越或进行职业转型，如通过学习相关知识和技能转型为遥感研究人员、经济学研究人员、物流师、管理分析师、市场调查分析师、数学研究人员、统计师、生物统计师、临床数据经理等职业。产品路线，即大数据工程技术人员对商业和产品的理解较业务部门员工更加深入，也可转向产品部或市场部，乃至高级管理层，职业发展道路广。大数据工程技术人员职业贯通发展如图 2-02-38-03-2 所示。

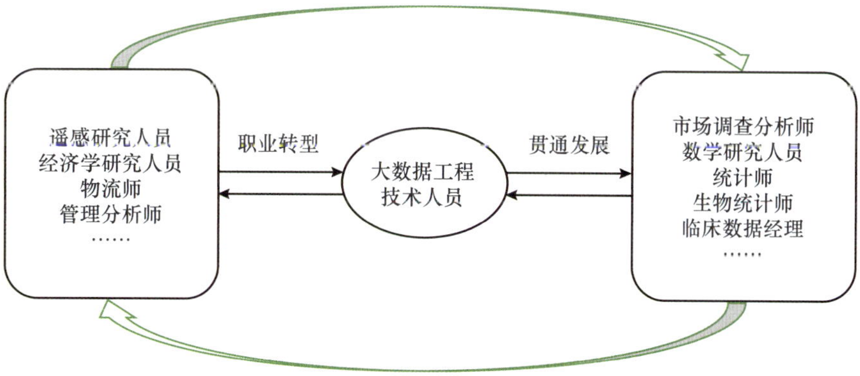


图 2-02-38-03-2　大数据工程技术人员职业贯通发展图

## 九、大数据工程技术人员的发展前景

从市场供需看。《大数据产业发展规划（2016—2020 年）》指出，目前大数据

人才队伍建设亟须加强，大数据基础研究、产品研发和业务应用等各类人才短缺，难以满足发展需要。随着大数据、物联网、5G 等技术应用的不断发展，社会对该职业从业人员的需求日益增长。2025 年前大数据人才需求仍将保持 30%~40% 的增速，需求总量在 2000 万人左右。

**从产业发展看。**大数据是新时代最重要的“数字金矿”，是全球数字经济发展的核心动能。大数据作为数据资源价值挖掘的动力源，受到世界各国政府和国际组织的高度重视，世界主要国家和地区竞相开展大数据战略布局，推动大数据技术创新研发与产业应用落地，旨在以大数据为抓手，抢占数字经济时代全球竞争制高点。

**从政策红利看。**2021 年 3 月，在国家发布的《中华人民共和国国民经济和社会发展第十四个五年规划和 2035 年远景目标纲要》中，大数据标准体系的完善成为发展重点；2022 年 12 月，中共中央、国务院发布《关于构建数据基础制度更好发挥数据要素作用的意见》，以数据产权、流通交易、收益分配、安全治理为重点，系统搭建了数据基础制度体系的“四梁八柱”。2023 年 2 月，中共中央、国务院印发《数字中国建设整体布局规划》，将数据要素放到一个更为宏大的数字中国图景中，明确数字中国建设按照“2522”的整体框架进行布局，即夯实数字基础设施和数据资源体系“两大基础”，推进数字技术与经济、政治、文化、社会、生态文明建设“五位一体”深度融合，强化数字技术创新体系和数字安全屏障“两大能力”，优化数字化发展国内国际“两个环境”；到 2025 年，基本形成横向打通、纵向贯通、协调有力的一体化推进格局，数字中国建设取得重要进展；到 2035 年，数字化发展水平进入世界前列，数字中国建设取得重大成就。随着国家政策的密集发布，数据作为关键生产要素的地位得到进一步明确。

## 十、相关内容链接

**国家职业标准：**扫码即可查看 ☞ 。

**相关政策文件：**见表 2-02-38-03-3。

**表 2-02-38-03-3　大数据工程技术人员相关政策文件**

| 序号 | 发布或通过时间 | 发布或通过机构 | 文件名称 |
| --- | --- | --- | --- |
| 1 | 2021 年 11 月 | 工业和信息化部 | 《“十四五”大数据产业发展规划》 |
| 2 | 2023 年 2 月 | 中共中央、国务院 | 《数字中国建设整体布局规划》 |

供稿：哈尔滨职业技术大学　逯柳

# 机器人工程技术人员 S

职业编码：2-02-38-10

随着人口红利的不断降低，国内装备制造业正处于由传统装备向先进装备转型的时期，机器人时代已经到来。当前中国机器人产业呈现良好发展势头，产业规模快速增长，产业格局不断优化，以智能制造、智慧服务为使命与愿景的机器人企业竞相涌现；技术水平持续提升，视觉算法、运动控制、高性能伺服驱动、高精密减速器等关键核心技术加快突破，整机功能和性能显著增强；集成应用大幅拓展，机器人在工厂产线、仓储物流、教育娱乐、清洁服务、安防巡检、医疗康复等领域实现规模应用。机器人的广泛应用，离不开它背后的技术人员，也就是机器人工程技术人员。

## 一、机器人工程技术人员的一天

**记录时间：2023 年 7 月 14 日** **记录人：王某远**

### 上午工作情况

**9 点：**

1. 与集成商、终端企业人员一同进行机器人本体与控制柜线路接线，安装本体管线包等。（安装部署）

2. 通电后测试机器人运行是否正常，检查各轴编码器零点是否丢失且反馈正确，各轴硬限位安装是否牢固及其他各部件检查。（设备检查）

3. 测试机器人总线通信、组态设备间的 EtherCAT（以太网控制自动化技术）连接等功能模块的运行是否正常。（功能调试）

## 下午工作情况

**13 点：**

1. 与集成商、终端企业技术人员进行方案设计规划，确认客户需求。（方案规划）

2. 完成机器人的程序编写、信号交互，以及运行轨迹设定等调试工作。（完成调试工作）

3. 运行测试，寻找可优化空间，发现实际生产需改进之处并进行优化。（改进优化）

**15 点：**

1. 与集成商、终端企业人员沟通运行情况，确认是否需要调整优化或新添功能。（与客户沟通）

2. 培训和指导客户关于机器人的基本操作、各应用模块的基本介绍，以及常见故障处理方法等。（培训指导）

3. 编写相关技术文档、保养维护手册以及安全规范操作手册等，协助企业安全操作规范化建设。（文档编号）

工作中的机器人工程技术人员如图 2-02-38-10-1 所示。

**16 点：**

1. 复盘今日所发现问题以及待优化之处改进方法，以便次日处理解决。（工作复盘）

2. 关注以往已调试完成的企业现场机器人维护保养周期，制订维护保养计划。（计划制订）

3. 总结一天工作内容，记录所做工作及遗留问题，完善已调试完成现场的资料并上传公司服务器供其他同事参考。（工作总结）

图 2-02-38-10-1　工作中的机器人工程技术人员

## 二、什么是机器人工程技术人员

**职业定义。**机器人工程技术人员是从事机器人结构、控制、感知技术和集成机器人系统及产品研究、设计的工程技术人员。

**定义解读。**机器人工程技术人员主要从事机器人结构设计与开发、机器人控制设计与开发和机器人系统设计与开发。机器人结构设计与开发方向包括机器人结构方案设计、机器人零部件设计、机器人结构分析、机器人机械装配与测试；机器人控制设计与开发方向包括机器人控制系统整体设计，机器人核心控制器设计，机器人驱动、控制开发及调试，机器人感知及交互控制，底层控制硬件设计，机器人控制系统测试；机器人系统设计与开发方向包括机器人产品架构设计、机器人系统应用开发、机器人系统智能感知算法集成开发、机器人系统性能测试。

**关联职业。**密切相关的职业主要有服务机器人应用技术员、工业机器人系统操作员、工业机器人系统运维员。服务机器人应用技术员是在家用服务、医疗服务和公共服务等领域从事服务机器人的集成、实施、优化、维护和管理的人员；工业机器人系统操作员是使用示教器、操作面板等人机交互设备和工具对工业机器人、工业机器人工作站或系统进行装配、编程、调试、工艺参数更改等作业的人员；工业机器人系统运维员是使用工具、量具、检测仪器及设备进行工业机器人、工业机器人工作站或系统的数据采集、状态监测及运维的人员。

**相应岗位。**从事工业机器人相关的工程人员，服务机器人相关的工程技术人员，智能制造工程技术人员，智能机器人传感、智能机器人操作系统、自主移动机器人、智能机器人系统集成等技术领域的工程技术人员。

## 三、机器人工程技术人员的主要工作职责

1. 研究、开发机器人结构、控制、感知等相关技术。

2. 研究、规划机器人系统及产品整体架构。

3. 设计、开发机器人系统，制定产品解决方案。

4. 研发、设计机器人功能与结构，以及机器人控制器、驱动器、传动系统等关键零部件。

5. 研究、设计机器人控制算法、应用软件、工艺软件或操作系统、信息处理系统。

6. 运用数字仿真技术分析机器人产品、系统制造及运行过程，设计生产工艺并指导生产。

7. 制定机器人产品或系统质量与性能的测试与检测方案，进行产品检测、质量评估。

8. 提供机器人相关技术咨询和技术服务，并指导应用。

9. 制定机器人产品、系统、工艺、应用标准和规范。

## 四、机器人工程技术人员的薪酬福利待遇

**平均薪酬水平。**机器人工程技术人员的薪酬水平受地域、工作经验、学历等多种因素影响。全国机器人工程师的平均薪资约为 13279 元 / 月。

**与类似职业对比。**不同地域的薪酬水平有所不同。根据职友集网的信息，机器人工程技术人员的平均月薪为 1 万 ~1.5 万元，与机械工程技术人员和电气工程技术人员等职业的薪酬相当。类似职业薪酬水平见表 2-02-38-10-1。

表 2-02-38-10-1 类似职业薪酬水平

| 职业名称 | 薪酬水平（元 / 月） |
| --- | --- |
| 机械工程技术人员 | 10000~15000 |
| 电气工程技术人员 | 10000~15000 |
| 服务机器人应用技术员 | 3000~14000 |
| 工业机器人系统操作员 | 5000~14000 |

## 五、从事机器人工程技术人员工作需要哪些本领

该职业从业人员需具备的知识和技能有机器人操作与编程、机器人电气控制与维修、机器人自动化单元设计、机器人自动化单元安装、机器人自动化单元管理、自动化电气控制系统设计、嵌入式控制系统设计、PLC 及总线电气控制、系统集成及方案设计等。

根据《机器人工程技术人员国家职业标准（2023年版）》，机器人工程技术人员需具备的知识和技能见表2-02-38-10-2。

**表2-02-38-10-2 机器人工程技术人员需具备的知识和技能**

| 职业功能 | 工作内容 | 知识和技能要求 |
|---|---|---|
| 机器人技术管理 | 机器人技术咨询 | 掌握机器人需求挖掘知识、机器人产品市场运营策略；能根据客户需求，制定符合客户特点的机器人产品建设及管理方案 |
| | 解决方案设计 | 能制定机器人产品运营策略；能根据机器人市场及客户信息，研判机器人产品业务方向 |
| | 指导生产 | 掌握机器人机械加工系统知识，能编写机器人机械加工工艺、电气加工工艺、软件设计等规程，管理跨部门的生产开发活动 |
| | 制定机器人标准和规范 | 掌握机器人设计知识，能编写机器人产品设计准则和编写机器人工艺设计准则 |
| 机器人结构设计与开发 | 机器人结构方案设计 | 掌握常见机械机构实现原理、机械系统设计知识；具有需求分析和调研，进行机器人框架设计、工艺流程分析等技能 |
| | 机器人机构设计 | 掌握机电传动系统设计知识、机械加工工艺知识、金属材料及热处理基础知识，能制定出合理的机器人零部件加工工艺卡等 |
| | 机器人性能仿真 | 掌握系统仿真与分析知识，具有机器人力学仿真分析、运动仿真和性能进行优化等技能 |
| | 机器人质量评估 | 掌握结构件测试方法、流程规范、质量评估分析知识，具有机器人功能验证、可靠性评估、测试评估优化等技能 |
| | 机器人结构分析优化 | 掌握机械仿真分析方法、机器人人机工程设计等相关知识，具有结构方案分析优化、结构性能分析优化、功能和流程优化等技能 |

续表

| 职业功能 | 工作内容 | 知识和技能要求 |
|---|---|---|
| 机器人控制设计与开发 | 机器人控制系统整体设计 | 掌握常用电控原理、常用电控器件工作原理、电控系统基本原理、电控系统方案设计知识，具有机器人控制系统整体设计技能 |
| | 机器人核心控制器设计 | 掌握电动机控制知识、机器人各部件功耗计算方法、机器人自动控制原理、机器人核心功能设计知识等，具有机器人运动控制和机器人核心控制系统开发等技能 |
| | 机器人驱动、控制开发及调试 | 掌握电路板仿真软件知识、电路知识、单片机程序开发知识、可编程控制器程序开发知识等，具有单片机开发和调试、可编程控制器开发和调试等技能 |
| | 机器人感知及交互控制 | 掌握机器人环境感知传感器等相关知识，具有机器人硬件系统框架设计、控制系统架构设计、防护系统架构设计等能力 |
| | 机器人硬件设计 | 掌握印制电路板设计知识、数字电路工作原理、模拟电路工作原理、电源工作原理，具有电路板焊接、电路板设计、常用机器人控制部件器件选型等能力 |
| | 机器人控制系统测试 | 掌握机器人控制系统测试方法，具有机器人控制系统测试方案编制、机器人控制系统实地场景模拟、机器人整机控制测试能力 |
| | 机器人控制优化 | 掌握控制系统知识、电气系统知识、电气系统性能验证方法；具有控制系统单元优化、电气设计方案分析优化、控制性能分析优化能力 |
| 机器人系统设计与开发 | 机器人产品架构设计 | 掌握机器人应用系统架构设计方法，具有机器人软件系统框架设计能力；掌握交互设计知识，具有系统人机交互原型设计能力；掌握三维交互设计方法，具有机器人应用场景三维设计能力 |
| | 机器人系统应用开发 | 掌握机器人系统开发相关知识，具有机器人应用服务开发能力，具有机器人系统人机交互开发能力，具有机器人信息处理系统开发能力 |

续表

| 职业功能 | 工作内容 | 知识和技能要求 |
| --- | --- | --- |
| 机器人系统设计与开发 | 机器人系统感知和算法集成开发 | 掌握机器视觉算法知识、机器人导航算法知识，具有机器人视觉感知算法开发能力，具有机器人感知导航算法开发能力和机器人软件系统测试方案设计能力 |
| | 机器人系统性能测试 | 掌握软件测试环境搭建方法，具有机器人系统测试框架设计能力；掌握测试工具应用方法、测试脚本开发方法，具有机器人系统功能测试脚本开发能力 |
| | 机器人系统分析及优化 | 掌握机器人应用场景分析方法、机器人系统运营管理知识，具有系统流程优化与管理能力 |

## 六、机器人工程技术人员的专业教育现状

### （一）相关专业

目前已有较多院校开设了与该职业相关的专业，涉及普通本科院校、职业院校及专业培训机构等。普通本科院校相关专业有机器人工程、电气工程及其自动化等。职业院校相关专业有工业机器人技术、智能机器人技术等。

### （二）开设相关专业的院校（排名不分先后）

★ 相关院校：浙江大学、东南大学、哈尔滨工业大学、北京航空航天大学、东北大学、西北工业大学、浙江工业大学、浙江理工大学、浙江师范大学等。

◆ 相关院校：金华职业技术大学、温州职业技术学院、重庆交通职业学院、武汉职业技术学院等。

## 七、机器人工程技术人员的就业创业信息

在长三角地区，涌现出一批机器人特色产业园，典型代表有苏州吴中机器人产业园、苏深机器人协同创新产业基地、昆山高新区机器人产业园、常州机器人产业园、南京麒麟机器人产业园、上海机器人产业园、浦东机器人产业园、杭州机器人产业园等。

珠三角地区的制造业规模庞大，生产线的自动化及智能化改造升级为该地区的机器人发展提供良好的基础，率先形成从关键零部件到整机制造和集成应用的完整机器人产业链。深圳建成南山机器人产业园、智能机器人产业园、宝安机器人制造产业园等；广州目前已构建起黄埔智能装备价值创新园、大岗先进制造业基地等机器人产业园；佛山重点打造智能制造产业基地和机器人谷；东莞重点培育核心零部件企业和机器人系统集成商，推动工业机器人在电子信息制造业、电气机械及设备制造业的集成应用。

京津冀地区积极筹建特色的机器人产业园与创新基地。北京主要有中关村机器人产业创新中心、亦庄机器人产业园等；天津有滨海机器人产业园、天津机器人产业园、天津新松智慧产业园等；河北以工业机器人和特种机器人为主，主要有河北香河机器人产业园、沧州机器人产业园、唐山机器人产业园、石家庄机器人产业园等。

东北地区重点围绕工业机器人、医疗机器人等领域高端产品开展创新攻关，重点打造集本体整机制造、零部件研发生产、应用系统集成于一体的产业园与制造基地，如哈尔滨哈南机器人产业园、沈阳机器人产业园等。

注：以上机构信息仅供参考，不代表编写出版方对其推荐或认可。

## 八、机器人工程技术人员的职业贯通发展

该职业的发展路径主要有四条：管理路线，即从普通员工晋升到主管 / 单位中层，再晋升到经理 / 单位领导层，甚至向高层领导职务发展，或者跨越到投资领域，从事机器人领域投资管理。专家路线，即依托所从事机器人技术的背景不断提高技术技能水平，在职业技术技能上不断提升，成为机器人领域专家。复合人才路线，即依托所从事的机器人技术方向背景，向其他行业跨越或进行职业转型，如从事机器人控制设计与开发的技术人员，通过相关知识的学习，可转型为电子工程技术人员、电气工程技术人员；从事机器人结构设计与开发的技术人员，通过相关知识的学习，可转型为机械工程技术人员。创业路线，即基于个人兴趣爱好进行创新创业。机器人工程技术人员职业贯通发展如图 2-02-38-10-2 所示。

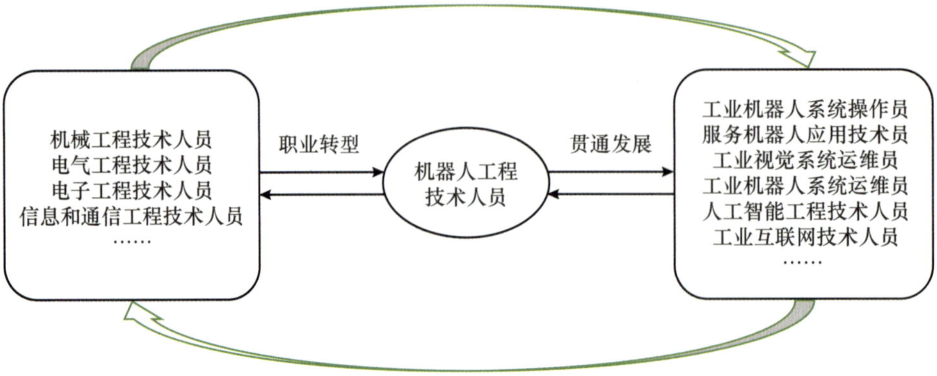


图 2-02-38-10-2 机器人工程技术人员职业贯通发展图

## 九、机器人工程技术人员的发展前景

**从市场供需看。**人力资源社会保障部发布的 2022 年第二季度全国招聘大于求职“最缺工”的 100 个职业排行显示，制造业缺工状况持续，仅在中国人工智能机器人行业人才缺口就高达 500 万人，复合型人才和高层级人才稀缺。机器人工程技术人员人才市场需求旺盛，具有广阔的就业前景。

**从产业发展看。**根据中国电子学会发布的《中国机器人产业发展报告（2022 年）》，预计到 2024 年，全球机器人市场规模将有望突破 650 亿美元。中国机器人市场持续蓬勃发展，成为后疫情时代机器人产业发展的重要推动力。

**从政策红利看。**2023 年 1 月，工业和信息化部、教育部等十七部门联合印发《“机器人 +”应用行动实施方案》，提出到 2025 年，制造业机器人密度较 2020 年实现翻番，服务机器人、特种机器人行业应用深度和广度显著提升，机器人促进经济社会高质量发展的能力明显增强。为贯彻落实工业和信息化部等十七部门印发的《“机器人 +”应用行动实施方案》、浙江省人民政府印发的《浙江省“415X”先进制造业集群建设行动方案（2023—2027 年）》等文件精神，探索形成以应用牵引推动浙江省机器人产业高质量发展的新路径，形成一批具有较高技术水平、创新应用模式和显著应用成效的机器人典型应用场景，树立一批示范效应好、社会效益高的机器人应用标杆企业，浙江省确定了 2023 年度机器人典型应用场景 16 项和“机器人 +”应用标杆企业 12 家。同时，浙江省各地纷纷出台人才政策，在落户、安家费、就业补贴、创业补贴、创业担保贷款等方面给予大力支持，为该职业群体的发展提供了有力的政策支持。

## 十、相关内容链接

**国家职业标准：** 扫码即可查看☞。

**相关政策文件：** 见表 2-02-38-10-3。

**表 2-02-38-10-3　机器人工程技术人员相关政策文件**

| 序号 | 发布或通过时间 | 发布或通过机构 | 文件名称 |
| --- | --- | --- | --- |
| 1 | 2021 年 12 月 | 工业和信息化部等部门 | 《“十四五”机器人产业发展规划》 |
| 2 | 2023 年 1 月 | 工业和信息化部等部门 | 《“机器人＋”应用行动实施方案》 |

供稿：浙江广厦建设职业技术大学　黄海燕

# 数据安全工程技术人员 S

职业编码：2-02-38-12

随着大数据技术广泛地应用于各行各业，数据的规模和复杂度已经达到了难以想象的地步。越来越多的产品将数字化和网络化，数据交易也越来越频繁。随之而来的数据安全问题已经成为政府、企业不可回避的问题。

近年来，数据安全形势日益严峻，损害个人隐私，攫取、破坏和滥用数据资源事件时有发生，严重危害社会公共利益乃至国家安全。数据安全事件可能发生在很多行业。数据安全水平成为大国竞争和争夺数字经济领先地位的重要标志。2021 年 6 月，《中华人民共和国数据安全法》正式发布，将数据明确为基础性、战略性生产要素，数据成为决定国家数字经济发展水平和竞争力的核心资源。《中华人民共和国数据安全法》的实施，形成各行业对数据安全的聚焦，也凸显出国家保护数据安全的坚定意志，奠定了数据安全工程技术人员人才需求的基础。

数据安全工程技术人员日常的主要工作包括数据防护、数据安全运维、数据风险排查、数据安全运营等。当前，数据安全工程技术人才供不应求，职业发展前景十分广阔。

## 一、数据安全工程技术人员的一天

记录时间：2023 年 8 月 23 日　　　　记录人：邓某达

上午工作情况

9 点：

1. 检查数据资产增减情况，审核新增数据资产，进行敏感级别分类，

对数据资产变更情况进行登记，同时对新增资产做数据安全运营体系纳管。（资产清查）

2. 对客户软件系统运行情况进行日常检查和预防性维护，分析客户数据安全平台日志，闭环处置数据安全事件，撰写巡检日报。（日常运维）

3. 对客户数据库进行定期扫描、检测和监控，修复服务器漏洞，制定补丁修复、安全加固方案，和客户约定停机窗口，对客户系统进行备份、加固和修复。（定期巡检）

**10 点：**

1. 数据安全日常运营情况梳理。通过数据安全态势感知系统，统计风险预警清单、运行情况监测、事件处理清单和评价提升清单；通过数据安全运营管控平台，统计现有数据安全能力部署情况。（情况梳理）

2. 数据安全紧急事件响应。及时响应客户数据安全紧急事件，帮助客户查找事故原因、类型，抑制事态发展、排除系统故障、恢复系统正常操作，并提出安全建议和加固措施。（紧急事件处理）

工作中的数据安全工程技术人员如图 2-02-38-12-1 所示。

图 2-02-38-12-1　工作中的数据安全工程技术人员

**11 点：**

1. 制定数据安全应急演练方案。根据客户制定的《数据安全事件与应急管理办法》《数据平台数据安全应急预案》的相关要求和具体措施，为客

户制定数据安全应急演练方案。（制定应急演练方案）

2. 开展数据安全应急演练。通过数据安全态势感知平台，对内外部数据安全风险进行实时全面监控，快速告警、发现和分析安全问题，协同响应处置安全事件。（开展应急演练）

3. 数据安全隐患排查。对客户数据资产存在的隐患、安全漏洞进行充分排查、发现和处置，利用各种安全设备进行加固。（隐患排查）

### 下午工作情况

**14点：**

1. 与客户沟通，满足客户新增需求。根据客户要求，制定数据使用管理方案、数据采集管理方案等，为客户提供针对某一运维事件的诊断、处理和恢复服务。（需求调研）

2. 对客户的数据安全运行维护工作进行培训和指导。（客户指导）

**15点：**

1. 数据安全技术发展日新月异，数据安全工程技术人员需要日常进行业务知识学习和技能培训。（业务学习）

2. 对新入职员工进行业务知识培训，对离职人员进行系统权限注销及数据安全脱密培训等。（员工培训）

**16点：**

检查并修改防护策略。针对数据分级分类平台展示的结果，对权限平台、数据脱敏、API监控、安全加密等平台防护策略进行增减、修改。（修改防护策略）

**17点：**

撰写数据安全运营日报。汇报内容包括当天的工作完成情况、当天数据安全运营风险说明和下一步数据安全运营工作计划等，包含当天所有的数据安全运营风险告警统计及说明、数据权限管控等数据安全平台情况，以及落实数据安全的各项工作情况。（撰写安全日报）

## 二、什么是数据安全工程技术人员

**职业定义。**数据安全工程技术人员是从事数据安全需求分析挖掘、技术方案设计、项目实施、运营管理等工作的工程技术人员。

**定义解读。**数据安全工程技术人员是随着计算机网络的普及以及数据的安全性在网络应用和传输中的重要性日益凸显而产生的新兴职业。数据安全工程技术人员在工作中需要掌握和遵循《中华人民共和国网络安全法》《中华人民共和国数据安全法》《中华人民共和国个人信息保护法》《中华人民共和国密码法》《数据出境安全评估办法》《关键信息基础设施安全保护条例》等相关法律法规，根据用户需要挖掘数据从产生到传输、存储、访问、消亡各个环节的安全需求，设计和实施安全技术方案，从而确保用户数据的安全。

**关联职业。**密切相关的职业有网络工程师、软件工程师、数据库管理员等。

**相应岗位。**数据安全工程师、数据安全专家、数据安全产品经理、数据安全架构师、数据治理工程师、数据安全测评工程师、数据安全分析工程师、数据安全运营专家、数据安全与隐私保护工程师、数据安全培训师等。

## 三、数据安全工程技术人员的主要工作职责

1. 负责数据安全管理和数据安全技术咨询，对数据资产进行识别、分类分级，并收集、分析数据安全保护需求，提供数据安全技术咨询服务。

2. 负责制定数据安全方案，包括数据安全保障方案设计、数据安全处理活动方案设计、数据安全专职人员管理方案设计等，实现对数据处理全流程的安全保护。

3. 负责数据安全工程规划设计和实施建设，对技术方案的落地实施负责。

4. 负责数据安全监测与应急处置，监测、分析和解决数据安全保护相关技术问题，进行数据安全监测与分析、数据安全应急响应与处理。

5. 负责数据安全评估，包括数据安全合规性评估、数据安全风险评估、数据要素流通和交易及出境评估等，综合分析、评价数据安全保护技术有效性，并对数据安全保护技术进行持续优化改进。

## 四、数据安全工程技术人员的薪酬福利待遇

**平均薪酬水平。**数据安全工程技术人员作为新兴职业，由于人才稀缺，需求旺盛，目前薪酬水平普遍较高。按工作年限统计，数据安全工程师职业平均月薪为 25242 元。工作年限在 1 年以下的，平均月薪为 20312 元；工作 1~3 年的，平均月薪为 25163 元；工作 3~5 年的，平均月薪为 30832 元；工作 5 年以上的，平均月薪为 46073 元。按学历统计，该职业平均月薪为 25242 元。其中，本科学历平均月薪为 25885 元，大专学历平均月薪为 17725 元。

**与类似职业对比。**与数据安全工程师类似的职位有信息安全工程师、运维工程师、系统管理员等。来自看准网的统计数据显示，该职业岗位薪酬与运维工程师相近，比信息安全工程师和系统管理员薪酬较高。类似职业薪酬水平见表 2-02-38-12-1。

表 2-02-38-12-1　类似职业薪酬水平

| 职业名称 | 薪酬中位数（元 / 月） |
| --- | --- |
| 信息安全工程师 | 15262 |
| 运维工程师 | 17064 |
| 系统管理员 | 10907 |

## 五、从事数据安全工程技术人员工作需要哪些本领

1. 职业素养：具备良好的沟通和协调能力，能够跟进和推动安全问题的解决；具备较强的问题分析能力，能够设计适合实际情况的解决方案；具备优秀的法律法规、标准分析能力；具备良好的技术文档编写能力；具备较强的沟通表达能力、良好的团队合作能力和培训指导能力。

2. 专业知识：掌握数据安全的国际国内法律法规、政策、标准和规范的要求；熟悉全球数据安全与隐私保护最佳实践；熟悉不同业务场景中的数据安全与隐私保护需求；熟悉全球数据安全与隐私保护立法模式与框架；熟悉新兴数据安全与隐私保护技术，理解其原理。

3. 技术技能：熟悉数据及安全相关的基础知识，如数据库基础知识、大数据基础知识、信息安全基础知识；掌握 Oracle、MySQL、MSSQL 等数据库的常见操作；掌握 RSA、AES、DES、MD5、SHA1 等常见密码学知识；掌握资产梳理和敏感数据分类分级的方法；掌握数据安全风险评估方法，包括数据资产识别、脆弱性识别、威胁性识别等；掌握主流数据安全产品的数据保护机制和原理；熟悉数据安全相关模型，如 DSMM、DSG、DSM 等。

数据安全工程技术人员需具备的知识和技能见表 2-02-38-12-2。

**表 2-02-38-12-2 数据安全工程技术人员需具备的知识和技能**

| 职业功能 | 工作内容 | 知识和技能要求 |
|---|---|---|
| 数据安全管理 | 数据资产识别 | 掌握数据资产识别工具与技术，能按照数据资产管理要求进行数据资产识别等 |
| | 数据分类分级 | 熟悉数据分类分级相关标准和数据分类分级方法，能根据数据所设计范围设计数据分级分类标准等 |
| | 数据安全需求分析 | 能从数据安全威胁角度和数据安全风险角度开展数据安全需求分析 |
| | 数据治理工作 | 能使用工具进行数据生命周期管理；能依据政策法规和标准要求，组织数据管理工作 |
| 数据安全工程规划设计和建设实施 | 数据安全保障方案设计 | 掌握数据安全行业应用知识，能基于已有数据安全基础方案调整输出不同业务的具体实施方案 |
| | 数据安全处理活动方案设计 | 能根据业务场景设计数据收集安全技术方案，能根据访问控制策略和用户角色权限制定数据安全的访问控制解决方案等 |
| | 数据安全专职人员管理方案设计 | 能进行数据安全专职人员录用、离岗方案的设计，能进行外部人员访问方案的设计，能对数据安全专职人员的行为进行安全审计 |
| | 数据安全工程建设实施 | 能按照国家法律法规要求，结合业务和场景制定数据处理全过程的安全建设实施制度流程 |

续表

| 职业功能 | 工作内容 | 知识和技能要求 |
| --- | --- | --- |
| 数据安全技术开发与运维 | 开发 | 能基于数据安全架构方案完成数据处理活动各环节安全防护相关开发工作等 |
| | 测试 | 掌握主流数据安全系统测试方法，能设计数据安全软件开发和测试流程并使用测试管理工具进行管理等 |
| | 实施 | 能面向复杂场景编制实施方案和部署手册等 |
| | 运维 | 能对数据安全系统或应用进行部署、联网配置和调试，并针对数据安全风险、威胁开展数据安全运维工作，能持续改进数据安全运维流程 |
| 数据安全监测与应急处置 | 数据安全检测与分析 | 掌握威胁情报手机、检测与分析方法，能使用工具发现威胁情报并进行分析；掌握漏洞检测工具开发方法，能开发漏洞检测工具 |
| | 数据安全异常监测 | 掌握数据安全异常监测日志编写方法，能撰写数据安全异常监测日志 |
| | 数据安全应急响应与处置 | 掌握数据安全事件应急响应知识，能对数据安全事件进行应急响应和分析与处置等 |
| 数据安全评估 | 数据安全合规性评估 | 能够使用工具评估检测数据处理行为是否合规，掌握数据安全合规检查技术流程设计方法等进行评估 |
| | 数据安全风险评估 | 掌握数据安全风险控制方法和措施，能基于风险分析结果，提出数据安全风险应对措施 |
| | 数据出境安全评估 | 掌握数据出境安全评估方法，能正确评估数据出境的合法性、正当性、必要性及其出境中和出境后面临的风险等 |

## 六、数据安全工程技术人员的专业教育现状

### （一）相关专业

目前已有较多院校开设了与该职业相关的专业，涉及普通本科院校、职业院

校等。普通本科院校相关专业有网络空间安全、信息安全等。职业院校相关专业有信息安全技术应用等。

### （二）开设相关专业的院校（排名不分先后）

★ 相关院校：电子科技大学、西安电子科技大学、浙江大学、中国科学技术大学、武汉大学、北京邮电大学、四川大学、北京理工大学、西安交通大学和北京航空航天大学等。

◆ 相关院校：重庆电子科技职业大学、北京信息职业技术学院、常州信息职业技术学院、深圳信息职业技术学院、长春职业技术学院、湖北生物科技职业学院、甘肃警察职业学院、上海电子信息职业技术学院、重庆工业职业技术学院等。

## 七、数据安全工程技术人员的就业创业信息

随着信息时代的发展，数据安全工程技术人员在各行各业中扮演着越来越重要的角色。在就业和创业方面，因为很多领域都涉及数据安全，所以都有他们的用武之地。

在就业方面，近年来，数据安全工程技术人员的就业市场需求不断增加。他们可以应聘到大大小小的企业和机构中，在金融、电子商务、互联网、政府等领域都有着广阔的就业前景。

1. 政府机构：随着国家信息化建设的不断推进，各级政府机构对数据安全工程技术人员的需求也越来越大。他们可以在公安机关、军事机关、海关、税务局等部门工作，保障政府机构的信息安全。

2. 金融机构：银行、保险公司、证券公司等金融机构是数据安全工程技术人员的主要就业地点之一。这些机构需要保护客户的交易数据、用户信息等，以确保数据安全。

3. 互联网企业：数据安全工程技术人员可以应聘到各类互联网企业，如电商平台、社交网络、在线教育等，保障互联网用户的个人数据安全，避免出现数据泄露、丢失等安全问题。

4. 数据安全厂商：各类数据安全厂商需要专业的数据安全工程技术人员来从

事数据安全技术方案设计、项目实施，以及各类数据安全服务等工作。

5. IT 服务公司：IT 服务公司为各种企业提供 IT 解决方案，包括数据中心运维、网络安全管理、数据备份与恢复等方面，都需要数据安全工程技术人员来保障客户的数据安全。

除了就业市场，数据安全工程技术人员也可以通过创业的方式实现自己的梦想。

1. 互联网数据加密领域：随着互联网应用越来越广泛，用户数据也变得越来越重要，因此互联网数据加密成为一个值得关注的领域。创业者可以利用自己的技术优势，开发出安全的加密算法和数据存储方式，推出一系列数据安全产品，满足用户的需求。

2. 移动应用安全领域：随着移动互联网应用的普及，在移动应用领域，数据安全问题日益重要。创业者可以从移动应用的安全入手，提供移动应用安全检测、加密解密、数据迁移等服务。

3. 数据安全培训机构：数据安全工程技术人员目前是一个非常紧俏的职业，因此在数据安全培训领域也有着广泛的发展空间。创业者可以创办以培训数据安全工程技术人员为主要业务的机构，提供专业的在线课程和线下面授课程。

总之，数据安全工程技术人员在就业和创业市场都有着广泛的发展机会。无论就业还是创业，都需要不断学习、深耕技术，提升自身能力，在数据安全领域中成为顶尖专家。

## 八、数据安全工程技术人员的职业贯通发展

该职业的发展路径主要有四条：技术路线，即通过技术能力提升，从数据安全管理员晋升到数据安全工程技术人员，再晋升到数据安全技术专家等。市场路线，即通过对数据安全产品的了解和数据安全客户需求的挖掘，可以从数据安全产品专员晋升到数据安全产品经理、市场总监等职位。管理路线，即通过提升数据安全工程项目实施管理能力，可以从数据安全现场工程师晋升到数据安全项目经理、数据安全部门经理等职位。创业路线，即根据个人兴趣和资源，自主创业，成立公司。数据安全工程技术人员职业贯通发展如图 2-02-38-12-2 所示。

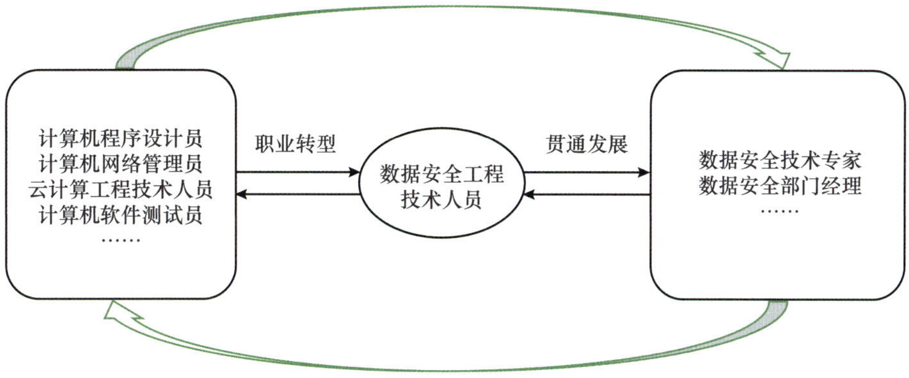


图 2-02-38-12-2　数据安全工程技术人员职业贯通发展图

## 九、数据安全工程技术人员的发展前景

**从市场供需看。**数据安全相关岗位需求量稳步提升。招聘平台数据显示，2022 年 1—9 月，数据安全招聘岗位总量同比增长 26%。信息化领域作为数字产业化和产业数字化的前沿阵地，成为数据安全人才的主要聚集领域，IT、通信、电子、互联网行业岗位数量占比达 87% 左右。来自职友集网的报告显示，2023 年数据安全工程师岗位数量较 2022 年同比增长 30%。

**从产业发展看。**赛迪顾问发布的《中国数据安全防护与治理市场研究报告（2023）》显示，2022 年中国数据安全防护与治理市场规模达到 118.4 亿元，增长率达到 20.6%。预计到 2025 年，中国数据安全防护与治理市场规模将达到 228.7 亿元。根据《2023—2028 年中国数据安全产业投资规划及前景预测报告》分析，数据安全产业将用 6 年时间（2020—2025 年）达到传统网络安全产业 20 年（1999—2018 年）所创造的市场规模，有望再造一个接近甚至超过传统网络安全产业规模的新市场。数据安全产业的技术市场与服务市场双向驱动数据安全相关职业需求激增。

**从政策红利看。**各项相关政策法规相继出台，有力推动了数据安全产业的发展。2022 年 12 月，中共中央、国务院发布的《关于构建数据基础制度更好发挥数据要素作用的意见》中提出，强化数据安全保障体系建设，把安全贯穿数据供给、流通、使用全过程。2023 年 1 月，工业和信息化部、国家发展改革委等十六部门联合发布的《关于促进数据安全产业发展的指导意见》提出，加强核心技术攻关，构建数据安全产品体系，推进规划咨询与建设运维服务。工业和信息化部明确表示将鼓励数据安全企业紧密围绕产业数字化和数字产业化过程的数据安全保护需求，优化升级传统数据安全产品，创新研发新兴融合领域专用数据安全产品；加强数据安全产品与基础软硬件的适配发展，增强数据安全内生能力。数据安全相关职业需求激增，反映了国家对数据安全的重视达到了一个新的高度，也表明日后对这个职业相关人才的培养、认证体系会逐步健全，将为未来我国数字经济及数据安全提供系统化的保障。

## 十、相关链接

**国家职业标准：**扫码即可查看 。

**相关政策文件：**见表 2-02-38-12-3。

**表 2-02-38-12-3　数据安全工程技术人员相关政策文件**

| 序号 | 发布或通过时间 | 发布或通过机构 | 文件名称 |
| --- | --- | --- | --- |
| 1 | 2021 年 6 月 | 全国人民代表大会常务委员会 | 《中华人民共和国数据安全法》 |
| 2 | 2021 年 7 月 | 国务院 | 《关键信息基础设施安全保护条例》 |
| 3 | 2021 年 8 月 | 全国人民代表大会常务委员会 | 《中华人民共和国个人信息保护法》 |
| 4 | 2022 年 7 月 | 国家网信办 | 《数据出境安全评估办法》 |
| 5 | 2022 年 12 月 | 中共中央、国务院 | 《关于构建数据基础制度更好发挥数据要素作用的意见》 |
| 6 | 2023 年 1 月 | 工业和信息化部等部门 | 《关于促进数据安全产业发展的指导意见》 |

供稿：长沙民政职业技术学院　邓文达

# 数字化管理师 S

职业编码：2-06-07-13

瑞幸咖啡爆火，是靠卖咖啡赚钱吗？错！是靠数据！其实，咖啡店这类零售连锁企业的信息化建设已较完善，并且积累了大量的历史数据。过去传统的数据分析方式大多只是对粗粒度数据进行统计分析，而企业的运营从粗放式运营逐渐过渡到精细化运营。随着数字技术的迅速发展和深入渗透，企业亟须将技术和商业策略紧密结合，以应对日益复杂的市场环境。在这一背景下，数字化管理师职业应运而生。该职业旨在连接企业的技术和商业层面，确保企业能够充分利用数字化资源，进行创新并提高效率。数字化管理师将深入理解行业动态，洞察市场趋势，并利用相关知识来构建和执行数字化策略，帮助企业获得竞争优势。此外，随着企业对数字化的逐渐依赖，数字化管理师的角色也变得尤为关键，不仅需要具备出色的技术背景，还必须具备前瞻性的商业洞察力和跨部门的协调能力。因此，数字化管理师在现代企业中的设定不仅是时代的要求，更是企业持续增长和成功转型的关键支柱。

## 一、数字化管理师的一天

**记录时间：2023 年 9 月 8 日** **记录人：顾某**

### 上午工作情况

**9 点：**

查阅《企业数字化管理方案 V2.0》，思考如何要求各部门分析企业数字化管理需求，制订数字化管理战略规划和管理计划。将今天的工作清晰地记

录在电子记事本上。（计划制订）

**10 点：**

召开办公例会，确定本周会议安排。

1. 中层管理会议：评估企业数字化风险，并提供相应的管理方案和建议。（风险评估）

2. 部门骨干会议：制定并实施企业内部数字化管理制度和流程，确保数字化管理顺利进行。协助企业建立内部监督机制，对违反数字化管理要求的行为进行处理和惩罚。（制定制度和违规处理）

3. 行业专家会议：开展数字化管理咨询，提供数字化解决方案，并协助企业实施相关项目。（咨询服务）

4. 员工培训会议：组织内部数字化管理培训，提升员工的数字化技能和知识水平，推动数字化转型。（内部培训）

5. 数字化文化会议：推动企业内部数字化文化建设，提高员工的数字化意识和能力，制定行为准则和规范，促进数字化管理的良好实践。（文化建设）

**11 点：**

1. 到中控室监控企业数字化管理系统的运行情况，评估和优化工作，确保系统的有效性和稳定性。（系统监控）

2. 与外部合作伙伴协调配合，处理数字化管理事务，提供相关政策解读和支持服务。（合作协调）

## 下午工作情况

**13 点：**

1. 与内部各部门协调配合，推动数字化管理的实施和落实，确保数字化项目的顺利进行。（管理协调）

2. 与外部专业人士（如技术人员和顾问等）协调配合，处理复杂的数字化管理问题和项目。（外部协调）

3. 跟踪国家法律法规和行业标准的变化，及时更新企业的数字化管理要求和策略。（法规更新）

**14 点：**

代表企业在线参加上级主管部门组织召开的数据安全会议。（参加会议）

**16 点：**

1. 参与企业与外部合作伙伴的数字化业务活动，确保商业行为符合数字化管理要求。（业务对接）

2. 参与数字化安全、数据隐私保护等专项行动，协助企业建立数字化管理体系和安全防护措施。（参与专项行动）

## 二、什么是数字化管理师

**职业定义。**数字化管理师是使用数字化智能移动办公平台，进行企业及组织经营在线化、数字化管理的专业人员。

**定义解读。**该职业在企业内部或外部，负责监督、评估、指导企业数字化管理工作，需要具备一定的技术、管理和创新能力，能够根据企业的实际情况，制定相应的数字化管理方案，协助企业实现数字化转型。数字化管理师需要了解企业的业务流程和运营模式，熟悉相关的数字化技术和工具，能够提供数字化解决方案，帮助企业优化业务流程、提升数据分析能力、改善客户体验等。数字化管理师还需要关注数据安全和隐私保护，确保企业在数字化转型过程中符合相关法律法规和行业标准，预防和应对数字化风险。

通过数字化管理师的工作，企业能够更好地利用数字化技术和数据资源，实现业务增长和竞争优势，迎接数字化时代的挑战。随着企业逐渐认识到数字化转型的重要性，需要有专业的人员来负责整合企业内部的资源，利用数字技术来改进业务流程、提高运营效率、深化客户关系和寻找新的增长机会。数字化管理师正是这样的角色，他们不仅需要具备技术能力，还需要有商业洞察力和团队合作能力。

**关联职业。**密切相关的职业有数据分析师、IT 咨询师、业务分析师、数据治理员、贸易数据申报师。

**相应岗位**。数据管理岗、数字化项目管理岗、数字化战略规划岗。

## 三、数字化管理师的主要工作职责

1. 制定和执行企业的数字化战略：深入理解企业的核心业务和长期目标。分析市场趋势、客户需求及竞争对手的数字化策略，设计具体的数字化路线图和实施计划，确保与企业整体战略相协调。

2. 管理和分析企业数据，提供决策支持。建立和维护企业的数据框架和体系。使用数据分析工具和技术，从大量数据中提取有价值的信息，为高层管理人员提供数据报告，支持他们作出数据驱动的决策。

3. 跟踪最新的数字技术和工具，为企业推荐合适的技术解决方案。定期研究和测试新的技术和工具，确保企业在数字化转型中始终保持领先地位；与技术供应商建立合作关系，确保获取最佳的技术支持和优惠；对于关键的技术选择，组织试点项目，评估技术的实际效果和适应性。

4. 协调各部门，推动数字化项目的实施。建立跨部门的工作小组，确保数字化项目的顺利推进；针对项目中的障碍和问题，及时提出解决方案和建议；监控项目的进度和预算，确保项目按时按质完成。

5. 为员工提供数字化培训和支持。发现企业内部在数字技能方面的不足，并设计相应的培训计划；与外部培训机构合作，为员工提供专业的培训和认证；创建数字化文化，鼓励员工积极参与数字化项目，并分享他们的经验和见解。

数字化能力模型如图 2-06-07-13-1 所示。

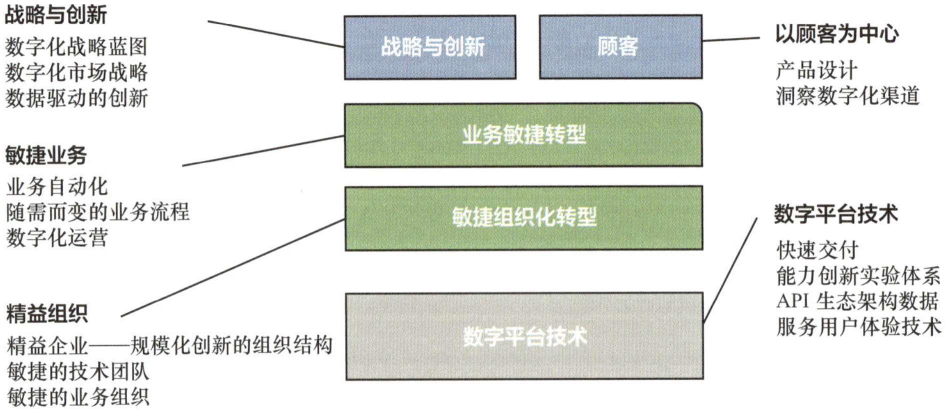


图 2-06-07-13-1　数字化能力模型

## 四、数字化管理师的薪酬福利待遇

**平均薪酬水平。**数字化管理师的平均月薪为 21600 元。与其他职业相比，数字化管理师的薪酬水平相对较高。

**与类似职业对比。**数字化管理师类似职业的薪酬待遇也是相对较高的。他们的平均月薪高于其他类似职业，这显示出数字化管理师这一职业在薪酬方面的竞争优势。有 7% 的数字化管理师薪资是当地平均工资的 1~3 倍，数字化管理师薪资普遍高于当地平均薪资。类似职业薪酬水平见表 2–06–07–13–1。

表 2–06–07–13–1　类似职业薪酬水平

| 职业名称 | 薪酬水平（元 / 年） |
| --- | --- |
| 数据维护专员 | 7000~18000 |
| 数据库开发工程师 | 22000~52000 |
| 数据库分析工程师 | 19500~48500 |
| 密码安全工程师 | 25000~45000 |

## 五、从事数字化管理师工作需要哪些本领

数字化管理师需具备的知识和技能见表 2–06–07–13–2。

表 2–06–07–13–2　数字化管理师需具备的知识和技能

| 职业功能 | 工作内容 | 知识和技能要求 |
| --- | --- | --- |
| 数据技能 | 数据工具与平台 | 掌握 SQL、Python、R 等工具，SQL 用于管理数据库，Python 和 R 用于数据分析、建模和可视化；Python 以简洁语法和丰富库著称，适合数据处理，R 在统计分析和绘图方面表现优异；熟练使用这些工具提升数据处理效率和分析深度，支持数据驱动决策 |
| | 数据分析 | 具备数据分析能力，从数据中提取有意义信息；能够使用统计方法和机器学习理解数据特征和模式，构建预测模型，发现隐藏规律；要求具备数学基础和编程能力，涵盖数据清洗、特征工程和模型评估，提供有价值洞察支持决策 |

续表

| 职业功能 | 工作内容 | 知识和技能要求 |
|---|---|---|
| 数据技能 | 数据可视化 | 熟练使用工具（如 Tableau 和 Power BI），创建动态、交互式的可视化报表，使数据分析结果更易于解释和分享 |
| 商业洞察力 | 市场分析 | 具备定量和定性分析能力，解读市场报告、财务数据和消费者行为；使用统计分析、回归模型和情景分析等工具，预测市场趋势，评估市场进入和退出策略；要求对宏观经济、行业法规和技术发展有深刻理解，结合数据驱动的方法，为企业提供科学支持 |
| | 客户洞察 | 能够通过分析客户数据理解需求和行为，使用聚类分析和 RFM 模型识别客户群体，制定精准营销策略，提升体验和忠诚度；监测反馈和市场变化，调整产品和服务，实现价值最大化 |
| | 战略规划 | 能够将数字化转型与企业长远发展战略结合，评估业务流程和技术能力，确定数字化优先领域和实施路径；需考虑外部环境变化，确保数字化项目与业务目标一致；制订战略规划，结合风险管理和绩效评估，有效指导企业数字化转型，提高运营效率和竞争力 |
| | 数字化变革与创新 | 能够建立数字化变革体系，促进内部创新，关注员工培训和技能提升，结合市场需求和技术趋势，保持竞争力，持续提升运营效率，创造业务价值 |
| | 跨部门沟通 | 具备良好沟通能力，与不同团队成员交流，明确目标和任务，建立定期反馈机制，及时解决问题，提升项目效率和质量，实现目标 |
| | 提案能力 | 具备清晰表达能力和逻辑思维，简化复杂概念，提出具体建议，结合图表增强说服力，帮助高层快速理解和采纳，推动数据驱动决策 |
| | 团队领导 | 能够激励和管理跨职能团队，制定目标和计划，监控进展，关注团队需求，提供支持和培训，建立沟通机制，及时解决问题，保持高效运行，实现组织目标 |
| 项目管理能力 | 时间管理 | 能够制定详细时间表，明确任务和期限，监控进度，使用工具优化时间分配，应对突发事件，减少拖延和浪费，提升项目成功率和质量 |

续表

| 职业功能 | 工作内容 | 知识和技能要求 |
| --- | --- | --- |
| 项目管理能力 | 资源协调 | 能够识别所需资源，制订分配计划，确保供应充足，关注效率和成本控制，建立管理系统，提高分配灵活性，保障项目顺利进行 |
| | 风险管理 | 全面评估技术、市场、财务和管理风险，制订应对计划，降低影响，建立监控机制，定期评估，及时调整，提高项目稳定性和成功率 |
| 持续学习和适应性 | 技术趋势 | 需了解前沿技术和方法，掌握应用和发展方向；通过行业会议、培训和在线学习获取信息，结合业务需求评估新技术可行性和应用价值，制定技术发展战略，保持企业创新力和竞争优势 |
| | 反馈与迭代 | 需建立反馈机制，收集和分析问题和改进建议，定期回顾和评估，识别不足和改进机会，及时更新模型和策略，确保持续优化，实现项目成功 |
| | 快速学习 | 需加强自学能力和适应性，通过文档、培训和实践操作掌握新知识和技能；结合业务需求进行针对性学习，提升效率和效果；建立良好学习习惯和方法，不断提升学习能力和竞争力，应对快速变化的环境，保持专业成长 |

## 六、数字化管理师的专业教育现状

### （一）相关专业

目前仅有少数院校开设了与该职业相关的专业，数字化管理师的相关专业包括但不限于企业数字化管理、信息管理与信息系统等，以及各领域开设的数字化专业，如图书档案数字化管理、数字化设计与制造技术、数字经济、空间信息与数字技术、数据科学与大数据技术、数字媒体技术等。

### （二）开设相关专业的院校（排名不分先后）

★ 相关院校：北京大学、复旦大学、贵州大学、江苏大学、南京大学、清华大学、西南交通大学、中南大学、郑州大学。

◆ 相关院校：北京电子科技职业学院、重庆电子科技职业大学、赤峰工业职业技术学院、辽宁轨道交通职业学院、上海电子信息职业技术学院、山西工程职业学院、天津机电职业技术学院、浙江机电职业技术大学等。

## 七、数字化管理师的就业创业信息

数字化管理师可以通过自主创业的方式来实现就业，可以结合自身的技能和经验，开设数字化管理咨询公司或者数字化管理培训公司等，为其他企业提供数字化管理相关的咨询、培训和实施服务。目前，有许多企业实现了数字化业务管理。

美团：美团通过技术创新和运营策略优化，打造了一个高效便捷的数字化管理平台。如今，美团已经成为全球最大的外卖平台之一。

胖东来：胖东来的核心是“体验经济 + 数字化”，采用了先进的技术和科学的方法，打造了数字化运营模式。其中，全面用户体验管理和组织层衡量指标的打通是关键。通过采用先进的技术和科学的方法，企业可以更好地理解消费者需求，提升服务品质并创造更大的价值。

这些企业的创业经历都表明，数字化管理是当前企业发展的趋势之一。通过数字化管理，企业可以实现业务的高效运作和创新的业务模式，从而在激烈的市场竞争中脱颖而出。总之，企业数字化管理的发展趋势为数字化管理师提供了广泛的就业和创业机会，因为他们可以通过多种途径实现职业发展和创业成功。

注：以上机构信息仅供参考，不代表编写出版方对其推荐或认可。

## 八、数字化管理师的职业贯通发展

数字化管理师职业通道纵向贯通发展分为初级阶段、中级阶段、高级阶段和专家 / 领导阶段四个阶段，分别对应初级数字化管理师（专员）、中级数字化管理师、高级数字化管理师 / 数字化策略师和数字化转型主管 / 首席数字官。数字化管理师横向贯通发展为复合型人才，包括但不仅限于数字化组织管理（人力资源总监）、数字化沟通管理（运营总监 / 媒体总监）、数字化协同管理（行政总监）、数字化应用开发管理（IT 总监 / 产品总监）和数据管理（数据总监）。数字化管理师在企业内部扮演管理、沟通、协调的重要角色，在任务分配、绩效管理、团队协作以及组织内部沟通等方面都发挥重要作用，帮助企业进行大数据决策分析、上下游在线化连接。对个人而言，数字化管理师是晋升为企业管理层的新渠道，是个人成长、职业发展的新发力点。数字化管理师的职业贯通发展如图 2-06-07-13-2 所示。

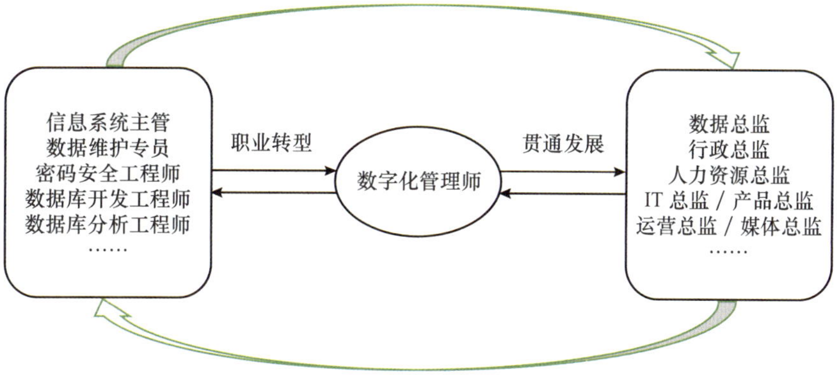


图 2-06-07-13-2　数字化管理师职业贯通发展图

## 九、数字化管理师的发展前景

从市场供需看。随着企业对数字化转型的日益关注，对能够引导这一转型过程的数字化管理师的需求持续增长。无论是传统企业还是新兴的数字公司，都需要有专业的团队和人员来进行数字化的策划、执行和管理。目前市场上真正懂得如何有效地进行数字化管理并结合业务发展的人才相对较少，使这一岗位的人才成为稀缺资源。由于供不应求，数字化管理师的薪资和待遇相对较高，且有着较好的职业发展潜力。

从产业发展看。随着云计算、大数据、AI 和物联网等技术的迅速发展，各行各业都在进行数字化改造。数字化不仅是技术升级，更是企业的业务和模式创新。数字化管理师在其中起到的作用越发重要。起初，数字化转型主要集中在互联网和科技行业，现在，从制造、医疗到零售、金融，几乎所有行业都在积极进行数字化转型，为数字化管理师提供了更为广阔的发展空间。随着数字化转型的深入，数字化管理师的岗位和职责也会更为丰富和细分。例如，数据策略师、数字化体验设计师等新的职业将会出现。

**从政策红利看。**许多国家和地区的政府都出台了鼓励数字化发展的政策，如提供税收优惠、资金支持等，以推动经济的数字化进程。这为数字化转型带来了更多的机会和资源。在技术研发方面，政府通常会投资数字技术的研发和推广，如 AI、5G 等，这将促进企业更快速地进行数字化转型。在培训与教育方面，为了解决数字化人才短缺的问题，政府及相关机构可能会推出培训和教育项目，提供专门的课程和认证，帮助人才掌握与数字化相关的知识和技能。

## 十、相关内容链接

**国家职业标准：**扫码即可查看☞。

**相关政策文件：**见表 2-06-07-13-3。

**表 2-06-07-13-3　数字化管理师相关政策文件**

| 序号 | 发布或通过时间 | 发布或通过机构 | 文件名称 |
| --- | --- | --- | --- |
| 1 | 2020 年 8 月 | 国务院国资委办公厅 | 《关于加快推进国有企业数字化转型工作的通知》 |
| 2 | 2021 年 10 月 | 人力资源社会保障部办公厅 | 《专业技术人才知识更新工程数字技术工程师培育项目实施办法》 |
| 3 | 2021 年 12 月 | 国务院 | 《“十四五”数字经济发展规划》 |
| 4 | 2023 年 2 月 | 中共中央、国务院 | 《数字中国建设整体布局规划》 |

供稿：上海电子信息职业技术学院　顾滨

# 数字出版编辑 S

职业编码：2-10-02-04

编辑是很受人尊敬的职业，有文化、有知识，坐在办公室里工作，每天还能学到很多新知识，了解新信息，让人羡慕不已。然而，人工智能技术（如 ChatGPT）的迅猛发展颠覆了很多传统职业，编辑就是受到冲击最大的职业之一，很多人为自己的前途担心不已。其实不然，为了能够适应现代出版产业发展的需要，出现了一个新的职业，它要求具备系统的编辑出版理论知识和技能，具备扎实的语言文字和文化科学基础，具备编辑数字信息技术应用能力，具备书刊编辑策划、出版经营管理、出版物市场营销、出版新技术等方面的知识与能力，能在书刊出版、新闻传播、文化教育和企事业文化宣传等部门从事传播内容策划、编辑、出版项目经营、版面设计、校对及印刷质量管理等工作，将是出版行业中的关键角色之一。他们负责管理和改进出版物的内容，确保其质量和准确性，在整个出版流程中起着重要的作用，从初稿审查到最后的校对工作，都需要用到专业知识和技能。他们就是数字出版编辑。

## 一、数字出版编辑的一天

**记录时间：2023 年 5 月 20 日　　记录人：朱某樱**

### 上午工作情况

**9 点：**

1. 登录本单位网站，阅读邮件、查看任务清单，并安排当天的工作计划。（制订工作计划）

2. 与作者或团队成员进行沟通，讨论进展和解决问题。（团队讨论）

3. 评估稿件的质量、目标受众和市场竞争情况，并反馈建议；接待客户来访，提供给客户相关文字或视频资料。（反馈建议）

**10点：**

1. 制定出版策略和时间表，整理客户对出版物的咨询情况，包括客户需求、出版时间等。（整理资料）

2. 与作者打电话、发邮件，利用网络加强与作者的联系，通过作者或网络获得信息及书稿。（与作者交流）

3. 通读稿件，判断稿件是否符合选题设计思路或者稿件是否具有出版价值。（研讨稿件）

4. 修改语法错误、调整句子结构、改进文风等，并优化内容，关注内容的一致性、条理性和可读性。（修改、优化稿件）

工作中的数字出版编辑如图 2-10-02-04-1 所示。

图 2-10-02-04-1　工作中的数字出版编辑

## 下午工作情况

**14点：**

1. 仔细检查稿件，包括拼写、标点符号、格式和排版等方面，纠正错

误，确保出版物的质量和完整性。（格式检查）

2. 确保数字化出版物符合相关的版权和使用权限要求，并与作者、摄影师等版权持有人进行沟通和协调。（沟通协调）

**17 点：**

1. 与作者、设计师、排版师等团队成员进行密切合作，就稿件的修改与作者进行沟通，并与其他专业人员协调工作流程。（合作协调）

2. 进行质量控制和测试，确保数字化出版物在不同设备和平台上的显示效果符合预期；进行跨浏览器和跨设备测试，以确保内容的一致性和兼容性。（质量控制和测试）

## 二、什么是数字出版编辑

**职业定义。**数字出版编辑是从事数字化出版产品的策划、编辑、加工、转换的专业人员。

**定义解读。**数字出版编辑是出版行业的专业人士，负责管理和协调出版物制作。他们与作者、设计师、印刷商和销售团队合作，确保内容质量和准时完成。他们的职责包括评估和选择适合出版的文稿、与作者讨论和修改内容、编辑和校对文稿、排版和设计出版物、处理版权问题、管理多个项目并确保按时完成、参与市场营销策略和推广活动、与销售团队合作等。数字出版编辑需要具备良好的文字处理和编辑能力、沟通协调能力，以及对市场趋势和读者需求的敏感性。他们是出版领域中关键的角色，确保出版物顺利完成并符合读者期望。

**关联职业。**数字出版编辑需要与许多不同的职业进行对接和合作，以确保出版物的质量和准时完成。数字出版编辑密切相关的职业包括内容策划编辑，校对编辑、美术编辑、数字出版技术员等。其中内容策划编辑负责出版物的创意构思和整体规划，确定主题和内容方向；美术编辑负责数字出版物的视觉设计，包括版式设计、图像选择和整体美术风格；数字出版技术员专注于数字出版技术的发展和应用，如数字阅读平台的开发和维护。

**相应岗位。**文字编辑、美术编辑、内容策划编辑、产品运营编辑等。

## 三、数字出版编辑的主要工作职责

1. 策划数字化出版物及相关产品。制定相应的数字出版产品类型和服务形式、产品研发实施计划并撰写策划方案。

2. 筛选脚本创作者和制作者，收集素材、资料。筛选创作者，根据作者投稿时间和编辑部的安排，提出自己分工栏目的组稿计划及约稿意向，经主编同意后实施。

3. 组织产品内容并主持制作。按照分工完成稿件的初审工作。

4. 进行产品内容数字化转换，修改、标注并建立索引。对终审通过的稿件，进行必要的文字修改和技术加工。

5. 编辑、加工产品内容，主持制作、合成数字化出版物及产品。运作每期出版物的编排校等事项，协助责任编辑解决编校过程中出现的问题。

6. 检查、监督产品内容和质量。参加数字出版物的发行、订阅和交流工作，检查、监督产品内容和质量。

## 四、数字出版编辑的薪酬福利待遇

**平均薪酬水平。**关于该职业的职业标准尚未出台，专门的职业培训、职业资格认定尚未正式实施，目前关于数字出版编辑的薪酬尚无官方统计数据。参照数字出版编辑所属类别及与其工作性质、工作对象、工作内容相近的岗位薪酬。根据看准网的统计数据，全国出版物编辑的平均薪资约为 11717 元 / 月；应届毕业生的平均薪资为 6712 元 / 月；工作 1~2 年的，为 8902 元 / 月；工作 3~4 年的，为 11416 元 / 月；工作 5~6 年的，为 15798 元 / 月；工作 7~8 年的，为 21531 元 / 月。各城市的出版物编辑平均月薪也有所不同，以北京、上海、南京、广州、西安为例，上海最高，为 19690 元；北京次之，为 13347 元；南京为 10594 元；广州为 12073 元；西安为 7874 元。

**与类似职业对比。**该职业的类似职业包括图书编辑、视频编辑、新闻编辑、资深记者，类似职业薪酬水平见表 2-10-01-04-1，此表内容仅供参考，实际的薪资情况因市场需求、岗位经验、产业竞争环境、不同的地区和企业而有所不同。

表 2-10-01-04-1　类似职业薪酬水平

| 职业名称 | 薪酬水平（元 / 月） |
|---|---|
| 图书编辑 | 4500~8000 |
| 视频编辑 | 4500~8000 |
| 新闻编辑 | 4500~8000 |
| 资深记者 | 8000~15000 |

## 五、从事数字出版编辑工作需要哪些本领

从事该职业需具备的知识和技能有：了解国家新闻出版的相关法律法规，熟悉出版编辑规则；了解图书发行工作、图书出版流程和图书发展现状；熟悉编辑工作，有较强的工作热情，有极强的责任心和团队精神；贴近群众，贴近生活，贴近实际，拥有敏锐的新闻触角，能发现并采写新闻；热爱阅读，勤于思考，熟悉图书领域的市场特性，有丰富的编辑制作流程经验；具备运用数字技术对文字、图片、音视频等内容进行加工处理和整合的能力，能进行电子书制作、在线内容管理和多媒体设计；熟悉数据分析能力，能够从海量数据中提取有价值的信息，能够策划和整合优质内容，以指导出版决策；对数字内容经营管理运作的能力、跨媒体出版技术的运用能力。

数字出版编辑需具备的知识和技能见表 2-10-02-04-2。

表 2-10-02-04-2　数字出版编辑需具备的知识和技能

| 职业功能 | 工作内容 | 知识和技能要求 |
|---|---|---|
| 法律法规遵守 | 了解国家新闻出版的相关法律法规，熟悉出版编辑规则 | 掌握国家新闻出版法律法规，熟悉出版编辑规则 |
| 图书发行与出版流程 | 了解图书发行工作、图书出版流程和图书发展现状 | 熟悉图书发行工作流程，了解图书出版流程和发展现状 |

续表

| 职业功能 | 工作内容 | 知识和技能要求 |
| --- | --- | --- |
| 阅读与思考 | 熟悉图书领域的市场特性，有丰富的编辑制作流程经验 | 热爱阅读，善于思考，了解图书市场特性，具备编辑制作流程经验 |
| 新闻采写 | 贴近群众，贴近生活，贴近实际，发现并采写新闻 | 具备新闻敏感性，能够发现并采写新闻 |
| 编辑工作 | 熟悉编辑工作，有较强的工作热情，有极强的责任心和团队精神 | 熟悉编辑工作流程，具备选题策划能力，有责任心和团队精神 |
| 计算机操作 | 具有运用数字技术对文字、图片、音视频等内容进行加工处理和整合的能力 | 熟练掌握计算机操作能力，掌握数据技术，具备电子书制作、在线内容管理和多媒体设计等能力 |
| 数据分析 | 具备数据分析能力，能够从数据中提取有价值的信息，以指导出版决策 | 具备海量信息发掘能力，能够策划和整合优质内容 |
| 数字内容经营管理运作 | 具备数字内容经营管理运作的能力、跨媒体出版技术的运用能力 | 熟悉数字内容经营管理运作，具备跨媒体出版技术运用能力 |

## 六、数字出版编辑的专业教育现状

### （一）相关专业

目前已有较多院校开设了与该职业相关的专业，涉及普通本科院校、职业院校等。普通本科院校相关专业有新闻学、汉语言文学、传播学、网络与新媒体、数字出版、编辑出版学等。职业院校相关专业有网络新闻与传播、出版策划与编辑、数字出版、数字图文信息处理技术、出版商务、广播影视节目制作、影像与影视技术等。

### （二）开设相关专业的院校（排名不分先后）

★ 相关院校：中国人民大学、中国传媒大学、复旦大学、北京大学、浙江大学、北京师范大学、南京大学、武汉大学、中南大学、北京印刷学院等。

◆ 相关院校：武汉职业技术学院、湖南大众传媒职业技术学院、广州南洋理工职业学院、东莞职业技术学院、江西传媒职业学院、安徽新闻出版职业技术学院、广东轻工职业技术大学、山东传媒职业学院等。

## 七、数字出版编辑的就业创业信息

数字出版编辑涉及的领域相当广，有关媒体及宣传的行业都离不开具有专业素质，并从事该专业的文字工作的文职人员。数字出版编辑既可就业于出版社、杂志社、电视台、网络媒体等，也可就业于机关及事业单位的宣传部门。

吸纳数字出版编辑就业较多的用人单位主要有：

1. 出版社：全国各地的出版社，包括各高校成立的出版社等。

2. 杂志社：全国社科期刊、科技期刊、科普期刊等。

3. 电视台：全国各大电视台，包括中央电视台，各省、市、县电视台等。

4. 网络媒体：抖音、快手、小红书、微博等网络新媒体。

5. 政府机关：可以到文化宣传部门进行文化传播与宣传，也可以到党政机关从事文秘、宣传等工作。

数字出版编辑也可以自主创业，结合自己擅长的领域运营自媒体。

注：以上机构信息仅供参考，不代表编写出版方对其推荐或认可。

## 八、数字出版编辑的职业贯通发展

该职业的发展路径主要有四条：管理路线，即从员工晋升到主管（单位中层），再晋升到经理（单位领导层），甚至向高级领导职务发展。专家路线，即不断提高技能水平，在职业等级上不断晋升，成为数字出版编辑领域专家。复合人才路线，即向其他行业跨越或进行职业转型，如通过学习相关知识和技能转型为网络编辑、文字编辑、美术编辑、技术编辑、电子音乐编辑等，与专业技术岗位横向贯通。创业路线，即基于网络自媒体，结合个人能力、志向与相关条件进行创新创业。数字出版编辑职业贯通发展如图 2-10-02-04-2 所示。

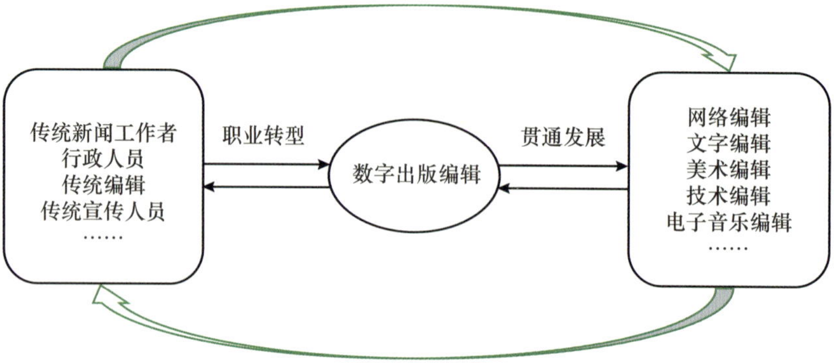


图 2-10-02-04-2　数字出版编辑职业贯通发展图

## 九、数字出版编辑的发展前景

**从市场供需看。**随着数字阅读设备的普及和网络技术的发展，公众对数字内容的需求日益增长，这为数字出版编辑提供了广阔的发展空间。同时，互联网的普及带动了各类出版物的增长，为数字出版编辑提供了跨领域工作的机会，如图书、杂志、在线内容等内容呈现形式多样化。读者对高质量、多样化的数字出版物的需求不断上升，要求数字出版编辑具备更专业的策划、编辑和市场分析能力。

**从产业发展看。**自助出版平台的增长使得作者可以直接发布作品，这不仅为数字出版编辑带来了新的服务模式和市场机遇，还催生了互联网内容的激增。随之而来的是对于更多编辑参与内容管理和质量控制的需求。在海量的内容中，高质量内容的重要性愈发凸显，数字出版编辑在提升内容质量方面扮演着关键角色。此外，新兴市场的发展以及对多元文化内容的需求也为具备特定语言和文化背景的编辑提供了新的职业机会，进一步促进了内容的多样化。

**从政策红利看。**国家对文化产业的重视和扶持政策，如资金支持、培训计划、税收减免等，为数字出版编辑提供了发展机会和资源。同时，文化交流与合作政策的实施增加了对跨国出版编辑的需求，涉及翻译、文化交流项目和合作出版等方面。加强出版产业规范政策，提高行业专业水平和质量标准，为数字出版编辑提供了更明确的职业发展路径。此外，《出版专业技术人员继续教育规定》等政策为编辑提供了培训和学习机会，帮助他们适应行业变化，提升竞争力。市场对高质量内容的需求、产业的数字化转型以及国家政策的支持，共同为数字出版编辑提供了广阔的发展空间和机遇。

## 十、相关内容链接

**国家职业标准：**暂缺。

**相关政策文件：**见表 2-10-02-04-3。

**表 2-10-02-04-3　数字出版编辑相关政策文件**

| 序号 | 发布或通过时间 | 发布或通过机构 | 文件名称 |
| --- | --- | --- | --- |
| 1 | 2020 年 11 月 | 国务院 | 《音像制品管理条例》 |
| 2 | 2020 年 11 月 | 国务院 | 《出版管理条例》 |

供稿：浙江广厦建设职业技术大学　朱铁樱

# 电子商务师 S

职业编码：4-01-06-01

电子商务是以信息网络技术为手段、以商品交换为中心的商务活动。电子商务不受时间、空间的限制，消费者可以随时随地开展消费行为，极大地满足了其个性化的消费需求，足不出户就可以实现购物的目标。同时，电子商务通过网络传播、建立移动商圈、扫描二维码和信息搜索等平台及工具，保障了消费者以更低的成本及时获得精准、个性化服务。电子商务以消费者的最佳体验为宗旨，满足消费者对美好生活的需求，从而健康有序地推动经济的高质量发展。

当下，电子商务已经渗透到生产生活各领域，连接着线上和线下，衔接供需两端，对接国内国外市场，在经济社会数字化转型方面发挥了举足轻重的作用。电子商务运营工作已经成为企业日常工作的一部分。企业开展何种形式的电子商务？如何开展电子商务选品？如何给商品定价？如何进行电子商务店铺视觉定位和装修？如何进行电子商务营销推广？如何开展电商客户服务工作，以及如何分析电子商务运营效果？诸如此类问题的解决将直接影响着企业电子商务工作的成效。电子商务师在适应多元化、个性化的消费需求和带动线上线下融合发展方面发挥着巨大作用。

## 一、电子商务师的一天

记录时间：2023 年 8 月 10 日　　记录人：王某锋

### 上午工作情况

**8 点：**

1. 查看前一天店铺流量、转化及成交情况，并进行运营效果分析。（运营数据复盘）

2. 查看并分析前一天行业类目市场交易规模、行业 Top 商品及商家的运营概况，分析主要竞品、竞店店铺成交、流量变化及价格波动情况。（查看运营概况）

3. 查看前一天遗留的客户售前、售中、售后问题及其他重要事务。（查看客户问题）

**9 点：**

1. 处理前一天发货问题及遗留的客户售前、售中和售后问题。（处理客户问题）

2. 根据市场竞争情况进行商品日常搜索、信息流推广创意优化、展示位置优化、出价优化。（优化运营方案）

3. 基于市场竞争情况分析完成电商商品主图、详情页、首页优化工作。（优化店铺装修）

4. 根据发展规划，完成店铺日常活动报名及跟进工作。（营销活动实施）

5. 根据发展规划，完成电商日常直播工作及短视频工作。（直播和短视频推广）

6. 根据发展规划，完成电商日常产品上下架、客户服务工作和订单处理、仓储、发货工作。（处理日常运营事务）

## 下午工作情况

**13点：**

1. 完成阶段性电商运营效果分析工作，判断与企业当前电商规划是否符合，进而进行目标调整和业务优化。（优化运营模式）

2. 分阶段完成深度市场调研，开发新市场、挖掘新渠道、持续进行新产品的开发和定价，保障电商企业可持续发展。（完成市场调研）

3. 开展基于精准营销的个性化客户管理，建立客户分类体系，有针对性地开展客户关系维护和社群推广。（管理客户关系）

4. 明确企业网络品牌定位，多渠道开展企业网络品牌推广工作，进行内容营销、与用户互动及持续优化工作。（营销策划与推广）

5. 完成阶段性电子商务人才管理，制订电子商务人员招聘、培训计划，跟进电商人员工作进度，完成绩效评价工作。（团队管理和培训）

工作中的电子商务师如图4-01-06-01-1所示。

图4-01-06-01-1　工作中的电子商务师

**17点：**

1. 复盘和分析当天运营状况。（总结和复盘）

2. 进行小组讨论交流，重点总结各部门协同情况。

## 二、什么是电子商务师

**职业定义。**电子商务师是指在互联网及现代信息技术平台上，从事商务活动的人员。

**定义解读。**电子商务师是指利用计算机技术、网络技术等现代信息技术从事商务活动或相关工作的人员，即融 IT 与商务于一身的高素质复合型人才。电子商务师需熟悉电子商务平台、数字营销、在线支付、供应链管理等电子商务领域技术技能，负责策划、运营和管理与电子商务相关的业务活动。为有效地推动企业在线业务的发展，电子商务师通常需要具备市场营销、数据分析、技术理解等多方面的能力，以应对快速变化的在线商业环境。

**关联职业。**密切相关的职业有网络营销人员、外贸电子商务人员、新型网络服务商的服务员、电子商务平台的开发人员、电子商务平台的运营管理人员、电子商务平台的销售人员等。

**相应岗位。**电商网店运营岗、数据化运营岗、营销活动策划与推广岗、视觉设计岗、客户服务管理岗、网络直播岗、短视频推广岗等。

## 三、电子商务师的主要工作职责

1. 运用各类平台、媒体、社群的营销推广方法与工具，运用营销策划相关知识完成涉及产品、内容、渠道等的活动方案创新设计与实施。

2. 结合店铺定位收集素材、确定配色方案、提炼卖点文案，运用平面设计软件完成图像绘制、产品精修、配图排版，完成店铺页面结构布局。

3. 依据企业商务网站（店）市场定位完成运营规划，确定商品选品与定价，根据运营计划和目标，制定网店在各渠道的引流、推广和实施策略。

4. 使用搜索引擎、生意参谋、魔盒等平台和第三方工具收集和整理行业、竞争对手、店铺流量、交易、访客和推广等数据。

5. 根据网店运营目标，采集相关数据、关键数据指标、指标的影响因素，搭建销售数据分析指标体系，分析企业网络经营状况和销售数据。

6. 处理商城客户的咨询、投诉、建议，准确记录客户的信息，确保信息传递的准确性和及时性，提升客户满意度。

7. 快速响应客户咨询，问题反馈、产品上架、维系平台日常运作及客服管理，并不断处理及优化电商运营各环节。

8. 向客户开展产品或服务功能、系统操作等方面的讲解，针对客户提出的问题，引导进入正确的解决流程，跟踪客户进度，解决客户提出的问题。

9. 分析企业业务需求，规划设计电子商务网站。

## 四、电子商务师的薪酬福利待遇

**平均薪酬水平。**根据国家统计局 2023 年 5 月 9 日发布的 2022 年全国平均工资相关数据，2022 年全国规模以上企业就业人员的平均年薪为 92492 元，比上年名义增长 5.0%。受人们对互联网学习、工作、社交和网络购物需求量较大等因素影响，2022 年，信息传输、软件和信息技术服务业两类单位的平均年薪分别增长 9.4% 和 8.1%。其中，电子商务师的平均年薪为 96876 元。

**与类似职业对比。**根据看准网 2023 年 8 月数据，在上海地区，电子商务运营师的薪酬为 11890~21484 元 / 月，网络营销师的薪酬为 10141~10435 元 / 月，视觉美工设计师的薪酬为 5300~9000 元 / 月，网络客服的薪酬为 4961~7102 元 / 月，类似职业薪酬水平见表 4-01-06-01-1。

**表 4-01-06-01-1　类似职业薪酬水平**

| 职业名称 | 薪酬水平（元 / 月） |
| --- | --- |
| 电子商务运营师 | 11890~21484 |
| 网络营销师 | 10141~10435 |
| 视觉美工设计师 | 5300~9000 |
| 网络客服 | 4961~7102 |

## 五、从事电子商务师工作需要哪些本领

该职业从业人员需具备的知识和技能有产品及服务信息管理、线上店铺设计与装修、营销推广、业务处理、客户服务、数据分析、技术管理与培训、电商规

划及设计等。

根据《电子商务师国家职业技能标准（2022 年版）》，电子商务师需具备的知识和技能见表 4-01-06-01-2。

**表 4-01-06-01-2　电子商务师需具备的知识和技能**

| 职业功能 | 工作内容 | 知识和技能要求 |
| --- | --- | --- |
| 产品及服务信息管理 | 基本信息处理 | 能撰写产品及服务文字信息，完成图片拍摄与处理，协调委托拍摄和处理工作 |
| | 品类信息管理及规划 | 能设置产品及服务品类信息、组合信息和价格信息，制定产品及服务品类规划 |
| 线上店铺设计与装修 | 店铺注册及商品发布 | 能完成店铺注册、认证和基本信息设置，录入商品销售、图文描述、物流及售后服务信息并发布 |
| | 页面装修设计及优化 | 能制作网店文案、图片和视频，装修首页、详情页和自定义页，设计文案样式、图片及视频元素 |
| 营销推广 | 促销活动实施与优化 | 能设计促销活动，确定和实施推广内容、渠道及方式，并根据营销效果进行策略优化 |
| | 搜索引擎和信息流推广 | 能挖掘推广商品关键词，优化商品标题，制定关键词竞价推广策略，制定并实施信息流广告策略 |
| | 图文短视频及直播推广 | 能完成图文短视频发布，注册直播账号，进行直播引流、直播互动和引导购买 |
| 业务处理 | 订单及物流操作 | 能查询和确认商品订单，查询库存和处理发货 |
| | 商品及订单管理 | 能上下架商品，安排订单发货、退货及换货 |
| | 采购、销售及物流管理 | 能管理商品采购价格和数量、管理客户信息、处理交易评价、制作销售报表和选择物流方式 |
| | 品牌管理和质量控制 | 能设计和传播项目品牌，监测和评价商品质量 |
| 客户服务 | 客户沟通与关系管理 | 能进行商品推荐、催付和关联销售，处理客户提出的问题，提高客户忠诚度 |
| | 智能客服训练 | 能搭建智能客服问答知识库并进行应答测试 |

续表

| 职业功能 | 工作内容 | 知识和技能要求 |
| --- | --- | --- |
| 数据分析 | 数据采集与整理 | 能获取并整理店铺、行业电商基础数据 |
| | 数据清洗 | 能处理电商数据中的空值、缺失值、重复值等 |
| | 数据分析与应用 | 能设计数据报表结构，完成可视化报表，优化目标市场定位、流量来源和提升转化率 |
| 技术管理与培训 | 管理和培训 | 能安排和考核岗位人员，完成培训和效果评估 |
| | 培训规划 | 能设置岗位要求，完成制度优化和人员配置 |
| 电商规划及设计 | 行业分析 | 能分析行业现状和问题，预测行业趋势 |
| | 竞争对手分析 | 能识别企业竞争对手，分析竞争对手优劣势 |
| | 战略分析 | 能根据企业内部因素及外部环境制订战略规划 |
| | 模式设计 | 能选择电子商务模式，撰写模式分析报告 |

## 六、电子商务师的专业教育现状

### （一）相关专业

目前已有较多院校开设了与该职业相关的专业，涉及普通本科院校、职业院校等。普通本科院校相关专业有电子商务、跨境电子商务、国际商务、国际经济与贸易、电子商务及法律等。职业院校相关专业有电子商务、跨境电子商务、全媒体电商运营、移动商务、网络营销与直播电商等。

### （二）开设相关专业的院校（排名不分先后）

★ 相关院校：浙江大学、武汉大学、中山大学、厦门大学、华南理工大学、重庆大学、华中师范大学、四川大学、南开大学等。

◆ 相关院校：江西外语外贸职业学院、苏州经贸职业技术学院、安徽商贸职业技术学院、义乌工商职业技术学院、浙江商业职业技术学院、河南工业职业技术学院、浙江工贸职业技术学院、广东轻工职业技术大学、哈尔滨职业技术大学、四川省成都市财贸职业高级中学校。

## 七、电子商务师的就业创业信息

电子商务模式与业态迭代更新，即时零售、直播电商、短视频电商、社区团购等新业态加速演进，同时电子商务作为数字经济重点领域，正在从消费端向生产端和供给端快速推进，通过数实融合为产业链和价值链赋能，帮助产业转型升级，为电子商务师创造了更为广阔的就业创业空间。当前电子商务师就业领域已不局限于互联网与电子商务企业，而是围绕数字产业化和产业数字化领域专门人才需求，覆盖了第一、二、三产业，包括农业、工业、国际贸易、金融业、交通运输业、咨询服务业、政府和商贸物流、新媒体、电商的各类企事业单位等。

吸纳电子商务师就业较多的用人单位主要为互联网信息企业、电商平台型企业、商贸物流企业和发展电商的传统企业，从就业岗位类型看主要分布在三类岗位：一是技术类岗位，主要从事软件 / 平台的设计、开发，数据分析、数据库建设等；二是运营类岗位，主要从事内容运营、平台运营、客户服务等；三是综合管理类岗位，主要从事企业内部的规划、咨询、组织、协调、监督等工作，典型企业有北京京东世纪贸易有限公司、阿里巴巴（中国）网络技术有限公司、拼多多（上海）网络科技有限公司、北京当当网信息技术有限公司、上海波司登电子商务有限公司、深圳虾皮信息科技有限公司、新维国际控股有限公司、上海携程商务有限公司等。

注：以上机构信息仅供参考，不代表编写出版方对其推荐或认可。

## 八、电子商务师的职业贯通发展

《中共中央关于进一步全面深化改革　推进中国式现代化的决定》强调加快发展数字经济，促进数字经济和实体经济深度融合发展，以电商、直播平台为代表的新零售渠道快速崛起，对传统经营模式造成了严重冲击。迫切需要推动传统线下零售企业的营销员、商品营业员、连锁经营管理师、农产品购销员、医药商品购销员等职业向在互联网平台上从事商务活动的电子商务师转型；同时结合电子商务师的知识和技能，进一步打通电子商务师与互联网营销师、国际商务师、市场营销师、智能商务策划师、全媒体运营师的职业发展通道，支持电子商务师参加互联网营销师、国际商务师等职业技能考试，搭建两类人才成长立交桥。其中互联网营销师是通过直播、短视频创作推广等手段实现数字营销，包括选品员、直播销售员、视频创推员、平台管理员；国际商务师专注于外贸领域，负责外贸业务的核算、风险评估等事务；市场营销师是指在企业中负责市场调研、营销策略制定、品牌推广等工作的专业人员；全媒体运营师是指综合利用各种媒介技术和渠道，采用数据分析、创意策划等方式，从事对信息进行加工、匹配、分发、传播、反馈等工作的人员。电子商务师职业贯通发展如图 4-01-06-01-2 所示。

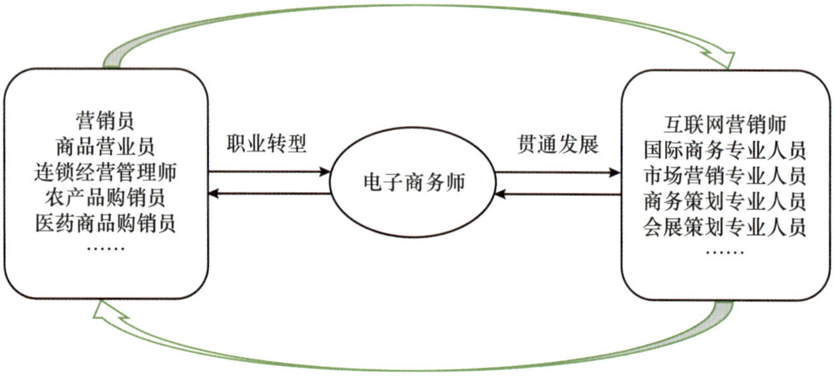


图 4-01-06-01-2　电子商务师职业贯通发展图

## 九、电子商务师的发展前景

**从市场供需看。**随着电子商务快速增长，电商企业对电商人才的需求在不断增加。根据国家《“十四五”电子商务发展规划》要求，到 2025 年，电子商务相关从业人数将达到 7000 万人。随着电子商务产业链不断延长，电子商务相关企业不断增加，对各类电子商务人才的需求也在快速增长。《2021 年度中国电子商务人才状况调查报告》数据显示，在被调查企业中，47.02% 的企业急需淘宝、天猫等平台的传统运营人才；46.53% 的企业急需新媒体、内容创作、社群方向的人才；57.43% 的企业急需主播（助理）、网红达人方向的人才；26.73% 的企业急需客服、地推、网销等方向的人才；23.76% 的企业急需复合型高级人才。为应对行业发展的新需求，教育部 2019 年在本专科电子商务类专业新增跨境电子商务专业，2021 年新增农村电子商务专业，开设电子商务类专业的院校逐年增加，为电子商务产业发展培养了大量专业人才。

**从产业发展看。**第 50 次《中国互联网络发展状况统计报告》显示，截至 2022 年 6 月，我国网民规模达 10.51 亿人，互联网普及率达 74.4%。《中国电子商务报告（2021）》指出，我国电子商务交易额保持快速增长，2021 年全国电子商务交易额达到 42.3 万亿元，网上零售额达到 13.1 万亿元。网络购物成为居民消费重要渠道，实物商品网上零售额对社会消费品零售总额增长贡献率持续提升，带动相关市场快速发展。电子商务相关产业吸纳及带动就业超过 6700 万人。事实证明，电子商务是数字经济和实体经济的重要组成部分，是催生数字产业化、拉动产业数字化、推进治理数字化的重要引擎，是提升人民生活品质的重要方式，是推动国民经济和社会发展的重要力量。我国电子商务已深度融入生产生活各领域，在经济社会数字化转型方面发挥了举足轻重的作用。因此，电子商务师的市场需求巨大，为该职业的发展提供了广阔的发展空间。

**从政策红利看。**近年来，国家出台了一系列法规文件，要求普及国防教育。2021 年 10 月，商务部、中央网信办、国家发展改革委印发的《"十四五"电子商务发展规划》强调，立足电子商务连接线上线下、衔接供需两端、对接国内国外市场的重要定位，通过数字技术和数据要素双轮驱动，提升电子商务企业核心竞争力，做大、做强、做优电子商务产业，深化电子商务在各领域融合创新发展，赋能经济社会数字化转型，推进现代流通体系建设，促进形成强大国内市场，加强电子商务国际合作，推动更高水平对外开放，不断为全面建设社会主义现代化国家提供新动能。同时，还提出至 2025 年电子商务交易额预期达到 46 万亿元人民币、相关从业人员达到 7000 万人的发展目标。另外，2022 年 11 月，国务院发布的《国务院关于同意在廊坊等 33 个城市和地区设立跨境电子商务综合试验区的批复》明确提出，研究出台更多支持举措，为综合试验区发展营造良好环境，更好地促进和规范跨境电子商务产业发展壮大。要进一步完善跨境电子商务统计体系，实行对综合试验区内跨境电子商务零售出口货物按规定免征增值税和消费税等支持政策，企业可以选择企业所得税核定征收，对经所在地海关确认符合监管要求的综合试验区所在城市（地区）自动适用跨境电子商务零售进口试点政策，支持企业共建共享海外仓。

## 十、相关内容链接

**国家职业标准：**扫码即可查看☞。

**相关政策文件：**见表 4-01-06-01-3。

**表 4-01-06-01-3　电子商务师相关政策文件**

| 序号 | 发布或通过时间 | 发布或通过机构 | 文件名称 |
|---|---|---|---|
| 1 | 2020 年 4 月 | 商务部等部门 | 《关于深入推进电子商务与快递物流协同发展工作的通知》 |
| 2 | 2021 年 1 月 | 商务部 | 《电子商务企业诚信档案评价规范》 |
| 3 | 2021 年 4 月 | 国家网信办等部门 | 《网络直播营销管理办法（试行）》 |
| 4 | 2021 年 7 月 | 国务院办公厅 | 《关于加快发展外贸新业态新模式的意见》 |
| 5 | 2021 年 10 月 | 商务部等部门 | 《"十四五"电子商务发展规划》 |
| 6 | 2021 年 10 月 | 商务部等部门 | 《"十四五"服务贸易发展规划》 |
| 7 | 2021 年 12 月 | 国务院 | 《"十四五"数字经济发展规划》 |
| 8 | 2021 年 12 月 | 中央网络安全和信息化委员会 | 《"十四五"国家信息化规划》 |
| 9 | 2023 年 02 月 | 商务部 | 《电子商务产业基地建设与运营规范》 |

供稿：苏州经贸职业技术学院　许应楠

# 信息通信网络动力机务员 S

职业编码：4-04-02-03

某一天的早晨，在繁忙的办公楼中，A 公司的网络出现了严重的故障。员工们无法正常登录公司的内部系统，无法访问公司的数据库和共享文件。这给各个部门的工作造成了巨大的困扰，许多业务无法顺利进行，与客户的沟通也受到了影响。公司的 IT 部门立即意识到问题的严重性，并紧急召集了信息通信网络动力机务员。该岗位员工熟悉公司的网络系统，了解网络拓扑和设备的布局。信息通信网络动力机务员迅速赶到现场，与 IT 团队合作，开始对故障进行紧急排查，最终发现了一个关键的问题：一台核心交换机的硬件出现了故障，导致整个网络无法正常连接。信息通信网络动力机务员迅速进行了设备的更换和配置，恢复了网络的正常运行。

随着网络恢复正常，公司的员工们重获网络的连接和访问权限。公司的信息通信网络动力机务员不仅快速排除了故障，还避免了许多业务上的损失和延误。大家都开始意识到信息通信网络动力机务员在公司的重要性，意识到在网络出现故障时及时寻求他们的帮助是必要的，他们的专业知识和技能能够快速诊断和排除网络故障，保障数据的安全性和传输的稳定性，为企业的业务提供有力的支持。

## 一、信息通信网络动力机务员的一天

记录时间：2023 年 8 月 15 日　　记录人：刘某强

### 上午工作情况

**8 点：**

1. 测试和维护信息通信网络系统的供电、空调、动力环境监控设备，确保设备运行正常。（维护设备正常运行）

2. 巡视机房及设备使用点的电源、空调使用情况。（巡视机房）

**10 点：**

1. 查找、判断和修复网络系统的供电、空调、动力环境监控设备故障。（排查故障）

2. 检测、维修防雷系统、接地系统。（检测系统）

### 下午工作情况

**13 点：**

1. 统计、分析网络系统的供电、空调、动力环境监控设备的运行质量。（分析各项设备运行质量）

2. 检查、验收网络系统的供电、空调、动力环境监控设备施工。（检验施工）

**15 点：**

1. 安装、调测、开通和维护、检修应急通信系统供电设备。（调试供电设备）

2. 处理应急通信系统供电设备故障等。（处理供电设备故障）

工作中的信息通信网络动力机务员如图 4-04-02-03-1 所示。

图 4-04-02-03-1　工作中的信息通信网络动力机务员

## 二、什么是信息通信网络动力机务员

**职业定义**。信息通信网络动力机务员是从事信息通信网络系统供电、空调、动力环境监控设备的安装、调测、监控、维护、故障处理等工作的人员。

**定义解读**。信息通信网络动力机务员是负责维护和管理信息通信网络动力设备的技术人员，需要具备电气、电子技术和机械设备维修等方面的知识，同时要具备故障处理、设备维护、电力配置和数据分析等能力，以确保网络设备的正常运行和高效利用。他们需要负责网络设备的安装、调试、维护和故障处理等工作，并及时采取措施维护设备的稳定性和可靠性。此外，他们还需要密切关注网络设备的电力供应情况，根据需要进行电力配置和调整，保证设备的供电稳定；做好相关设备的检查和防护工作，制订并执行设备的检修计划，对设备进行定期的维护保养，及时处理设备故障和应急情况，确保网络设备的可靠性和连续性。同时，他们还需要掌握网络设备的运行状态和性能指标，通过数据分析和监控系统来及时发现和解决设备问题，提高设备的利用率和效能。

**关联职业。**密切相关的职业有信息通信网络工程师、电气工程师、电子工程师、机械工程师、运维工程师、网络安全工程师等。信息通信网络工程师负责设计、规划和搭建信息通信网络系统，与信息通信网络动力机务员合作确保网络设备的动力供应。电气工程师负责电气设备的设计、安装和维护，与信息通信网络动力机务员合作维护和管理网络设备的动力设备。电子工程师负责电子设备的设计、调试和维修，与信息通信网络动力机务员合作处理网络设备的电子故障。机械工程师负责机械设备的设计、安装和维护，与信息通信网络动力机务员合作确保网络设备的机械设备正常运行。运维工程师负责信息通信网络设备的运维管理，包括设备巡检、维修、故障处理等工作，与信息通信网络动力机务员合作维护设备的稳定性和可靠性。网络安全工程师负责网络安全方面的工作，与信息通信网络动力机务员合作确保网络设备的安全性。

**相应岗位。**动力机房主管、动力设备维修、PS 维护工程师、动力设备监控、动力设备运维等岗位。

## 三、信息通信网络动力机务员的主要工作职责

1. 网络设备维护与维修：负责对信息通信网络设备进行日常巡检、定期检修和维护、故障排除和维修工作，进行预防性维护，延长设备使用寿命，确保网络设备正常运行，包括路由器、交换机、服务器等设备的故障处理与维护。

2. 网络设备监控：监控网络设备的运行状态和性能指标，及时发现并处理设备故障或异常情况。

3. 系统配置与调试：参与网络设备的安装、配置和调试工作，确保设备的正确设置和网络的正常运行。

4. 网络故障处理：负责解决网络故障，包括网络连接故障、传输中断等，保障网络的稳定性和可用性；进行网络故障排查和修复，快速响应并解决网络故障，保障网络的稳定性和正常运行。

5. 网络性能优化：根据网络运行情况进行性能分析，提出网络设备配置和性能优化建议和措施，提升网络的性能和效率。

## 四、信息通信网络动力机务员的薪酬福利待遇

**平均薪酬水平。**根据网络招聘平台相关数据，初级信息通信网络动力机务员的起薪为5000元/月左右，中级信息通信网络动力机务员的薪资为8000~12000元/月，经验较丰富的高级信息通信网络动力机务员的薪资为10000~15000元/月。当然，这只是一个大致的参考范围，地区、公司规模、工作经验等不同时，工资可能存在很大的差异，需要根据具体情况而定。

**与类似职业对比。**网络招聘平台2023年8月的公示数据显示，在北京地区，该职业的薪酬与网络工程师、系统管理员、数据中心技术员、IT运维工程师基本持平，具体取决于所在行业、公司规模和技能水平等。此外，随着技术不断发展和应用普及，信息通信网络动力机务员具有较好的职业发展前景。类似职业薪酬水平见表4-04-02-03-1。

**表 4-04-02-03-1　类似职业薪酬水平**

| 职业名称 | 薪酬水平（元/月） |
|---|---|
| 网络工程师 | 8000~25000 |
| 系统管理员 | 6000~15000 |
| 数据中心技术员 | 7500~15000 |
| IT 运维工程师 | 6000~20000 |

## 五、从事信息通信网络动力机务员工作需要哪些本领

从事该职业需掌握电力与电子技术、计算机网络、网络设备等知识，并具备一定的持续学习、沟通协调能力，能够通过安装、调试、维护、检修以及应急处理等手段，保障网络系统的供电、空调、动力环境监控等关键设施的正常工作。

信息通信网络动力机务员需具备的知识和技能见表4-04-02-03-2。

表 4-04-02-03-2　信息通信网络动力机务员需具备的知识和技能

| 职业功能 | 工作内容 | 知识和技能要求 |
| --- | --- | --- |
| 工程设备安装与调试 | 信息通信网络系统中供电、空调、动力环境监控等设备的安装与调试 | 具备通信工程图纸的读图、识图能力，能够使用 CAD 软件绘制通信工程图纸，熟练掌握供电、空调、动力环境监控等设备的安装、调试等技能，具备团队合作和沟通能力 |
| 网络动力系统的操作和维护 | 检查、检测、运维设备，定期维护与安装调试 | 掌握电力供应原理、电池管理、电路及设备原理，能够开展网络动力设备的安装、配置、运行和维护，包括 UPS（不间断电源）系统、电池组管理、供电配电系统等 |
| 诊断和排除网络设备故障 | 查找、判断和排除网络设备故障 | 了解计算机网络的基本原理、网络拓扑结构、网络协议等，熟悉局域网、广域网等网络类型，了解路由器、交换机等常见的网络设备，掌握它们的工作原理、功能和配置方法；具备设备维护和保养的能力，能快速准确地定位和排除网络设备故障，确保网络系统的稳定性和可靠性，具备持续学习意识，及时掌握新技术新方法 |
| 系统监控与维护 | 统计、分析网络系统的供电、空调、动力环境监控设备的运行质量 | 具备统计学相关知识，能够开展数据采集，分析设备运行数据，撰写分析报告 |
| 应急通信处理 | 搭建应急通信系统设备环境，开通和维护、检修应急通信设备 | 掌握应急通信的手段和网络知识，了解 5G、大数据等新技术在应急通信中的应用，能够进行设备的操作与维护，具备沟通与协作能力，开展多部门协作 |

## 六、信息通信网络动力机务员的专业教育现状

### （一）相关专业

目前已有较多院校开设了与该职业相关的专业，相关专业有通信工程、计算

机科学与技术、电子信息工程、电气工程及其自动化等。

（二）开设相关专业的院校（排名不分先后）

★ 相关院校：中国人民解放军战略支援部队信息工程大学、北京邮电大学、西安电子科技大学、上海交通大学、华中科技大学、南京邮电大学、桂林电子科技大学、电子科技大学等。

◆ 相关院校：北京信息职业技术学院、广东轻工职业技术大学、江苏信息职业技术学院、山东电子职业技术学院、深圳信息职业技术学院、南京信息职业技术学院、湖南信息职业技术学院、上海电子信息职业技术学院等。

## 七、信息通信网络动力机务员的就业创业信息

随着信息通信技术的快速发展和网络设备的普及应用，对信息通信网络动力机务员的需求将会逐渐增加。随着 5G 的兴起，对网络设备的需求将进一步扩大，尤其在互联网、电信和企业内部网络方面的就业前景较好。同时，随着网络安全问题日益突出，网络安全监测和维护成为一个重要的就业领域。因此，信息通信网络动力机务员的就业创业前景较为乐观。

吸纳信息通信网络动力机务员就业较多的用人单位主要有：

1. 电信运营商：在电信运营商工作，负责维护运营商的通信设备和网络，包括固定电话、移动基站等设备，如中国电信、中国移动、中国联通等。

2. 企事业单位：参与各类企事业单位网络基础设施建设和管理。在企事业单位的信息技术部门工作，负责企业内部网络的安装和维护，提供网络技术支持，如高等院校、工矿企业、物流企业、大型商场等。

3. 互联网公司：在互联网公司工作，负责互联网网络设备的安装和维护，以及对网络进行监控和优化。

此外，信息通信网络动力机务员也可以选择自主创业，开设网络维护公司，为企事业单位提供网络设备的安装和维护服务；开设互联网服务提供商，为个人和企业提供网络服务和支持；开设网络安全公司，为企事业单位提供网络安全监控和解决方案。

注：以上机构信息仅供参考，不代表编写出版方对其推荐或认可。

## 八、信息通信网络动力机务员的职业贯通发展

该职业的发展路径主要有四条：专家路线，即信息通信网络动力机务员可以通过不断提高技能水平，深化技术学习和专业培训，提升自己在设备维护和故障排除领域的能力，除在职业等级上不断晋升外，还可与工程技术人员一样进行技术职称评定，可评定为高级工程师，成为信息通信网络行业领域专家；也可以投身于网络设备的新技术研究和创新，负责解决更复杂的网络故障和提出优化方案。管理路线，即经过一定的工作经验积累和管理能力培训，信息通信网络动力机务员可以从员工晋升到组（所）长 / 单位中层，再晋升到经理 / 单位领导层，甚至向高级领导职务发展，如团队领导、项目经理等。复合人才路线，即信息通信网络动力机务员可以通过学习其他相关领域的知识，如网络安全、云计算、大数据等，拓宽自己的专业背景，增加职业发展的机会和竞争力，转型为网络安全工程师、云计算专家等，参与更复杂和高级的项目等。创业路线，即具备丰富经验和技能的信息通信网络动力机务员可以选择自主创业，成立自己的网络设备维护和服务公司，为企事业单位提供网络设备维护和优化的解决方案，开展网络设备的销售和安装服务。信息通信网络动力机务员职业贯通发展如图 4-04-02-03-2 所示。

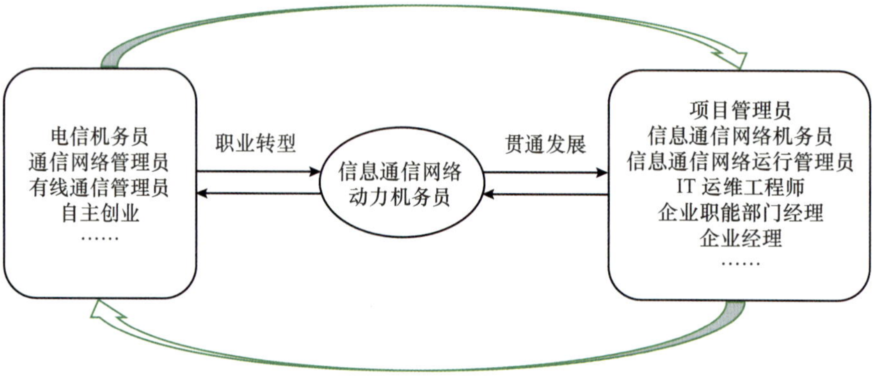


图 4-04-02-03-2　信息通信网络动力机务员职业贯通发展图

## 九、信息通信网络动力机务员的发展前景

**从市场供需看。**目前，通信行业已经成为国民经济中重要的支柱产业之一，随着数字化转型和5G的普及，信息通信网络动力机务员的需求量逐渐增加，市场供给较为稳定。信息通信网络动力机务员作为信息传输和处理的核心保障之一，应用广泛。在我国政策大力驱动下，电子信息制造产业发展前景广阔。相关数据显示，2020年我国电子信息制造产业规模已达到156087亿元，预计到2025年将达到194504亿元。

**从产业发展看。**5G是当前通信工程领域最热门的话题之一。随着5G商用进入实质性推进阶段，未来几年内5G将逐渐普及，成为推动整个通信工程行业快速发展的关键因素之一。据预计，到2025年全球5G用户数量将达到25亿人以上，用户占比超过40%，这意味着在未来几年内，通信工程行业将有更多机会涌现。随着信息通信行业持续发展，网络设备的规模和复杂程度不断提升，对信息通信网络动力机务员的专业技能和经验要求也会增加。

**从政策红利看。**各国政府重视信息通信领域的发展，通过政策支持和投资促进行业创新和发展，对信息通信网络动力机务员的需求有所增加。为加快建设网络强国和数字中国，2021年11月，工业和信息化部发布的《"十四五"信息通信行业发展规划》中提出，到2025年，信息通信行业整体规模进一步壮大，发展质量显著提升，基本建成高速泛在、集成互联、智能绿色、安全可靠的新型数字基础设施，赋能经济社会数字化转型升级的能力全面提升。到2025年，每万人拥有5G基站数预计达到26个，实现城市和乡镇全面覆盖、行政村基本覆盖、重点应用场景深度覆盖，行政村5G通达率预计达到80%。《"十四五"信息通信行业发展规划》部署了新型数字基础设施建设，包括5G、千兆光纤网络、IPv6、移动物联网、卫星通信网络等新一代通信网络基础设施，以及数据中心、人工智能、区块链等数据和算力设施。

## 十、相关内容链接

**国家职业标准：**暂缺。

**相关政策文件：**见表4-04-02-03-3。

**表 4-04-02-03-3　信息通信网络动力机务员相关政策文件**

| 序号 | 发布或通过时间 | 发布或通过机构 | 文件名称 |
|---|---|---|---|
| 1 | 2019 年 1 月 | 人力资源社会保障部办公厅等部门 | 《关于颁布信息通信网络机务员等 12 个国家职业技能标准的通知》 |
| 2 | 2019 年 7 月 | 国家网信办等部门 | 《云计算服务安全评估办法》 |
| 3 | 2021 年 6 月 | 全国人民代表大会常务委员会 | 《中华人民共和国数据安全法》 |

供稿：咸宁职业技术学院　易逸

# 无线电监测与设备运维员 S

职业编码：4-04-02-05

无线电监测与设备运维员负责守护无线电塔，他们穿梭于控制室之间，全天候地监控无线电信号。他们细心地调试和维护设备，确保通信畅通顺利。他们留心每一个细微的频率变化，捕捉信息的涟漪；关注电波和信息流动，保障通信的顺畅与安全。无线电监测与设备运维员负责管理和维护无线电设备，确保通信系统的正常运行。他们需要具备扎实的专业知识和技能，能够监测、分析和解决无线电干扰问题，同时进行设备的巡检和日常维护工作。该职业往往出现在电信、航空、军事等领域，是保障通信设备稳定运行的重要环节。

## 一、无线电监测与设备运维员的一天

**记录时间：2023 年 8 月 15 日** **记录人：杨某兵**

### 上午工作情况

**9 点：**

1. 进行设备巡检，检查无线电设备的状态和功能，确保其正常运行。（巡检设备运行）

2. 测试无线电台站及电气设备的电磁环境、电磁辐射和城市电磁背景噪声等。（测试电磁环境）

3. 监测、检查已核准的无线电台站的发射信号、技术条件和要求。（监测发射信号）

4. 监测专用频率、重要单位或重大活动所使用的频率。（监测频率）

5. 协助解决工作中出现的问题及异常处理，确保正常运营。（处理运营异常）

6. 参加例行早会，为新的一天做准备工作。（参加例会）

**10点：**

1. 进行无线电频率监测，收集和分析数据。（监测及数据收集）

2. 负责完成所管辖区域内的无线电监测工作，确保数据准确、及时。（完成监测工作）

3. 检测是否存在干扰或频谱异常情况。（检测频谱情况）

4. 负责配合相关部门做好其他相关工作。（配合其他部门工作）

**下午工作情况**

**13点：**

1. 处理设备故障和报修工作，进行设备维护和修复。（处理故障及设备维护）

2. 监测、分析干扰信号，确定并排除干扰源，监测违规和违法使用的无线电台站并实施管控处理。（确定信号干扰源）

3. 测试无线电监测设备软件模块、硬件模块及总体的功能、性能，并提出修改建议。（测试设备软硬件性能）

4. 巡检，确保设备持续高效运行，无安全故障隐患。（确保高效运行）

**15点：**

1. 维护无线电监测和检测设备或系统，进行故障处理。（处理故障）

2. 为无线电监测、检测等设备或系统的安装、拆卸、升级、改造、故障查找提供支持。（设备升级改造）

3. 操作无线电台站，填写记录。（操作并记录）

4. 核准测试无线电发射设备型号，出具检测报告。（出具检测报告）

5. 参加团队会议，讨论日常工作中注意事项和当日总结。（参加例会）

6. 与其他部门协调解决通信问题，讨论改进措施和技术发展。（部门协作）

工作中的无线电监测与设备运维员如图 4-04-02-05-1 所示。

图 4-04-02-05-1　工作中的无线电监测与设备运维员

## 二、什么是无线电监测与设备运维员

**职业定义。**无线电监测与设备运维员是从事无线电监测、无线电监测设备的测试和运行维护、无线电台站操作等工作的人员。

**定义解读。**无线电监测与设备运维员是具备专业技能和知识的人员，他们通过监测和分析无线电频率，检测干扰和异常情况，并进行设备巡检和维护，以保障通信设备的稳定性和可靠性。

**关联职业。**密切相关的职业有无线电监测员、无线电监测设备测试员、无线电设备运维员、无线电设备维修技术员、无线通信工程师。其中，无线通信工程师负责设计和规划通信系统，而无线电监测与设备运维员则负责监测和维护工作。无线电设备维修技术员则提供设备故障排除和维护支持。

**相应岗位。**无线电监测工程师、通信设备维护工程师、频谱管理工程师等。

## 三、无线电监测与设备运维员的主要工作职责

1. 设备监测与故障排除：负责监测无线电设备的运行状态，并及时发现和排除设备故障。他们使用专业的监测工具和技术，对设备进行定期巡检、性能测试和故障诊断，以确保设备正常运行。当设备出现问题时，他们会迅速响应并采取适当的措施进行故障排除，以减少对通信系统的影响。

2. 频谱管理与干扰监测：负责进行频谱管理和干扰监测。他们会监测和分析无线电频率的使用情况，确保不同设备的频段之间没有冲突，并检测干扰源和干扰类型。在发现干扰情况时，他们会采取相应的措施，如频率调整、信号过滤等，以保证通信质量和稳定性。

3. 维护和升级工作：负责设备的日常维护和升级工作。他们会执行预防性维护任务，如清洁设备、更换设备部件、校准仪器等，以延长设备的使用寿命和保持其性能。此外，他们还负责设备固件或软件的升级，以适应新的技术标准和要求，提高设备的功能和性能。

4. 数据采集及报告汇总：负责完成所管辖区域内的无线电监测工作，确保数据准确、及时；核准测试无线电发射设备型号，出具检测报告。

## 四、无线电监测与设备运维员的薪酬福利待遇

**平均薪酬水平。**无线电监测与设备运维员的薪酬福利待遇与公司规模和地区及级别有关，经验和技能水平不同，薪资水平也会有所差异。一般来说，初级无线电监测与设备运维员的月薪为5700~8300元，中级无线电监测与设备运维员的月薪为8000~15700元，高级无线电监测与设备运维员的月薪为16000~20000元。当然，这只是一个大致的参考范围，由于地区、公司规模、工作经验等因素的不同，工资可能存在很大的差异，需要根据具体情况而定。

**与类似职业对比。**根据招聘平台公示数据，该职业的薪酬与无线电监测员、无线电监测设备测试员、信息通信网络线务员、信息通信网络动力机务员、信息通信网络测量员的薪酬相近，略低于无线电频谱管理专员、通信工程技术人员的

薪酬。类似职业薪酬水平见表 4-04-02-05-1。

**表 4-04-02-05-1 类似职业薪酬水平**

| 职业名称 | 薪酬水平（元/月） |
|---|---|
| 无线电监测员 | 8812~12336 |
| 无线电监测设备测试员 | 9708~16000 |
| 信息通信网络线务员 | 8300~15620 |
| 信息通信网络动力机务员 | 8000~15080 |
| 信息通信网络测量员 | 7686~15372 |
| 无线电频谱管理专员 | 8000~20000 |
| 通信工程技术人员 | 8000~20000 |

## 五、从事无线电监测与设备运维员工作需要哪些本领

从事该职业人员需要扎实的专业知识、操作和维护能力，良好的频谱管理和故障排查能力，以及沟通合作能力和学习适应能力。这些本领和能力将有助于他们在工作中提供高质量的服务并应对各种挑战和需求。

无线电监测与设备运维员需具备的知识和技能见表 4-04-02-05-2。

**表 4-04-02-05-2 无线电监测与设备运维员需具备的知识和技能**

| 职业功能 | 工作内容 | 知识和技能要求 |
|---|---|---|
| 业务受理 | 客户接待 | 普通话标准，业务用语规范，举止适度，尊重客户；能够解释专业术语和进行专业业务咨询；能够面对面或远程指导客户使用操作系统、应用软件；能够面对面或远程甄别客户报修问题类别（含保修内、保修外），确认客户需求；了解客户接待流程及技巧；能够受理各种型号无线电终端的质量、性能、价格等业务咨询；能够判断常用型号不开机、无信号等使用故障的类别；能够处理客户接待过程中的投诉、纠纷等问题；能够对厂家产品进行维修指导 |

续表

| 职业功能 | 工作内容 | 知识和技能要求 |
|---|---|---|
| 业务受理 | 资料处理 | 能够识别一般无线电终端标记英文缩写及其说明书英文参数；能够记录或指导客户记录无线电终端相关信息、故障现象，填写纸质或电子维修工单；能够记录与统计保修、非保修等维修数据及原始资料并录入管理系统；掌握无线电通信终端技术参数知识；掌握 Excel 等计算机办公软件应用基础知识；掌握维修服务工单管理知识；能够发现、纠正工单填写不规范的行为；能够分析当日的盈利数据，及时处理业务中的差错；能够分析保修、非保修等维修数据结果并反馈给上一级；掌握维修服务工单管理知识 |
| 无线电设备的安装、调试及操作 | 设备操作 | 了解无线电波的传播特性、频率分配、调制解调技术等；掌握电子元件、电路图识别、电路分析方法等；了解信号处理、系统分析等基本概念；熟练操作各种无线电设备，如对讲机、无线电发射器、接收器等；能够使用监测设备对无线电信号进行实时监测和分析；具备操作和维护无线电设备的能力 |
| | 设备的安装、调试 | 掌握无线电设备的安装、调试等技术；了解并遵守无线电设备操作的安全规程，防止触电、辐射等安全事故发生；掌握国家和行业的相关法规和标准，如无线电频率管理、无线电设备使用规定等；能够使用无线电设备相关的软件，如频率规划软件、信号分析软件等；掌握必要的计算机操作技能，以支持设备的编程和配置；能够跟踪无线电技术的发展动态，不断学习新知识、新技术 |
| 无线电频谱管理 | 频谱管理 | 掌握设备的频率设置、参数调整、性能优化等方法；了解频谱管理的原则和方法；掌握频谱搜索、干扰分析和频率规划等技术；能够对无线设备进行频谱监测和频率协调；能够预防和解决频率干扰问题；能够监测和分析无线电频率的使用情况，确保不同设备的频段之间没有冲突，并检测干扰源和干扰类型 |
| 无线电设备故障诊断与维护 | 故障诊断与维护 | 具备故障排查和问题解决的能力，能够迅速分析和定位问题，并提供有效的解决方案；能够识别并诊断设备出现的故障，如信号丢失、干扰、性能下降等；能够快速解决问题，恢复设备正常运行；能够定期对设备进行检查、清洁、润滑、更换零部件等维护工作；能够独立完成设备的维护和故障排除等工作；能够快速准确地定位故障并进行维修 |
| | 维修后终检 | 掌握质检标准化管理规程；能够监督、检查终检流程，及时发现终检流程的问题；能够改进终检流程中出现的不合理环节 |

## 六、无线电监测与设备运维员的专业教育现状

### （一）相关专业

目前已有较多院校开设了与该职业相关的专业，相关专业有电子信息工程、通信工程、电气工程及其自动化、电信工程及管理等。

### （二）开设相关专业的院校（排名不分先后）

★ 相关院校：华南理工大学、电子科技大学、北京邮电大学、上海交通大学、华北电力大学、哈尔滨工业大学、武汉大学等。

◆ 相关院校：北京信息职业技术学院、上海电子信息职业技术学院、咸宁职业技术学院、广东轻工职业技术大学、沈阳职业技术学院、陕西工业职业技术学院、郑州电力职业技术学院、江苏工程职业技术学院、天津城市职业学院、济宁职业技术学院等。

## 七、无线电监测与设备运维员的就业创业信息

无线电监测与设备运维员是负责无线电频率监测、设备运维、故障排除和无线电通信网络维护的专业人员。

吸纳无线电监测与设备运维员就业较多的用人单位主要有：

1. 电信运营商：无线电监测与设备运维员可以在电信运营商的无线通信网络部门工作，负责无线设备的监测、维护和故障排除，如中国电信、中国移动、中国联通等。

2. 政府部门：各级政府的无线电管理部门需要无线电监测与设备运维员来管理和维护无线电通信设备，确保无线频谱的合理利用，如无线电管理局、通信管理局等。

3. 无线电设备制造商：无线电监测与设备运维员可以在无线电设备制造商的技术支持部门工作，为客户提供技术支持、维护服务和故障排除等，如华为、中兴等。

4. 私营企业：一些私营企业或大型组织也需要无线电监测与设备运维员维护其内部的无线通信系统，如工矿企业、物流企业、大型商场等。

此外，无线电监测与设备运维员也可选择自主创业，提供无线电设备维护和监测服务，或者参与相关项目的咨询和规划。无线电监测与设备运维员还可通过不断学习和积累经验，进一步深化专业技能，转型为无线电网络规划、优化工程师等。

注：以上机构信息仅供参考，不代表编写出版方对其推荐或认可。

## 八、无线电监测与设备运维员的职业贯通发展

该职业的发展路径主要有四条：专家路线，即通过不断学习和研究，深化技术，提升专业水平，成为无线电通信设备的专家。他们可以进一步学习相关的专业知识，熟练掌握无线电设备的工作原理、维护技术和故障排除方法，成为无线电网络规划、优化工程师等。管理路线，即可以通过积累管理经验和提升管理能力，晋升为团队技术负责人、项目经理或部门主管等管理岗位。他们负责组织和协调团队的日常工作，制订工作计划和流程，并监督设备的维护和运行。技术路线，即一些无线电设备制造商、服务供应商及相关行业的企业会招聘该职业作为技术支持人员。他们负责为客户解答设备使用问题、提供技术咨询和解决方案，并定期到客户现场进行设备的维护和优化。创业路线，即有些无线电监测与设备运维员会选择自主创业，开设无线电设备维护和监测服务公司，提供设备维护、频谱管理和通信方案设计等服务。他们可以根据市场需求和自身专业背景，创造出更多的就业和创业机会。无线电监测与设备运维员职业贯通发展如图 4-04-02-05-2 所示。

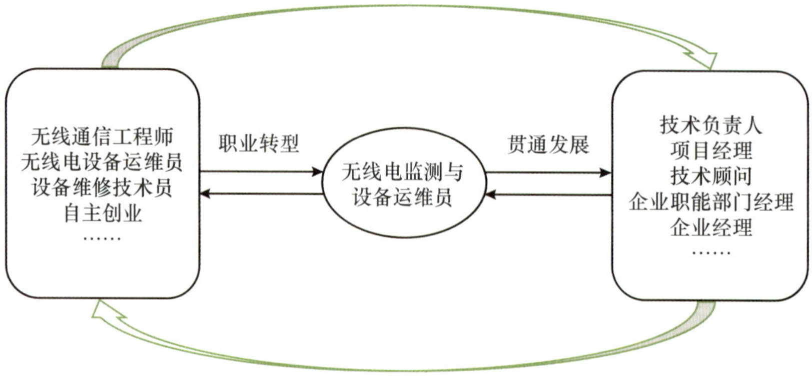


图 4-04-02-05-2 无线电监测与设备运维员职业贯通发展图

## 九、无线电监测与设备运维员的发展前景

**从市场供需看。**随着信息通信技术的飞速发展，无线通信的应用越来越广泛，对于该职业的需求也在增加。该职业扮演着保障通信网络稳定运行的关键角色。另外，频谱是无线通信的关键资源，合理利用和管理频谱资源对于无线通信的发展至关重要。该职业可以有效地管理和优化频谱资源，以确保各无线设备的频率协调和干扰消除，满足日益增长的通信需求。同时，通信设备的频繁使用和长期运行容易导致故障和问题的发生，该职业可以提供设备的预防性维护、故障排查和快速修复，确保通信设备的稳定运行，减少服务中断和质量问题。总之，随着无线通信市场的快速发展以及技术的不断升级，对该职业的需求与日俱增，具有良好的就业和发展机会。

**从产业发展看。**随着无线通信技术的不断进步和普及，无线通信产业迅速发展，涉及移动通信、物联网、5G 等各个领域。这种快速增长，对设备的维护和优化提出了更高的要求。该职业能够提供设备的监测、维护、故障排查和优化等服务，可以帮助企业保持通信设备的高效运行和性能。该职业在产业发展中扮演着重要的角色，工作前景广阔，将会有更多的就业和发展机会。

**从政策红利看。**近年来，国务院、国家发展改革委、工业和信息化部等多部门陆续印发了支持、规范通信行业的发展政策，内容涉及 5G 网络建设、终端 IPv6 升级改造、“双千兆”网络基础设施、工业互联网建设等内容。政府的支持和相关政策的出台为该职业提供了发展机遇。各国政府在通信领域加大投资力度，提出了相关政策措施，以促进通信设备的建设和维护，这些政策将为该职业提供更多的工作机会和市场需求。

## 十、相关内容链接

**国家职业标准：**暂缺。

**相关政策文件：**见表 4-04-02-05-3。

表 4-04-02-05-3　无线电监测与设备运维员相关政策文件

| 发布或通过时间 | 发布或通过机构 | 文件名称 |
| --- | --- | --- |
| 2019 年 3 月 | 工业和信息化部 | 《关于加强无线电监测工作的指导意见》 |

供稿：咸宁职业技术学院　赫焕丽

# 信息通信网络运行管理员 S

职业编码：4-04-04-01

数字化是整个社会的趋势。广大中小企业的数字化还处于起步阶段，后续将逐步深化拓展，这一切都离不开网络平台的支撑，对网络系统和性能的要求也将不断提高。随之而来的就是保障网络平台能够正常运行的网络管理工作，因为一套计算机网络系统能否持续正常地运行，关键在于能否对其进行有效的管理。网络管理集通信技术和网络技术于一体，通过调度和协调资源，对网络系统进行配置管理、性能管理、故障管理、安全维护和计费管理，以确保网络安全、可靠和高效地运行。这些工作都需要专业的工作人员来完成。因此，对信息通信网络运行管理员的需求不断增加。

## 一、信息通信网络运行管理员的一天

记录时间：2023 年 6 月 20 日　　记录人：李某

### 上午工作情况

**8 点：**

1. 到岗后检查设备运行状态及相关系统日志，确保网络机柜内各种设备的正常运转，记录相关数据和信息，发现告警信息及时处理。（日常巡检）

2. 监测公司网络系统的运行状态，并进行维护，确保其正常运作，包括路由器交换机、VOIP 设备的使用规划、配置、升级，网络使用，带宽监测等。（运行维护）

3. 对设备进行配置调试、优化。（设备调试）

4. 监控网络系统，通过日常巡视检查发现网络设备存在的故障和隐患。（故障监控）

**下午工作情况**

**13 点：**

1. 对网络发生的故障进行故障检测、切换备份接入、更换设备备件等处理。（故障处理）

2. 在故障消除后进行业务恢复及验证测试，保障系统恢复正常运行。（业务恢复）

3. 对网络设备、操作系统、网络安全等进行日常维护，对数据进行必要的备份与恢复。（日常维护）

4. 按时间节点提交日报、周报、设备巡检报告。（总结报告）

工作中的信息通信网络运行管理员如图 4-04-04-01-1 所示。

图 4-04-04-01-1　工作中的信息通信网络运行管理员

## 二、什么是信息通信网络运行管理员

**职业定义。**信息通信网络运行管理员是从事信息通信网络运行配置管理、性能管理、优化管理和故障排除等工作的人员。

**定义解读。**配置是指制作能够使设备正常运行的数据（如硬件数据、对接数据、信令数据、路由数据、号码分析数据），并将这些数据设定到设备的一种操作。对设备运行的数据进行增加、删除、修改、查询、存储、备份、恢复等操作，即为配置管理。性能管理是指进行数据信息的收集，分析被管网络当前状况，同时维护和分析性能日志。优化管理是指能够熟练使用软件进行测试、分析，提升网络服务性能，提高网络满意度。故障排除是指发现网络设备存在的故障和隐患，分析处理后进行业务恢复及验证测试。

**关联职业。**密切相关的职业有网络与信息安全管理员、信息通信信息化系统管理员、信息安全测试员。网络与信息安全管理员主要负责网络的系统安全性，负责日常操作系统、网管系统、邮件系统的安全补丁、漏洞检测及修补、病毒防治等工作。他们需要具备一定的计算机技术知识和网络安全专业知识，能够识别和评估网络安全威胁，并采取措施来保护系统不受攻击、病毒、恶意软件等安全威胁的侵害。信息通信信息化系统管理员负责信息通信信息化系统和通信业务支撑系统使用、维护和管理等工作。他们需要具备计算机硬件、软件、网络、安全等多方面丰富的技能和经验。信息安全测试员负责对评测目标网络和系统进行渗透测试，发现安全问题并提出改进建议，使网络和系统免受恶意攻击。

**相应岗位。**通信网络管理员、互联网网络管理员、应急通信管理员、通信网络优化管理员。

## 三、信息通信网络运行管理员的主要工作职责

1. 监控、优化和管理信息通信网络及设备。对网络线路、设备、系统运行进行监控维护。

2. 监控、分析和优化信息通信网络的性能及承载能力。通过网络性能监控软件，对网络带宽、流量、响应时间等进行监控；根据网络情况提出并实施网络优化方案，优化网络设备，提升网络的性能和稳定性；提高应用服务的响应速度和

性能，提高用户的满意度。

3. 分析、评估信息通信网络性能和质量，采集、汇总、处理数据，并形成数据库。通过分析网络性能和质量数据，可以识别网络中的问题和瓶颈，提供改进网络性能和优化网络资源的依据。此外，形成的数据库还可以用于网络规划、容量规划、故障排除和性能优化等方面的决策和管理。

4. 测试信息通信网络及设备，查找、判断和排除故障。通过测试可以发现潜在的问题和故障，并进行判断和排除，以确保网络和设备的稳定性和可靠性。这样可以提高网络的可用性和性能，减少网络故障和中断的发生，提升用户满意度和信任度。

5. 使用网管系统，进行数据查询、统计。管理和监控网络设备和系统的运行情况，以便及时发现和解决问题，提高网络的稳定性和性能。

6. 管理、调度、整合和优化信息通信网络资源。解决网络拥堵和资源竞争问题，提升网络的吞吐量和响应速度；提高网络的灵活性和可扩展性，简化网络管理和运维工作，降低网络运营成本。

7. 演练、实施通信网络的应急通信保障预案。在突发事件发生时，保障通信网络的正常运行和信息传递，确保应急救援工作的顺利进行。

## 四、信息通信网络运行管理员的薪酬福利待遇

**平均薪酬水平。**信息通信网络运行管理员的薪酬福利待遇与公司规模、地区、级别有关，根据经验和技能水平的不同，薪资水平会有所差异。一般来说，初级信息通信网络运行管理员的月薪为 5000~8000 元，中级信息通信网络运行管理员的月薪为 8000~12000 元，高级信息通信网络运行管理员的月薪为 12000~20000 元。当然，这只是一个大致的参考范围，由于地区、公司规模、工作经验等的不同，工资可能存在很大的差异，需要根据具体情况而定。

**与类似职业对比。**根据招聘平台公示数据，该职业的薪酬一般略低于网络安全管理员和数据库管理员的薪酬，与通信工程技术人员等职业的薪酬相近，类似职业薪酬水平见表 4-04-04-01-1。

表 4-04-04-01-1　类似职业薪酬水平

| 职业名称 | 薪酬水平（元 / 月） |
| --- | --- |
| 通信工程技术人员 | 8000~15000 |
| 物联网工程技术人员 | 5000–12000 |
| IT 运维工程师 | 8000~15000 |
| 网络安全管理员 | 10000~20000 |
| 数据库管理员 | 8000~20000 |

## 五、从事信息通信网络运行管理员工作需要哪些本领

该职业从业人员需具备的知识和技能有信息通信网络性能管理、信息通信网络故障管理、信息通信网络配置管理、信息通信网络管理系统管理等能力。

信息通信网络运行管理员需具备的知识和技能见表 4-04-04-01-2。

表 4-04-04-01-2　信息通信网络运行管理员需具备的知识和技能

| 职业功能 | 工作内容 | 知识和技能要求 |
| --- | --- | --- |
| 信息通信网络性能管理 | 性能监视 | 熟悉信息通信网络管理系统性能数据告警设置方法及网络性能数据对业务的影响，能使用信息通信网络管理系统设置性能数据的告警门限，能判定导致网络故障的性能数据异常问题 |
|  | 数据处理 | 熟悉网络性能数据汇总及合规性检查方法，能使用信息通信网络管理系统对采集的网络性能数据进行汇总，且能对网络性能数据报表的准确性、完整性、及时性等指标进行检查，并给出结论 |
|  | 性能分析 | 熟悉信息通信网络性能统计模板使用及网络性能数据分析方法；能根据需要制定各项性能数据统计模板，按照模板对网络运行的性能数据进行分析，发现网络运行中存在的问题 |

续表

| 职业功能 | 工作内容 | 知识和技能要求 |
| --- | --- | --- |
| 信息通信网络性能管理 | 质量评估 | 熟悉网络正常运行性能指标，掌握网络质量指标统计方法及网络质量评估报告编写方法；能根据质量评估要求的内容，对报表数据进行质量评估，依据报表数据判定网络的运行状态，并能编写网络质量评估报告 |
| 信息通信网络故障管理 | 故障监视 | 熟悉信息通信网络管理系统告警门限设置操作方法及网络设备巡检方法，能使用信息通信网络管理系统设置故障的告警门限，通过日常巡视检查发现网络设备存在的故障和隐患 |
| | 数据处理 | 熟悉信息通信网络管理系统告警关联性知识及网络故障原因分类知识，能对告警统计报表进行分析并提出减少告警的建议，根据归类统计的故障原因，编写网络运行报告 |
| | 故障处理 | 熟练掌握信息通信网络管理系统告警操作、网络故障定位及业务验证测试方法；能对监控界面的告警信息进行告警确认、删除、重定义等各项操作；能对网络故障进行分析判断，定位故障设备；能在故障消除后进行业务恢复及验证测试 |
| 信息通信网络配置管理 | 网络配置 | 熟悉专业网络配置参数知识及专业测试终端方法；能对网络配置数据测试的准确性进行判定，对网络配置数据的测试结果进行汇总上报 |
| | 资源调度 | 熟悉信息通信网络管理系统资源配置操作方法及网络资源调度流程；能依据网络变动情况更新信息通信网络管理系统资源配置，对网络资源调度方案提出建议 |
| 信息通信网络管理系统管理 | 系统管理 | 熟悉信息通信网络管理系统维护操作方法及安全知识；能执行信息通信网络管理系统的维护作业计划，按照信息通信网络管理系统的安全管理要求进行操作 |
| | 应用管理 | 熟悉信息通信网络管理系统结构和各功能模块操作方法及网络管理协议基础知识；能进行信息通信网络管理系统应用操作，实施信息通信网络管理系统和网元的对接，并验证数据同步 |

## 六、信息通信网络运行管理员的专业教育现状

### （一）相关专业

目前已有较多院校开设了与该职业相关的专业，相关专业有通信工程、通信系统运行管理等。

### （二）开设相关专业的院校（排名不分先后）

★ 相关院校：北京邮电大学、电子科技大学、上海交通大学、西安电子科技大学、重庆邮电大学、广东工业大学、南京信息工程大学、成都信息工程大学、中国地质大学、中国海洋大学等。

◆ 相关院校：重庆电子科技职业大学、重庆电讯职业学院、天津电子信息职业技术学院、广东邮电职业技术学院、德州科技职业学院、陕西邮电职业技术学院、浙江邮电职业技术学院、郑州信息科技职业学院等。

## 七、信息通信网络运行管理员的就业创业信息

国内互联网已经非常普及，网络管理和维护是日常的重要工作之一，信息通信网络运行管理员是所有建有网站的单位必需的工作人员。该职业需具备丰富的专业知识和技能，在网络、信息相关领域有很多就业创业机会。

吸纳信息通信网络运行管理员就业较多的用人单位主要有：

1. 企业信息化部门：大多数大中型企业都设有专门的信息化部门，对信息通信网络运行管理员的需求较大。

2. 互联网公司：互联网公司的业务高度依赖于网络的运行，他们需要招聘专业的网络管理员来保障网络的稳定性。

3. 电信运营商：电信运营商需要维护庞大的通信网络，招聘网络管理员来管理运行是必不可少的。

此外，信息通信网络运行管理员也可选择自主创业，提供网络设备维护和故障排除服务，为企业提供网络运行的支持。提供网络安全评估、漏洞修复、防火墙配置等服务，保障企业网络的安全。提供云计算平台的搭建和维护服务，帮助企业实现高效的数据存储和计算。

随着信息化程度的提高，企业对信息通信网络运行管理员的需求越来越大。随着5G、物联网等新技术的发展，该职业的就业前景将更加广阔。另外，随着云计算、大数据等新兴行业的兴起，信息通信网络运行管理员在创业方面也有很大的发展空间。

## 八、信息通信网络运行管理员的职业贯通发展

信息通信网络运行管理员可以通过以下方式实现职业贯通发展：

1. 学习与进修：通过不断学习和掌握最新的技术和管理知识，保持专业的竞争力；通过参加专业培训、研修班、行业会议等形式，不断更新自己的专业知识和技能，跟随行业发展的最新趋势。

2. 不断完善网络管理的技能：总结实际经验，学习先进的网络管理的理论知识，不断地提高自己的理论和技术水平，提升网络设备的管理水平，以及全面了解市场走向，以充分利用现有资源。

3. 加强与相关行业的合作：与通信行业的企业和研究机构合作，开展项目合作和技术交流，促进创新能力的提升。

信息通信网络运行管理员职业贯通发展如图 4-04-04-01-2 所示。

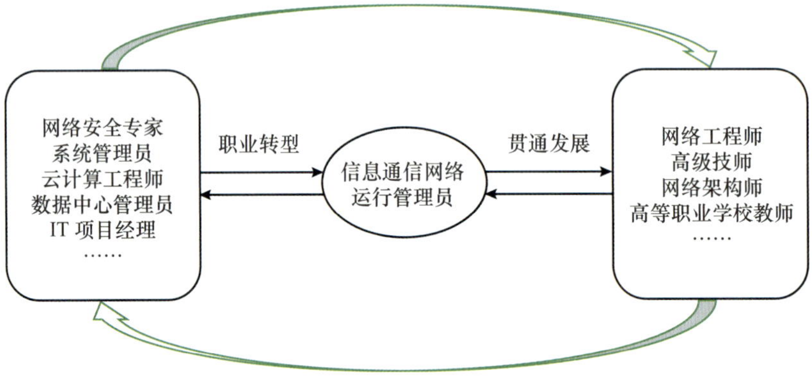


图 4-04-04-01-2　信息通信网络运行管理员职业贯通发展图

## 九、信息通信网络运行管理员的发展前景

**从市场供需看。**随着计算机技术和互联网技术的发展，各个行业和企业对网络运行的稳定和安全性要求越来越高，市场对信息通信网络运行管理员的需求日益增大。随着物联网、云计算、人工智能等新技术的不断发展，网络运行的复杂性也在增加。信息通信网络运行管理员需要具备较高的专业知识和技术水平，能够应对新技术带来的挑战和问题。因此，对于具备相关技能和知识的信息通信网络运行管理员的需求也在增加。此外，随着 5G 的商用和应用的推广，网络运行的需求将进一步增加。5G 将带来更高的网速、更低的延迟和更大的容量，对网络运行的要求也将更高。信息通信网络运行管理员需要掌握相关的 5G 知识和技能，能够保障 5G 网络的稳定和安全运行。综上所述，从市场供需的角度看，信息通信网络运行管理员的发展前景是积极的。随着信息技术的发展和应用的广泛化，对信息通信网络运行管理员的需求将持续增加，具备相关技能和知识的信息通信网络运行管理员将有更多的就业机会和更大的发展空间。

**从产业发展看。**数字化是整个社会发展的趋势。随着科技的进步和数字化转型的推进，对信息通信网络运行管理员的需求也在不断增加。随着 5G 的商用和大规模部署，信息通信网络运行管理员的发展前景更加广阔。此外，随着人工智能和自动化技术的发展，信息通信网络运行管理员的工作也将发生一定的变化。自动化运维工具和智能化管理系统的引入，将减少一些烦琐的操作和重复性工作，使信息通信网络运行管理员能够更加专注于网络规划和优化等高级工作。

**从政策红利看。**随着信息通信技术的迅速发展，政府对网络安全和信息保护的重视程度不断提高。政府出台了一系列相关政策和法规，加强了对信息通信网络运行的监管和管理。这为信息通信网络运行管理员提供了更多的就业机会和发展空间。例如，2021 年 11 月，工业和信息化部发布的《“十四五”信息通信行业发展规划》提出，到 2025 年，信息通信行业整体规模将进一步扩大，发展质量显著提升，基本建成高速泛在、集成互联、智能绿色、安全可靠的新型数字基础设施，赋能经济社会数字化转型升级的能力全面提升。

## 十、相关内容链接

**国家职业标准：**扫码即可查看☞。

**相关政策文件：**见表 4-04-04-01-3。

**表 4-04-04-01-3　信息通信网络运行管理员相关政策文件**

| 序号 | 发布或通过时间 | 发布或通过机构 | 文件名称 |
|---|---|---|---|
| 1 | 2020 年 3 月 | 工业和信息化部 | 《关于推动 5G 加快发展的通知》 |
| 2 | 2020 年 4 月 | 工业和信息化部办公厅 | 《关于深入推进移动物联网全面发展的通知》 |
| 3 | 2021 年 12 月 | 国务院 | 《“十四五”数字经济发展规划》 |
| 4 | 2021 年 12 月 | 国务院 | 《“十四五”市场监管现代化规划》 |

供稿：咸宁职业技术学院　陈楠

# 数字化解决方案设计师 S

职业编码：4-04-04-05

近年来，互联网技术和信息技术加速融合，催生了以互联网为主要平台、以数字技术为主要手段的新兴产业。数字经济的兴起，推动着不同产业的数字化转型，使产业生态发生了深刻的变化，带来了新的商业机遇。数字化技术在商业领域的应用，改变了传统商业模式，如智能家居、电子支付、在线教育等，使新兴企业在短时间内迅速崛起并占据业内领先地位。数字化技术的广泛应用，也加速了不同行业之间的融合，打通了生态链和供应链，推动了全社会的数字化转型。越来越多的企业和组织开始将数字技术应用于业务中，以提高效率、降低成本、改善用户体验等。因此，数字化发展已成为当前全球经济发展的重要趋势，引领着时代的潮流。

## 一、数字化解决方案设计师的一天

记录时间：2023 年 6 月 10 日　　　　记录人：青某

### 上午工作情况

**9 点：**

1. 与部门同事们开会讨论最近接到的数字化项目，收集、汇总、分析客户提出的需求。（分析客户需求）

2. 会议结束后，充分了解客户的商业模式、行业特点、客户需求、竞争对手等信息，以确保提供的数字化解决方案符合客户需求，并能够促进客户的企业发展。（市场调研）

**11点：**

1. 根据需求完善项目计划、拟定解决方案并绘制初步的设计图，设计数字化业务场景和业务流程。（制定方案）

2. 与客户再次进行沟通，解释项目方案，并寻求他们的反馈，挖掘他们的真正需求，确保方案的实用性，如有调整则及时制定变更方案。（制定变更方案）

**下午工作情况**

**14点：**

1. 与前端和后台开发团队沟通，根据项目需求设计数字化解决方案的产品原型和业务架构，进行数字化流程优化设计，并确保团队能够顺利地实现这些方案。（解决方案设计）

2. 如若涉及招投标，还需要与团队成员共同分析招投标条件及要求，收集并整理项目实施计划、项目培训计划等，编写数字化项目招投标技术文件。（编写招投标文件）

3. 与团队成员一起进行项目交付，编写数字化项目技术交底提纲，制订项目工作计划。在项目进展的同时，还需要不断监测问题，进行项目质量检查与验收，尽可能降低成本、提高生产效率，降低风险。（项目交付技术支持）

**16点：**

1. 监测、分析和解决数字化项目实施及运营中的技术问题，检查、验收数字化项目质量，并随时追踪进度，撰写质量分析报告。（项目运营技术支持）

2. 项目完成后，要不断学习新技术和应用方案，以便在实现客户需求的同时为客户提供更优质的数字化解决方案，并针对新员工或行业相关人员开展培训指导。（培训指导）

工作中的数字化解决方案设计师如图 4-04-04-05-1 所示。

图 4-04-04-05-1　工作中的数字化解决方案设计师

## 二、什么是数字化解决方案设计师

**职业定义。**数字化解决方案设计师是从事产业数字化需求分析与挖掘、数字化解决方案制定、项目实施与运营技术支撑等工作的人员。

**定义解读。**数字化需求分析与挖掘主要是了解客户的商业模式、行业特点、客户需求、竞争对手等信息，并结合多方面的数据进行分析，以挖掘出有用的价值信息；数字化解决方案制定主要是在市场调研、方案设计、算法研究、数据分析和模型建立等基础上，对产业数字化的转型进行解决方案的编制和修订；项目实施与运营技术支撑主要是在数字化解决方案执行过程中所承担的工作内容，以实现优化企业生产和管理流程，减少企业成本和风险，提升产品和服务质量等目的。

**关联职业。**密切相关的职业主要有数字化管理师、数字化营销专家、商务数据分析师、数字媒体策划师、数据分析处理工程技术人员、云计算架构师等。这些职业同样需要具备较强的技术认知能力、创新能力和良好的沟通能力，能够帮助企业实现数字化转型和提高竞争力。

**相应岗位。**数据分析师、数字化方案设计师、数字化 IT 架构师、数字化讲师等。

## 三、数字化解决方案设计师的主要工作职责

1. 需求分析：包括对市场情况的调研，对客户信息的收集，了解他们的目标和业务模式，深入了解业务流程，进行需求的分析，并进行需求文档的编制，随时根据客户要求和实际情况进行需求变更。

2. 市场调研：了解市场趋势，调查竞争对手的数字化能力和业务流程，了解当前技术趋势和最佳实践。进入客户企业，了解客户的目标市场和发展模式，以便将数字化解决方案设计得更加专业和符合客户需求。

3. 方案制定：在经过需求分析和市场调研后，设计师需要提出一系列设计方案；在选择最佳方案时，设计师需要考虑成本、技术可行性、业务效率和战略目标，并与客户协商确定最终方案。

4. 架构设计：需要确定哪些数字化技术需要被应用，哪些应用能够确保实施的稳定性，并为实施确定一个清晰的架构设计。架构设计应包括硬件、软件、网络和安全层面的考虑，并确保解决方案可以无缝集成到现有技术中。

5. 组织实施：包括指导、培训客户实施数字化解决方案，确保所有的系统和软件实现都符合客户需求和现实情况，并在实施过程中解决任何突发问题。

6. 维护优化：需要确保数字化解决方案能够持续稳定地运行，并为客户提供支持和维护服务，并随时优化数字化解决方案，以提高工作和生产效率。

7. 监测分析：需要对数字化解决方案进行跟踪，了解其对客户业务的影响和效果，并进行数据分析，以确定数字化解决方案的实施效果。

8. 检查验收：确保数字化解决方案符合客户需求且达到预期目标，需要与客户紧密合作，将数字化解决方案交付给客户前进行测试、验证和验收。

## 四、数字化解决方案设计师的薪酬福利待遇

**平均薪酬水平。**北京市人力资源和社会保障局发布的《2023 年北京市人力资源市场薪酬状况报告（一季度）》显示，2023 年一季度，数字经济人才月平均薪酬

中位数同 / 环比均保持正向增长，薪酬水平持续走高，数字化解决方案设计师成为本季度热度较高的 10 个数字经济职业之一，数字化解决方案设计师的薪酬中位数高于 25803 元 / 月。

**与类似职业对比。**《2023 年北京市人力资源市场薪酬状况报告（一季度）》显示，在北京地区，该职业的薪酬水平与云计算工程技术人员、数字孪生应用技术员等职业的薪酬水平相当，略高于数据分析处理工程技术人员、商务数据分析师等相关职业的薪酬水平。类似职业薪酬水平见表 4-04-04-05-1。

**表 4-04-04-05-1 类似职业薪酬水平**

| 职业名称 | 薪酬中位数（元 / 月） |
| --- | --- |
| 云计算工程技术人员 | 25186 |
| 数字孪生应用技术员 | 24990 |
| 数据分析处理工程技术人员 | 19879 |
| 商务数据分析师 | 16527 |

## 五、从事数字化解决方案设计师工作需要哪些本领

该职业从业人员需要具备的知识和技能有信息与通信基础知识、安全生产与环境保护知识、工作常用知识、相关法律法规知识等。除此之外，还需要具备一定数据分析能力、创新思维能力、项目管理能力、用户体验设计能力、沟通协作能力及自我学习能力等。

数字化解决方案设计师需具备的知识和技能见表 4-04-04-05-2。

**表 4-04-04-05-2 数字化解决方案设计师需具备的知识和技能**

| 职业功能 | 工作内容 | 知识和技能要求 |
| --- | --- | --- |
| 需求管理 | 行业分析 | 能运用常用数据可视化工具，大环境分析、波特五力模型等行业分析方法，对行业内外部环境进行分析，预测行业发展趋势，预判行业前景、商机和风险，编制行业分析报告 |

续表

| 职业功能 | 工作内容 | 知识和技能要求 |
|---|---|---|
| 需求管理 | 需求调研 | 了解技术服务文件编写方法，能策划和组织多个行业的需求调研工作，编制调研方案，制定需求调研工作流程和模板，编写需求调研报告 |
| | 需求分析与文件编制 | 能使用结构化思维相关工具，了解用户画像分析方法、用户故事地图使用方法、需求迭代计划制订方法等；能梳理组织架构图与业务流程，编制需求分析文件 |
| | 需求变更管理 | 了解需求变更对项目影响的评估方法、沟通管理和冲突处理方法等；能评估需求变更请求并提出变更审批建议；能在需求变更管理过程中挖掘客户潜在需求并转化为新商机 |
| | 技术咨询服务 | 了解根本原因分析方法、九格构想处理模型、客户满意度调查方法等，能针对客户痛点提供数字化技术咨询服务；能制定技术咨询服务流程和模板；能根据客户意见进行解答和澄清 |
| 解决方案设计与呈现 | 应用解决方案设计 | 了解数字化平台架构概念及应用方法、数据治理概念与应用方法、架构质量概念与应用方法等；能设计行业级项目顶层解决方案，识别项目运营需求，制定解决方案模板及标准规划 |
| | 技术解决方案设计 | 了解数字化基础设施技术架构信息、业务画像与方案建模方法等；能设计多层级数字平台框架方案；能抽象共性业务组件，设计可复用、可配置的方案，能策划组织建设行业组件库等 |
| | 方案资源整合 | 了解解决方案的对比分析方法、数字化生态资源资费信息等；能对比分析行业解决方案；能编制创新型研究方案的资源测算；能策划与调配资源，进行行业解决方案的整合设计 |
| | 解决方案编写与呈现 | 了解资料库建设方法、行业报告框架设计方法等；能策划与组织编制行业级定制化解决方案文档，制定行业解决方案演示、宣讲文稿编制标准与规范，建设行业解决方案素材库 |

续表

| 职业功能 | 工作内容 | 知识和技能要求 |
|---|---|---|
| 招投标技术文件编制 | 招投标技术文件分析 | 了解风险评估方法、风险应对方法等；能评估招投标技术风险，制定风险应对策略，编制招投标技术文件 |
| | 招投标技术文件编写 | 了解文件模板制定方法、文件审核管理办法、流程制定方法、工作规范制定方法等；能编制招投标技术文件，审定招投标技术文件，制定招投标技术文件编写规范 |
| 项目交付技术支持 | 技术交底文件编写 | 了解跨业务领域技术交底文件编写方法、技术交底文件标准编制方法等，能组织并编写跨业务领域的解决方案技术交底文件，能制定解决方案技术交底文件的编制标准 |
| | 项目实施过程监测 | 了解技术验证文档编制方法、解决方案缺陷管理方法等，能编制技术验证文档，能带领团队监测相同解决方案实施项目中的设计问题 |
| | 项目实施问题处理 | 了解解决方案设计问题分析方法、解决方案设计问题验证方法等；能分析解决方案单业务领域的设计问题，并提出优化意见；能跟踪并确认技术问题的解决情况 |
| | 项目质量检查与验收 | 了解项目质量分析报告撰写方法、项目质量验收相关标准等，能撰写项目质量分析报告，能基于解决方案验收标准对项目质量进行验收 |
| 项目运营技术支持 | 运营问题监测 | 了解运营问题分类规则、质量监控模型使用方法；能对运营部门反馈的技术问题进行分类，并找出方案设计问题；能使用质量监控模型对项目运营过程进行检查 |
| | 运营问题分析与诊断 | 了解逻辑树分析法、缺陷知识库编制设计方法等，能对项目运营中的技术问题进行定位和诊断，能根据诊断结果撰写设计问题分析报告，能编制设计缺陷知识库 |
| | 运营问题处理 | 了解七步问题处理方法、现代归纳法等；能解决运营中单业务领域的设计问题；能归纳总结运营中共性设计问题，提出设计优化意见 |

续表

| 职业功能 | 工作内容 | 知识和技能要求 |
| --- | --- | --- |
| 培训与指导 | 培训 | 了解培训方案编制要求和方法、讲义编制方法、培训授课方法、案例编制方法、项目复盘方法等；能制定数字化培训方案，对相关人员进行培训；能组织开展数字化项目复盘 |
| | 指导 | 了解在岗辅导方法、理论和技能水平的考核要求和评价方法，对相关人员进行技术指导；能对相关人员培训效果进行评估 |

## 六、数字化解决方案设计师的专业教育现状

### （一）相关专业

目前已有较多院校开设了与该职业相关的专业，涉及普通本科院校、职业院校等。普通本科院校相关专业有数字媒体技术、计算机科学与技术、数据科学与大数据技术、信息管理与信息系统、电子信息科学与技术等。职业院校相关专业有数字媒体技术、数字化设计与制造技术、大数据技术、商务数据分析与应用等。

### （二）开设相关专业的院校（排名不分先后）

★ 相关院校：哈尔滨工业大学、江西财经大学、北京邮电大学、山东大学、厦门大学、西南石油大学、聊城大学、吉林师范大学、西安科技大学、重庆邮电大学等。

◆ 相关院校：福建信息职业技术学院、聊城职业技术学院、许昌职业技术学院、临沂科技职业学院、贵州轻工职业技术学院、沈阳职业技术学院、吉林水利电力职业学院、浙江工业职业技术学院、石家庄信息工程职业学院、陕西邮电职业技术学院等。

## 七、数字化解决方案设计师的就业创业信息

吸纳数字化解决方案设计师就业较多的用人单位主要有：

1. 政府机关：各层政府机关都在推进智慧城市、智慧交通、智慧社区、智慧

农业等，对相关设计专业人才具有大量需求。目前，北京、上海、深圳、广东、四川、浙江、江苏等 23 个省、4 个直辖市、5 个自治区相继发文设立首席数字官、首席数据官等岗位。

2. 咨询机构：数字化的发展也催生了很多专门从事数字化解决方案设计的咨询公司和服务机构，主要是企业管理咨询公司增设的业务，也有新成立的专业化的数字化服务机构。

3. 央企国企：近年来，中国航天、中国中铁、中国信科、中国电子、中国大唐、国家电网、中国电信、中国移动、中国联通等企业作为数字中国建设的主力军，承担了各项数字化建设的重要任务，对专业的数字化人才具有大量需求，面向社会和院校广泛招聘数字技术人才。

4. 其他企业：数字化的深度发展，倒逼着民营、合资等企业进行数字化转型升级，例如腾讯、阿里巴巴、京东、华为、科大讯飞、美团、小米、新浪、奇安信、海尔等，该类型企业是吸纳数字化人才的主力，面向社会开展数字化服务，提供数字化产品。

注：以上机构信息仅供参考，不代表编写出版方对其推荐或认可。

## 八、数字化解决方案设计师的职业贯通发展

该职业可以深入发展成为数字化领域专家讲师等，也可以转型成为其他方向专业人才，如首席技术官、首席运营官等，实现跨行业、跨领域职业发展的多向贯通，包括技术、技能岗位的横向贯通，以及管理、营销岗位的纵向贯通。该职业可以纵向发展，深入数字化领域，转型成为数字化咨询专家、数字化管理师、数字化培训讲师、大数据分析师、数字化产品经理等；可以横向跨领域发展，深入某一行业，成为行业数字化转型升级操盘手，转型为首席技术官、首席运营官、人力资源经理、数字媒体策划师、商务数据分析师等。数字化解决方案设计师职业贯通发展如图 4-04-04-05-2 所示。

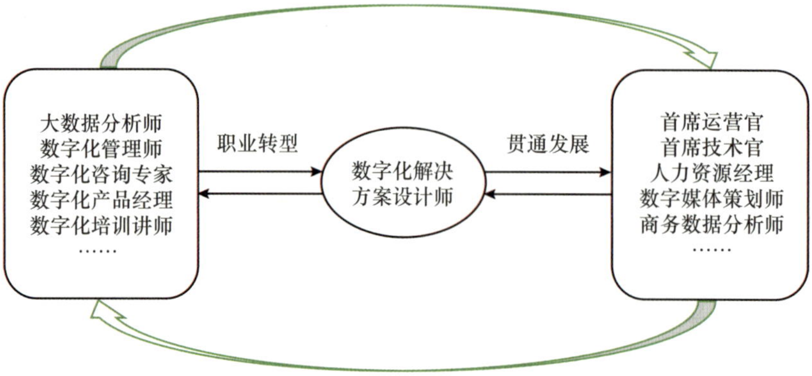


图 4-04-04-05-2 数字化解决方案设计师职业贯通发展图

## 九、数字化解决方案设计师的发展前景

**从市场供需看。**数字化转型已成为企业提高竞争力的必由之路，而数字化解决方案设计师正是数字化转型的核心人才之一，因此需求量在不断增加。据统计，全球数字化人才的需求量逐年攀升，预计到 2025 年，市场需求量将增长至 4000 万人。而数字化解决方案设计师作为其中的一部分，职业发展前景非常广阔。

**从产业发展看。**随着各行各业数字化转型的不断深入，对数字化解决方案设计师的需求在逐年增加。数字化解决方案设计师可以为各个领域提供优秀的解决方案，如工业生产流程的优化、银行数据系统的建设、电商平台的设计等。以工业领域为例，数字化解决方案设计师可以设计一些数字化管理系统，来优化生产效率、提高产品品质和降低成本。在数字娱乐领域，数字化解决方案设计师也可以为游戏产业提供方案，使电子游戏更加优化和智能化。可以说，数字化解决方案设计师可以在各个行业中发挥重要作用，其职业发展前景广阔。

**从政策红利看。**数字化转型已成为国家战略。随着“互联网 +”的推行，数字化转型已成为新时代的重要方针。政府在推动数字经济发展上下了很大功夫，制定了一系列相关政策，这些政策对数字化解决方案设计师这一职业的发展带来了很大的政策红利。例如，政府鼓励企业数字化转型，提出了一系列人才奖励和优待措施，在一定程度上提升了数字化解决方案设计师的薪酬水平、福利水平和社会地位。

## 十、相关内容链接

**国家职业标准：**扫码即可查看☞。

**相关政策文件：**见表 4-04-04-05-3。

**表 4-04-04-05-3　数字化解决方案设计师相关政策文件**

| 序号 | 发布或通过时间 | 发布或通过机构 | 文件名称 |
| --- | --- | --- | --- |
| 1 | 2020 年 3 月 | 工业和信息化部办公厅 | 《中小企业数字化赋能专项行动方案》 |
| 2 | 2020 年 4 月 | 国家发展改革委等部门 | 《关于推进“上云用数赋智”行动　培育新经济发展实施方案》 |
| 3 | 2021 年 4 月 | 住房城乡建设部等部门 | 《关于加快发展数字家庭　提高居住品质的指导意见》 |
| 4 | 2021 年 12 月 | 国务院 | 《“十四五”数字经济发展规划》 |
| 5 | 2022 年 6 月 | 国务院 | 《关于加强数字政府建设的指导意见》 |
| 6 | 2022 年 11 月 | 工业和信息化部办公厅 | 《中小企业数字化转型指南》 |
| 7 | 2023 年 6 月 | 财政部等部门 | 《关于开展中小企业数字化转型城市试点工作的通知》 |

供稿：北京创联教育投资有限公司　周云湘

# 计算机程序设计员 S

职业编码：4-04-05-01

有这样一个职业，其从业者是构建数字世界的关键角色。他们的工作就像建筑师，使用编程语言作为他们的建筑材料，构建出各种应用程序。他们是问题的解决者，需要找出如何将复杂的任务分解成可以由计算机执行的一系列步骤。他们的创造力无处不在，深深地影响着人们的日常生活。他们是终身学习者，需要持续学习新的编程语言和技术，以保持他们的技能与时俱进。他们是团队的一员，需要与其他成员、项目经理、设计师等人合作，以完成项目。如果你喜欢解决问题，喜欢学习新的技术，喜欢创造能够影响人们生活的产品，那么计算机程序设计员可能是适合你的职业。

## 一、计算机程序设计员的一天

**记录时间：2023 年 7 月 24 日** **记录人：王某伟**

**上午工作情况**

**9 点：**

1. 检查邮件和项目管理工具，了解有无项目更新或新任务。（检查邮件）

2. 参加团队会议，讨论项目进度和当天的工作计划等问题。（参加团队会议）

**10 点：**

1. 开始编写新的代码或修改现有的代码。（编写代码）

2. 在编写代码的过程中，可能需要查阅相关的技术文档，或者和同事讨

论解决问题的最佳方法。（查阅资料）

工作中的计算机程序设计员如图 4-04-05-01-1 所示。

图 4-04-05-01-1　工作中的计算机程序设计员

## 下午工作情况

**13 点：**

1. 继续编写代码，修复错误和漏洞，进行代码优化。（代码优化）

2. 测试代码，确保代码的正确性和性能。（测试代码）

**15 点：**

1. 审查同事的代码并提供反馈，这有助于保证代码的质量和一致性。（审查代码）

2. 参加团队会议，讨论项目进度，分享技术成果等。（分享成果）

**17 点：**

1. 将完成的代码提交到版本控制系统，更新任务的状态，记录一天的工作进度。（提交代码）

2. 整理工作区，离开办公室。（撤离工作岗位）

计算机程序设计员的工作环境如图 4-04-05-01-2 所示。

图 4-04-05-01-2 计算机程序设计员的工作环境

## 二、什么是计算机程序设计员

**职业定义。**计算机程序设计员是从事计算机和移动终端应用程序设计、编制工作的人员。

**定义解读。**计算机程序设计员也被称为软件开发人员或程序员。计算机程序是用编程语言编写的一系列指示计算机如何执行特定任务的指令。应用程序设计主要关注软件的结构和用户界面，具体包括需求分析、系统设计、界面设计和原型制作等内容。编制工作主要关注软件的实现，是编写和维护计算机软件的过程，具体包括编写代码、调试代码、代码优化、版本控制、软件测试、代码审查等。计算机和移动终端是可以运行应用程序的个人计算机、服务器、移动终端（如智能手机和平板电脑）等各种设备。

**关联职业。**密切相关的职业有计算机软件测试员、数据库运行管理员等。计算机软件测试员需要使用计算机及附属设备、测试工具、测试用例，验证计算机软件产品功能、性能及参数。数据库运行管理员承担对系统所使用的数据库进行维护及管理等工作。

**相应岗位。**软件开发工程师、系统分析师、数据库管理员、前端开发工程师、后端开发工程师、移动应用开发工程师、嵌入式系统开发工程师、测试工程师等。

## 三、计算机程序设计员的主要工作职责

1. 软件设计：根据用户需求和业务流程，设计出满足需求的软件的架构和功能，包括创建数据模型，定义接口，设计算法，以及选择适当的设计模式和架构模式。

2. 编写代码：使用适当的编程语言和开发工具，按照预定的算法和逻辑，实现软件的功能。

3. 代码测试：编写和执行测试用例，以检查代码的功能是否正确、性能是否满足需求，以及是否存在错误或漏洞，包括单元测试、集成测试、系统测试和性能测试等。

4. 代码维护：对已有的代码进行更新和优化，以适应新的需求，或者修正可能出现的错误，包括重构代码，优化性能，以及修补漏洞。

5. 文档编写：编写技术文档，帮助其他开发者理解和维护代码，以及帮助用户理解如何使用软件，包括编写代码注释，设计文档，用户手册，以及项目报告等。

6. 团队协作：与项目经理、其他开发者、测试人员等进行沟通和协作，共同完成软件开发项目，包括参加会议，报告进度，解决问题，以及分享知识和经验。

计算机程序设计员的工作涵盖了从设计、编码、测试到维护软件系统的全过程。

## 四、计算机程序设计员的薪酬福利待遇

**平均薪酬水平。**根据国家统计局的数据，2022 年该职业所在行业的就业人员年平均工资在 18 个行业中列第一位。从行业看，计算机程序设计员属于信息传输、软件和信息技术服务业从业人员，在 2022 年城镇私营单位中，信息传输、软件和信息技术服务业的年平均工资达到 123894 元，较上年增长 8.1%。从岗位看，根据前程无忧、智联招聘等平台的招聘信息，计算机程序设计员的薪酬为 3000~20000 元 / 月。从区域看，一线城市和经济发展较快的城市，该职业的薪酬较高，可达到 12000~20000 元 / 月。

**与类似职业对比。**根据智联招聘网 2023 年 6 月的数据，该职业薪酬水平略高于其他类似职业薪酬水平，以北京为例，类似职业薪酬水平见表 4-04-05-01-1。

**表 4-04-05-01-1　类似职业薪酬水平**

| 职业名称 | 薪酬水平（元 / 月） |
|---|---|
| 信息安全分析师 | 10000~15000 |
| 软件测试工程师 | 8000~15000 |
| 计算机系统管理员 | 8000~10000 |
| 网络管理员 | 6000~8000 |
| 呼叫中心服务员 | 5000~8000 |

## 五、从事计算机程序设计员工作需要哪些本领

该职业从业人员需具备的知识和技能有编程语言知识、算法和数据结构、软件开发方法、编写与修改程序技能、测试和调试技能、编写文档技能、团队协作和沟通能力。

根据《计算机程序设计员国家职业技能标准（2022 年版）》，计算机程序设计员需具备的知识和技能见表 4-04-05-01-2。

表 4-04-05-01-2 计算机程序设计员需具备的知识和技能

| 职业功能 | 工作内容 | 知识和技能要求 |
| --- | --- | --- |
| 程序开发准备 | 识读、分析设计文档 | 能识读模块设计概要文档，能分析软件模块详细设计 |
| | 编写、提交设计文档 | 能使用软件设计工具编写设计文档，能编写、提交模块设计文档 |
| 程序编写与修改 | 桌面程序设计 | 能编写多文档模块代码，能编写视图与文档程序，能编写操作状态栏和工具栏程序，能调用组件库编译程序 |
| | 网页（Web）程序设计 | 能开发网页代码，能使用 Web 框架技术编写代码 |
| | 数据库程序设计 | 能安装、创建、配置和删除数据库，能编写数据库表程序代码，能编写数据库函数及函数调用程序代码 |
| | 网络应用程序设计 | 能使用 Socket 编写收发数据的程序，能编写 TCP、UDP 程序，能编写 TCP/IP 异步处理程序，能编写 TCP/IP 出错处理程序 |
| | 移动终端应用程序设计 | 能开发移动终端应用程序，能开发移动终端小程序，能使用组件开发移动终端图形界面，能完成移动终端应用程序与后端接口的交互开发 |
| 程序调试与验证 | 程序调试 | 能调试和编译程序，能设置远程调试环境，能进行远程调试 |
| | 功能验证 | 能使用黑盒方法进行功能验证，能使用功能测试工具进行代码自测，能运用边界值、等价类等技术进行功能性验证 |

## 六、计算机程序设计员的专业教育现状

### （一）相关专业

目前已有较多院校开设了与该职业相关的专业，涉及普通本科院校、职业院校等。普通本科院校相关专业有计算机科学与技术、软件工程、信息安全、数据

科学与大数据技术等。职业院校相关专业有软件技术、移动应用开发、计算机应用技术、嵌入式技术应用、人工智能技术应用等。

### （二）开设相关专业的院校（排名不分先后）

★ 相关院校：北京航空航天大学、哈尔滨工业大学、复旦大学、浙江大学、西安工业大学、大连理工大学、北京师范大学、吉林大学、华中科技大学、兰州大学等。

◆ 相关院校：长春职业技术学院、南京信息职业技术学院、北京信息职业技术学院、广州番禺职业技术学院、内蒙古机电职业技术学院、河南职业技术学院、深圳信息职业技术学院、重庆水利电力职业技术学院等。

## 七、计算机程序设计员的就业创业信息

随着技术的发展，几乎所有的行业都开始依赖软件，因此该职业的就业前景非常广阔，从业人员遍布全国各地。

吸纳计算机程序设计员就业较多的用人单位主要有：

1. 软件开发公司：大型软件公司，如阿里巴巴、百度、腾讯、华为、京东、网易等，以及中型和小型的软件公司，如美团、小米等，都需要计算机程序设计员来开发和维护其软件产品。这些公司通常提供良好的薪酬和福利，以及专业发展的机会。

2. IT 咨询公司：如华为云、阿里云、腾讯云、百度云等，这些公司为其他公司提供 IT 解决方案，包括软件开发和维护。工作可能涉及与客户的直接交流，以理解他们的需求并提供解决方案。有经验的计算机程序设计员可以开设自己的 IT 咨询公司，为其他公司提供 IT 解决方案。这需要良好的人际交往能力和商业头脑。

3. 教育机构：许多大学和学院需要计算机科学教师，他们可以教授编程课程。这类工作可能需要高级学位，如硕士学位或博士学位。有教育背景的计算机程序设计员可以开设编程学校，教授编程课程，这需要具有教育技能和对教育市场的理解。

4. 政府机构：政府部门也需要计算机程序设计员来开发和维护其 IT 系统。这类工作通常提供稳定的工作环境和良好的福利。

5. 自由职业者平台：自由职业者平台是一种在线市场，它连接了需要特定服务（如编程、设计、写作等）的客户和愿意提供这些服务的自由职业者，如猪八戒、码市、云沃客、程序员客栈等。这些平台通常提供安全的环境，让客户和自由职业者可以进行交易。还有许多计算机程序设计员选择创业，开发自己的软件产品，如手机应用、游戏或其他类型的软件，这需要创新思维和商业头脑，也需要更高的自我管理能力。

注：以上机构信息仅供参考，不代表编写出版方对其推荐或认可。

## 八、计算机程序设计员的职业贯通发展

该职业的发展路径主要有四条：管理路线，即可以从初级计算机程序设计员到中级计算机程序设计员，再到高级计算机程序设计员，利用计算机程序设计员对技术的理解，以及对用户需求和市场趋势的理解，晋升为产品经理或项目经理等，成为团队领导，负责团队管理工作。专家路线，即通过选择专门化的领域，如数据科学、人工智能、机器学习、网络安全等，成为这些领域的专家。复合人才路线，即向其他行业跨越或进行职业转型，通过学习相关知识和技能可以转型为计算机软件工程技术人员、人工智能工程技术人员、大数据工程技术人员、区块链工程技术人员等。创业路线，即可以利用程序设计员的知识、技术和创新思维来创办自己的公司等。计算机程序设计员职业贯通发展如图 4-04-05-01-3 所示。

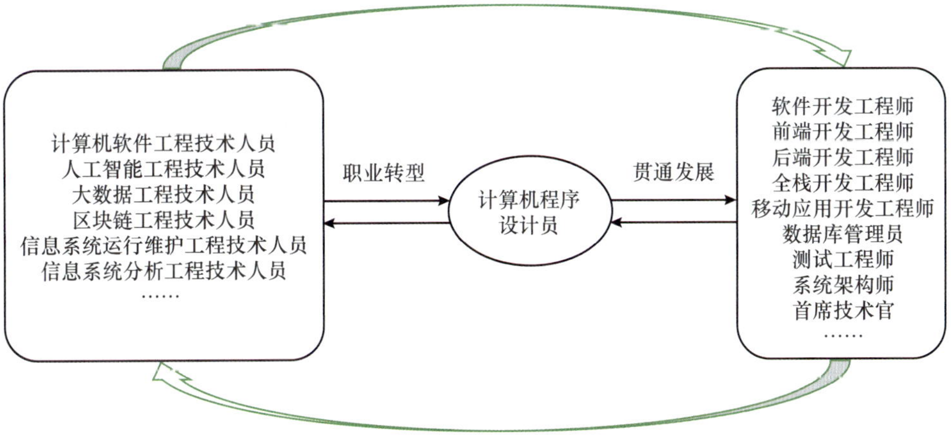


图 4-04-05-01-3　计算机程序设计员职业贯通发展图

## 九、计算机程序设计员的发展前景

**从市场供需看。**中国是全球最大的互联网市场，拥有数亿网民。根据中国互联网络信息中心发布的第 51 次《中国互联网络发展状况统计报告》，截至 2022 年 12 月，我国网民规模为 10.67 亿，同比增加 3.4%，互联网普及率达 75.6%，这意味着有大量的软件和应用需要开发和维护，为计算机程序设计员提供了巨大的需求市场。此外，新的技术和应用（如人工智能、大数据、云计算等）也在不断地推动对计算机程序设计员需求的增加。虽然计算机科学与技术等相关专业的毕业生数量在增加，但是由于技术的快速发展和行业的特殊需求，市场上仍然存在大量的计算机程序设计员岗位空缺。这意味着对于有能力和愿意不断学习新技术的计算机程序设计员，他们将有很多就业机会。

**从产业发展看。**随着我国经济转型、产业升级进程的不断深入，传统产业的信息化需求将不断被激发，软件和信息技术服务业的市场规模将持续提升，应用价值也将更加凸显。根据国家统计局数据，软件和信息技术服务业的增长百分点连续多年保持在两位数以上，对国内经济增长的贡献逐年增加，其产业结构不断优化，从过去的软件开发、系统集成等传统领域扩展到了云计算、大数据、人工智能、物联网等新兴领域，新技术和新业态的不断涌现推动了行业的创新和转型升级。随着经济转型和产业升级的深入，对计算机程序设计员的需求将进一步增加。

**从政策红利看。**国家产业政策的扶持为本行业创造了良好的发展环境，我国政府高度重视软件和信息技术服务业的发展，并出台了一系列支持政策。国务院相继发布了《鼓励软件产业和集成电路产业发展的若干政策》《电子信息产业调整和振兴规划》《进一步鼓励软件产业和集成电路产业发展的若干政策》等鼓励政策，为行业的发展提供了政策扶持和保障。工业和信息化部编制了《"十四五"软件和信息技术服务业发展规划》，为行业的发展指明方向。在税收优惠方面，国家对软件企业和国家规划布局内重点软件企业的认定以及相关税收优惠政策的出台，大大减轻了行业内企业的税负，支持了企业的研发和扩大再生产。2019 年 5 月，国务院办公厅印发《职业技能提升行动方案（2019—2021 年）》。2021 年 1 月，人力资源社会保障部办公厅印发《技能人才薪酬分配指引》。2021 年 6 月，人力资源和社会保障部印发《“技能中国行动”实施方案》。2021 年 12 月，人力资源社会保障部、教育部、国家发展改革委、财政部联合印发《“十四五”职业技能培训规划》。在国家政策指导下，全国各地相继释放了一系列政策红利。例如，一些省市对获取国家职业资格证书或职业技能等级证书的人员，根据不同的资格或等级给予金额不等的个人技能提升补贴，以鼓励更多的人才进入软件和信息技术服务业。

## 十、相关内容链接

**国家职业标准：**扫码即可查看☞。

**相关政策文件：**见表 4-04-05-01-3。

**表 4-04-05-01-3　计算机程序设计员相关政策文件**

| 序号 | 发布或通过时间 | 发布或通过机构 | 文件名称 |
|---|---|---|---|
| 1 | 2021 年 1 月 | 人力资源社会保障部办公厅 | 《技能人才薪酬分配指引》 |
| 2 | 2021 年 3 月 | 全国人民代表大会 | 《中华人民共和国国民经济和社会发展第十四个五年规划和 2035 年远景目标纲要》 |
| 3 | 2021 年 6 月 | 人力资源社会保障部 | 《“技能中国行动”实施方案》 |
| 4 | 2021 年 11 月 | 工业和信息化部 | 《“十四五”软件和信息技术服务业发展规划》 |
| 5 | 2021 年 12 月 | 人力资源社会保障部等部门 | 《“十四五”职业技能培训规划》 |

供稿：长春职业技术学院　孙文江

# 数字孪生应用技术员 S

职业编码：4-04-05-10

数字孪生的概念于2003年由密歇根大学的迈克尔·格里夫斯教授首次提出，它以数字化多维模型和融合数据为驱动，通过实时的连接、映射、分析、交互来刻画、仿真、预测、优化和控制我们的物理世界。这项技术希望实现的目标是使物理系统的全要素、全过程及全价值链达到最大限度的优化，进而深化融合、有力地推动各产业数字化、网络化、智能化的发展进程。国内的一些学者提出了数字孪生五维模型的概念，为数字孪生技术的发展提供了系统的思路。

数字孪生技术与计算机辅助设计、虚拟仿真等技术不同。相比于虚拟仿真的确定性，数字孪生的过程是动态的，贯穿设计、制造、运营、维护的整个流程。它着重强调物理、模型、数据、连接、功能等核心要素，其最突出的理念即为“虚实互通”。

数字孪生是一种超越现实的概念，可以被视为一个或多个重要的、彼此依赖的装备系统的数字映射系统。它可以被应用于工业制造、能源、交通、城市规划等众多行业，以提高效率、降低成本并实现可持续发展。然而，数字孪生技术的广泛应用也带来了一系列挑战和需求。为了充分发挥数字孪生技术的潜力，需要专业技术人员进行系统设计、数据采集、模型构建、仿真分析和决策支持等工作。因此，数字孪生应用技术员职业应运而生。

## 一、数字孪生应用技术员的一天

记录时间：2023 年 5 月 23 日　　记录人：陆某浩

### 上午工作情况

**8 点：**

1. 打开数字孪生系统（平台），检查系统各项数据是否有异常。（查阅数据）

2. 对当天工作任务进行计划和仿真模拟，为实际生产提供决策报告，确保工作任务在最优状态下进行。（模拟仿真）

智能制造生产车间数字孪生系统巡查界面如图 4-04-05-10-1 所示。

图 4-04-05-10-1　智能制造生产车间数字孪生系统巡查界面

**9 点：**

1. 检查实体设备或系统的传感器和数据采集设备是否正常运行。（信号调试确认）

2. 查看数据流，确保实时数据能够准确地传输到数字模型中。（孪生数据传输正常）

3.若发现任何故障或异常，将尽快采取措施进行修复或报告给相关团队。（故障报警）

数字孪生系统调试如图 4-04-05-10-2 所示。

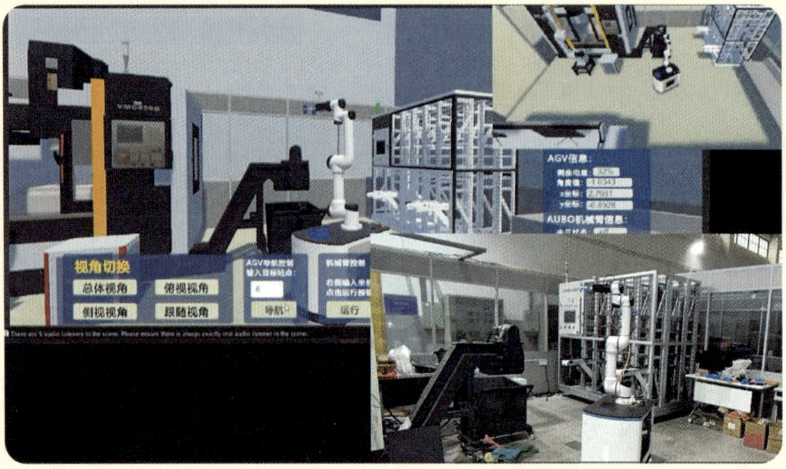


图 4-04-05-10-2 数字孪生系统调试

**10 点：**

1.在确定数据采集正常后，开始进行数据分析和模型构建的工作。（数据收集）

2.对收集到的实时数据进行处理和清洗，以确保数据的质量和准确性。（数据分析）

3.利用这些数据来更新数字模型，反映实体设备或系统的当前状态。（数字孪生平台数据更新）

**11 点 30 分：**

1.利用更新后的数字模型进行仿真和分析。（二次模拟仿真）

2.运行模型，模拟不同的操作和场景，以评估设备或系统的性能和效率。（数字孪生系统运行）

3.通过这些仿真实验，发现潜在的问题和改进点，并提供有针对性的建议和解决方案。（提供建议）

## 下午工作情况

**14点：**

1. 参与团队会议或与相关部门进行沟通。与工程师、数据科学家和决策者等合作，讨论应用和优化策略。（讨论汇报）

2. 分享分析结果和模型更新，以及提供决策支持和技术咨询。（提供决策支持）

**16点：**

继续进行模型的优化和改进工作。尝试不同的参数和算法，以提高模型的准确性和预测能力。（优化改进）

**18点：**

1. 进行最后的数据分析和报告编制。整理、分析当天的工作成果，并撰写相关的技术报告或文档。（总结）

2. 将这些报告整理并与相关团队和决策者共享。（汇报）

**20点：**

在家里打开手机或计算机，查看数字孪生系统有无异常。（远程监控）

数字孪生系统远程查阅示意图如图 4-04-05-10-3 所示。

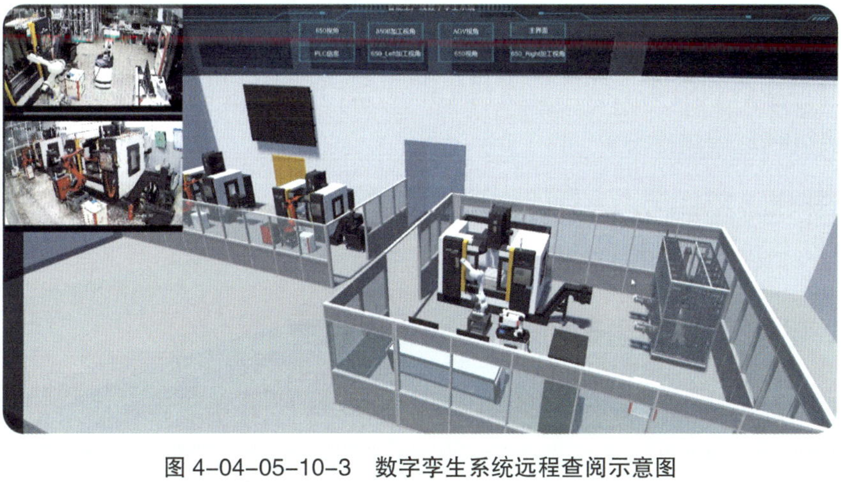

图 4-04-05-10-3　数字孪生系统远程查阅示意图

## 二、什么是数字孪生应用技术员

**职业定义。**数字孪生应用技术员是指使用仿真技术工具和数字孪生平台，构建、运行和维护数字孪生应用，以监控、预测并优化实体系统运行状态的人员。

**定义解读。**数字孪生应用技术员具备跨学科的知识背景和技能，能够借助 Solidworks、3Ds MAX 等软件完成三维模型的建立与渲染；通过用 C# 语言自行编写的采集软件或专用数据采集系统对开发对象进行数据采集工作，并运用 Redis 等数据库，实现不同设备间数据的互动互通；在采集的孪生数据基础上在数字孪生平台（Unity 3D 等）上维护或开发数字孪生系统功能，负责数字孪生系统运动仿真、以虚映实、以虚控实的功能，对现场数据及现场设备运行情况进行直观的实时监测和控制，确保系统在最优状态下运行及维护等。

**关联职业。**密切相关的职业有数据分析师、设备工程师、业务分析师。数据分析师负责收集、处理和分析大量数据，并利用统计和机器学习等技术提取有价值的信息。他们与数字孪生应用技术员密切合作，共同处理和分析数字孪生技术中的实时数据，为模型的构建和优化提供数据支持。设备工程师负责设计、建造和维护各种实体设备和系统，如机械设备、工厂生产线、交通系统等。与数字孪生应用技术员合作，设备工程师能够将实体设备与数字模型相连接，监测实时数据并利用数字孪生技术进行设备优化和故障诊断。业务分析师负责理解业务需求，进行数据分析和解读，提供业务决策的支持和建议。与数字孪生应用技术员合作，业务分析师能够利用数字孪生技术提供的数据和分析结果，为企业和组织的运营优化和决策制定提供指导。

**相应岗位。**数字孪生工程师、孪生数据分析师、模型优化工程师、数字孪生技术顾问、实时数据工程师等。

## 三、数字孪生应用技术员的主要工作职责

1. 数字模型构建：数字孪生应用技术员应用数字化仿真建模技术及工具，导入、配置、构建数字孪生模型，部署并维护数字孪生模型。他们使用物联网、传感器、数据采集和处理技术，安装、部署数字孪生平台，搭建并维护数字孪生体的开发环境、运行环境及验证环境，使实时数据与数字模型相互映射，确保模型

能够准确地反映实体的状态和性能。

2. 数据采集与处理：数字孪生应用技术员负责采集实体设备或系统的实时数据，并进行数据清洗和处理。他们负责确保数据的质量和准确性，以便用于后续的模型更新和分析。

3. 仿真与分析：基于数字模型，数字孪生应用技术员进行仿真实验和分析。他们利用模型对实体进行虚拟操作和场景模拟，评估设备或系统的性能和效果；应用机器学习、增强现实、虚拟现实、混合现实等技术，建立数字孪生模型与物理实体的数据映射关系，通过分析模拟结果发现潜在问题和改进点，并提供相关的建议和解决方案。

4. 模型优化与更新：数字孪生应用技术员负责对数字模型进行优化和改进。他们根据实时数据和分析结果，运用虚拟调试、自适应优化和数字化模拟验证技术，进行数字孪生体调试优化及功能验证，提高模型的准确性和预测能力。

5. 报告和沟通：数字孪生应用技术员与团队成员、工程师、数据科学家和决策者等进行沟通和协作。他们应用数字孪生平台，采集并处理物理实体数据，进行数字孪生体的维护更新、优化升级，提供诊断、预测预警建议，与团队成员分享模型分析结果，并报告工作成果，提供技术咨询和决策支持。

## 四、数字孪生应用技术员的薪酬福利待遇

**平均薪酬水平。**数字孪生应用技术员属于新兴职业，相关的职业标准尚未出台，专门的职业培训、职业资格认定尚未正式实施，根据不同行业、单位的实际工作岗位和内容的不同，薪酬水平有较大区别，关于数字孪生应用技术员的薪酬待遇暂尚无官方数据。

根据猎聘网在杭州的 203 份调查结果中，薪酬为 10000~12000 元 / 月的占 15.62%，15000~20000 元 / 月的占 22.92%，20000~30000 元 / 月的占 43.75%，30000~50000 元 / 月的占 5.21%，50000~100000 元 / 月的占 6.25%，其他收入水平共占 6.25%。根据工作年限，该职业工作时间在 1 年以下的，月薪为 15648 元；1~3 年的，月薪为 24215 元；3~5 年的，月薪为 27277 元。

**与类似职业对比。**在杭州，数字孪生应用技术员的薪酬水平与 VR 设计师的

薪酬水平持平，略高于大数据工程师和物联网工程师的薪酬水平，略低于数据分析师的薪酬水平。类似职业薪酬水平见表 4-04-05-10-1。

**表 4-04-05-10-1　类似职业薪酬水平**

| 职业名称 | 薪酬水平（元/月） |
|---|---|
| 大数据工程师 | 11000~18000 |
| 物联网工程师 | 10000~15000 |
| 数据分析师 | 15000~30000 |
| VR 设计师 | 12000~18000 |

## 五、从事数字孪生应用技术员工作需要哪些本领

该职业从业人员需具备的知识和技能有较好的相关知识储备、较好的人际交往能力、良好的表达和示范基本能力，心理素质稳定，具有高效的模拟、优化和决策支持等专业业务能力。

数字孪生应用技术员需具备的知识和技能见表 4-04-05-10-2。

**表 4-04-05-10-2　数字孪生应用技术员需具备的知识和技能**

| 职业功能 | 工作内容 | 知识和技能要求 |
|---|---|---|
| 数据采集与分析 | 收集和整理实体系统的数据 | 熟悉数据收集方法，包括传感器、监测设备等的使用与配置 |
| | 数据清洗和预处理 | 掌握数据清洗和预处理的技术，如数据去噪、异常值处理等 |
| | 分析数据并提取有用信息 | 熟悉统计分析方法和数据挖掘技术，能够运用相关工具进行分析 |
| 数字模型开发 | 开发数字模型以反映实体系统 | 具备数学和物理基础知识，如微积分、线性代数和力学等 |
| | 设计和实现数字孪生模型驱动 | 具有相关的计算机知识，能够熟练使用编程语言和相关的软件开发工具，如 Python、Unity 等 |

续表

| 职业功能 | 工作内容 | 知识和技能要求 |
| --- | --- | --- |
| 数字模型开发 | 验证和优化数字模型的准确性和可靠性 | 理解模型验证方法，能够进行模型测试、对比和改进 |
| 模拟和仿真 | 利用数字孪生技术进行系统模拟和仿真 | 掌握系统建模和仿真的基本原理和方法 |
| | 分析模拟结果并提供决策支持 | 能够解读和分析模拟结果，提供对决策的有效支持 |
| | 优化模拟过程以提高准确性和效率 | 熟悉模拟优化技术，能够改进模拟过程以提高结果的准确性 |
| 可视化交互 | 开发可视化界面以展示数字孪生模型的结果 | 掌握可视化设计和开发的技术，具备用户体验设计和交互设计的基础知识、用户需求分析和界面定制的技能 |

## 六、数字孪生应用技术员的专业教育现状

### （一）相关专业

目前已有较多院校开设了与该职业相关的专业，涉及普通本科院校、职业院校等。相关专业有计算机科学与技术、数据科学与大数据技术、人工智能、数学与应用数学、机械工程、自动化、软件工程、工业设计等。

### （二）开设相关专业的院校（排名不分先后）

★ 相关院校：清华大学、北京大学、北京航空航天大学、哈尔滨工业大学、上海交通大学、南京大学、华中科技大学、西安交通大学、浙江大学、深圳大学等。

◆ 相关院校：深圳信息职业技术学院、常州信息职业技术学院、河北软件职业技术学院、天津电子信息职业技术学院、武汉软件工程职业学院、长沙民政职业技术学院等。

## 七、数字孪生应用技术员的就业创业信息

尽管数字孪生技术在现阶段还是一项新技术，但是其理论门槛较低，目前的计算机硬件水平发展已经可以支持数字孪生技术基本完成物理实体与虚拟模型的交互反馈。基于此，数字孪生技术目前发展方向主要是实现途径和方法，数字孪生技术在各领域已有一些初步的应用。高德纳咨询公司估计到 2027 年，全球将有超过 40% 的大公司通过在其项目设计中采用数字孪生技术来提高利润。以下为数字孪生技术在不同产业领域的应用情况。

在航空航天和军工领域，薄壁零件被广泛应用于生产，这类零件的产品质量与生产过程中的制造稳定性密切相关。在这类零件的生产中，有学者对其进行了数字孪生生产线的构建，当生产机器人在真实空间中进行作业任务发生因控制程序不合理导致的干涉事件时，就可以通过通信信号的虚拟映射方式发现 PLC 程序的错误，并通过计算机程序修正，再于虚拟环境中及时同步地进行虚拟仿真运行来检测是否存在干涉情况，验证程序是否合理，若无问题则将优化修正的结果及时应用到真实生产线上。

电网的规划、建设、运行，以及后期服务等对空间位置的需求很高，且随着其规模不断扩大和运行方式日趋复杂，一体化建设十分有必要。数字孪生为此创造了虚拟空间并将具体设备的各种属性进行映射。数字孪生应用技术员可对其进行模拟分析、统一调度及生产预测，完成设计、制造、服务整体的闭环优化。

制造业的生产线布局是一个动态的、多目标的优化问题，对决策影响的变量很多，所需要做的工作包括但不限于生产线平衡仿真、排产仿真等。数字孪生可以在虚拟空间内进行高频次的迭代升级，从而对生产线及优化结果进行快速验证，为生产活动提供决策与支持。因此，在深圳、杭州、苏州、无锡等一些具有较多高端制造业企业的大城市有较多的就业创业机会。

吸纳数字孪生应用技术员就业较多的用人单位主要有：

1. 汽车领域：比亚迪、上汽集团、长城汽车、吉利汽车集团、北汽集团等。

2. 航空航天领域：航空工业、航天科技、中国航天科工、中国商飞、北方工业等。

3. 重工业领域：上海振华重工、中冶集团、中铁建设、中海油服、中船重工等。

4. 其他领域：海康威视、华为、联想、小米、京东方科技等。

注：以上机构信息仅供参考，不代表编写出版方对其推荐或认可。

## 八、数字孪生应用技术员的职业贯通发展

数字孪生应用技术员的职业贯通发展包括技术深度发展、领域专业知识和管理与领导能力的培养，可以在数字孪生领域中成为全面发展的专家，并在职业生涯中获得更广阔的就业空间。

技术深度发展：数字孪生应用技术员可以通过深入研究和学习相关的技术，不断提升自己的技术深度，如关注数字建模和仿真领域的最新发展，学习新的建模方法、仿真工具和算法技术，以提高数字孪生技术的质量和精确度，使数字孪生技术能够更好地应对各种复杂问题。

领域专业知识：数字孪生应用技术员可以通过深入了解特定行业的领域知识，将数字孪生技术与具体领域的实践相结合。通过与行业专业人员的密切合作和交流，数字孪生应用技术员可以不断提升自己在特定领域的专业能力，拓展职业发展的机会。

管理与领导能力：数字孪生应用技术员可以通过学习和培养管理与领导能力，担任团队领导或项目经理等职务。数字孪生应用技术员可以学习项目管理、团队协作和沟通技巧，了解项目的规划、执行和交付过程。通过担任领导角色，数字孪生应用技术员可以协调团队成员的工作，管理项目的进展，并与项目相关者进行有效的沟通和合作。

数字孪生应用技术员职业贯通发展如图 4-04-05-10-4 所示。

## 九、数字孪生应用技术员的发展前景

**从市场供需看。**随着数字化转型的推进和企业对效率和可持续发展的需求增加，数字孪生技术的市场需求日益增长。数字孪生技术可以帮助企业实现智能化运营、预测性维护、优化设计等目标，提高效率、降低成本，并提供更好的用户体验。因此，数字孪生应用技术员的市场需求将持续增加，为他们提供了广阔的就业和职业发展空间。

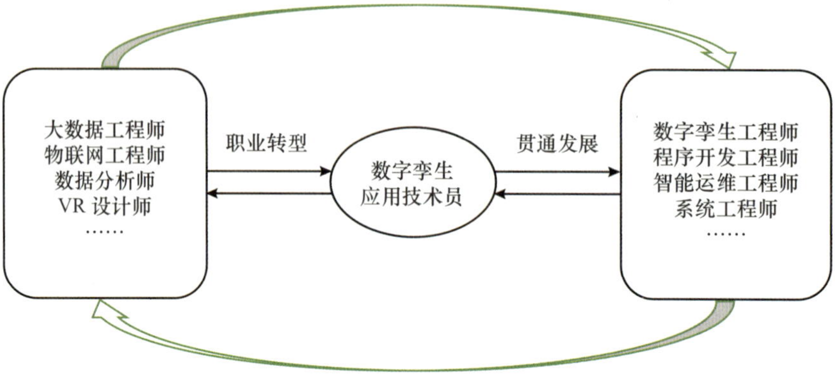


图 4-04-05-10-4　数字孪生应用技术员职业贯通发展图

**从产业发展看。**数字孪生技术在各个行业的应用前景广阔。制造业、能源领域、城市规划、交通运输等行业都可以从数字孪生技术的应用中获益。数字孪生应用技术员可以协助企业实现数字化转型，优化生产流程、提高产品质量、提高运营效率，将迎来更多的机会和挑战。

**从政策红利看。**政府对数字化转型和智能制造等领域的支持政策将为数字孪生应用技术员提供政策红利。国家鼓励企业进行数字化转型。政府的政策支持将促进数字孪生技术的发展和应用，为数字孪生应用技术员提供更多的就业机会和职业发展空间。

## 十、相关内容链接

国家职业标准：扫码即可查看☞。

相关政策文件：见表 4-04-05-10-3。

表 4-04-05-10-3　数字孪生应用技术员相关政策文件

| 序号 | 发布或通过时间 | 发布或通过机构 | 文件名称 |
| --- | --- | --- | --- |
| 1 | 2021 年 3 月 | 全国人民代表大会 | 《中华人民共和国国民经济和社会发展第十四个五年规划和 2035 年远景目标纲要》 |
| 2 | 2021 年 11 月 | 工业和信息化部 | 《“十四五”大数据产业发展规划》 |

续表

| 序号 | 发布或通过时间 | 发布或通过机构 | 文件名称 |
|---|---|---|---|
| 3 | 2021 年 12 月 | 国务院 | 《“十四五”数字经济发展规划》 |
| 4 | 2022 年 3 月 | 水利部 | 《数字孪生流域共建共享管理办法（试行）》 |

供稿：西安交通大学　王保建

# 虚拟现实产品设计师 S

职业编码：4-04-05-11

虚拟现实技术是一项令人瞩目的技术，因具有强大的仿真模拟能力、高临场感和高沉浸的视听体验，在游戏、教育、医疗、建筑、军事、科研、旅游等众多领域都有着广泛的应用。优质虚拟现实产品的开发离不开专业团队，不仅需要专业工程人员在幕后默默付出，为用户打造稳定的操控系统、流畅的交互体验和优质的视听效果，而且需要专业的设计人员，将用户需求转化成具体产品方案与原型，让用户真正享受到虚拟现实技术带来的乐趣和便利。随着 Web 3.0 时代的到来，虚拟现实技术将在更多领域发挥更大的作用，其产业规模和社会需求都将迎来新一轮爆发式增长。

## 一、虚拟现实产品设计师的一天

**记录时间：2023 年 6 月 13 日** **记录人：张某**

### 上午工作情况

**9 点：**

1. 整理前一天参加虚拟现实行业会议和展览的相关信息，阅读行业报告和分析，了解虚拟现实产品在不同行业中的应用和需求，了解最新的技术和趋势，以及其他公司的产品和解决方案，做好记录，形成市场需求和竞争情况记录表。（信息收集分析）

2. 通过问卷调查、深度电话访谈等方式，了解用户对虚拟现实产品的需求和期望，包括使用场景、功能需求、用户体验等方面，确定产品目标和需

求。（用户研究）

**11 点：**

1. 讨论用户需求，根据产品目标和需求，依据虚拟现实体系结构和标准，制订产品规划，设计产品原型，撰写虚拟现实产品方案。（撰写方案）

2. 根据产品方案，与项目组成员和其他的协作团队成员共同讨论设计想法，根据用户体验设计思路，编写设计文档，并与同事和开发人员沟通任务分配。（分配任务）

### 下午工作情况

**14 点：**

1. 根据产品方案设计思路，应用三维模型设计编辑软件，建构、优化虚拟现实产品模型，包括产品外观、结构、材质等。（建构产品模型）

2. 审查和修改之前的设计工作。与产品经理和开发人员持续沟通，以确保设计方案符合技术实现要求，并在需要时进行修改和调整以保证最终效果能够满足用户需求及期望。（设计优化）

**16 点：**

1. 应用光影效果设计编辑软件，通过贴图、渲染等实现虚拟现实产品的效果。（视觉效果优化）

2. 应用图形图像设计编辑软件，设计制作虚拟现实产品界面；图形设计师计划为当前的项目涉及的 Scene Builder，创建第一个干净的图层。他们将采用贴图和 SVG 元素绘制基本形状，以创建场景中的大多数元素。（界面设计）

3. 应用虚拟现实开发引擎，编制生成虚拟现实产品，完成产品开发后，进行用户测试，收集用户的反馈和建议，以便不断优化产品设计。（用户测试）

4. 根据用户测试结果，对产品进行优化和改进，最终发布产品。（发布产品）

工作中的虚拟现实产品设计师如图 4-04-05-11-1 所示。

图 4-04-05-11-1　工作中的虚拟现实产品设计师

## 二、什么是虚拟现实产品设计师

**职业定义。**虚拟现实产品设计师是使用虚拟现实编辑工具，从事虚拟现实产品内容设计、编制工作的人员。

**定义解读。**虚拟现实产品设计师的主要职责是为虚拟现实产品开发提供完整解决方案和产品原型。虚拟现实产品设计师属于典型的艺工交叉人才，需要同时掌握前沿的产品理念、较好的艺术美学素养、专业的设计构想能力、系统的虚拟现实技术知识与应用技能。在产品开发过程中，他们一方面需要对接用户需求，并根据用户需求设计构建出优质且合理的产品内容，包括虚拟场景、虚拟人物、视听效果，交互体验、操控系统等；另一方面则需要与产品经理、程序员、美工、音效师等专业人员合作，使设计方案落地为产品原型。

**关联职业。**密切相关的职业有虚拟现实内容制作人员、游戏艺术设计师、虚拟现实技术开发工程师、程序员、后期剪辑师等。虚拟现实产品设计师需要与这些人员合作，以创建有影响力的虚拟现实产品。

**相应岗位。**虚拟现实内容制作人员、游戏艺术设计师、虚拟现实技术开发工程师、3D 美术师、动画制作员、前端开发工程师、测试工程师、后端开发工程师、后期剪辑师等。

## 三、虚拟现实产品设计师的主要工作职责

1. 用户研究：进行用户调研和需求分析，了解目标用户的需求、偏好和行为模式。通过深入了解用户，分析用户调研结果，从中提取用户需求，确定产品的功能需求和开发方向，撰写设计方案。

2. 用户界面设计：设计虚拟现实产品的用户界面，包括菜单、按钮、控制器等元素。虚拟现实界面与传统的屏幕界面有所不同，设计师需要考虑如何在三维空间中呈现信息和功能，以及如何让用户方便地与界面进行交互。

3. 美术设计：设计虚拟现实产品的整体风格、虚拟场景、虚拟角色、虚拟道具、视觉特效等。创建虚拟场景和环境，包括背景、景物、建筑等，需要考虑如何营造出逼真的环境感觉，以增强用户的沉浸感和身临其境的体验。

4. 交互设计：设计虚拟现实产品的交互方式和操作流程、用户的操控方式与逻辑、用户的交互体验等，确保用户能够直观地使用虚拟现实设备进行各种操作，包括手势识别、头部追踪、触控输入等交互方式的设计和优化。

5. 角色和动画设计：设计虚拟现实产品中的虚拟角色和动画效果，使其表现自然、逼真，并对用户的交互行为产生相应的反馈。

6. 设计管理：与程序员、美术团队、音效师、动画师、产品经理等合作，组成一个高效的团队，共同开发协作，确保设计与技术实现的协调性和一致性。

7. 进度管理：负责每个虚拟现实产品流程中的响应阶段，包括立项、跟进，以及项目负责人的执行、项目质量的管理。

8. 技术落地跟踪：在产品原型制作过程中，跟踪设计方案的技术落地情况，及时发现、调查和解决设计方案中存在的问题，修订优化设计方案，提出合理和可落实的意见和建议。

9. 测试和迭代：进行产品测试和用户反馈收集，评估虚拟现实产品的设计效果，发现问题并进行改进。不断迭代和优化设计，以提供更好的用户体验。

10. 制订设计部门的培训计划，开展虚拟现实产品设计相关的技能培训，指导虚拟现实产品设计。

## 四、虚拟现实产品设计师的薪酬福利待遇

**平均薪酬水平。**虚拟现实产业是一个快速发展的新兴产业，随着虚拟现实技术的不断成熟，虚拟现实产品设计师的薪酬在不断增长。虚拟现实产品设计师的工资水平与其经验和技能相关，在全国的平均月薪为 13313 元。一般来说，初级虚拟现实产品设计师的月薪为 2000~12000 元，中级虚拟现实产品设计师的月薪为 12000~22000 元，资深虚拟现实产品设计师的月薪可能高达 25000 元。当然，这些薪酬会随着时代的发展产生变化。虚拟现实产品设计师的薪酬也会因地域不同而有所不同。在一线城市（如北京、上海、广州等），虚拟现实产品设计师相较于其他地区可能更容易获得更高的薪酬。据统计，在中国一线城市，虚拟现实产品设计师的平均月薪为 10000~30000 元。

**与类似职业对比。**实际的薪酬情况因市场需求、岗位经验、产业竞争环境、地区和企业的不同而有所不同。类似职业薪酬水平见表 4-04-05-11-1。

表 4-04-05-11-1　类似职业薪酬水平

| 职业名称 | 薪酬水平（元/月） |
|---|---|
| UI 设计师 | 7000~28000 |
| 高级游戏特效师 | 10000~36000 |
| 三维建模师 | 7000~27000 |
| 虚拟现实工程技术人员 | 10000~39000 |
| 虚拟现实开发设计师 | 12000~35000 |

## 五、从事虚拟现实产品设计师工作需要哪些本领

该职业从业人员需具备的知识和技能有基础虚拟现实知识（市场通用硬件设备是如何显示 VR/AR 内容的、VR/AR 技术难点、VR/AR 解决方案及未来前景等）、图形图像处理、动画设计、3D 建模、虚拟场景设计、美术设计、动画设计等。核心是需要具备良好的美学修养和交互设计能力。

虚拟现实产品设计师需具备的知识和技能见表 4-04-05-11-2。

**表 4-04-05-11-2　虚拟现实产品设计师需具备的知识和技能**

| 职业功能 | 工作内容 | 知识和技能要求 |
|---|---|---|
| 虚拟现实产品的艺术设计 | 美术设计 | 能够独立构思设计出具有形式美感和高真实感的虚拟世界，具备专业艺术表达能力和美学素养，设计虚拟世界的场景、景观、建筑、人物、道具、光线、材质等 |
| | 建模设计 | 能够搭建基本的虚拟场景，创建所需的建筑、景观、人物、道具等三维模型，并通过与专业三维建模师合作制作高精度、高细节度的三维模型资产 |
| | 动画设计 | 能够设计虚拟角色的动作、行为和运动规律，并综合运动捕捉系统、三维扫描系统、三维软件、游戏引擎等工具，模拟出自然逼真的虚拟人物动作 |
| | 特效设计 | 能够为虚拟场景、角色行为和人机交互设计出富有艺术表现力的视觉特效，并运用物理模拟、粒子生成、光影模拟等虚拟仿真模拟系统制作预览效果 |
| | 声音设计 | 能够为虚拟世界设计背景音乐，为交互事件和角色动画设计音效，并使用声音软件制作基本的样例 |
| 虚拟现实技术开发 | 交互设计 | 能够为虚拟现实产品设计出完整合理的人机交互方案，包括交互流程、交互事件、操控方法、功能结构和用户交互体验 |
| | UI 设计 | 能够独立设计出匹配产品功能需求的人机交互界面，实现用户友好性，对用户体验优化有较深的认识 |
| | 程序设计 | 能够以编程的方式实现所需的人机交互功能，完成前端和后台程序的原型开发 |
| | 系统开发 | 能够为正在开发的虚拟现实产品提供合理高效的硬件方案和软硬件融合策略。熟悉 AR、VR、MR 等多种虚拟现实产品的技术逻辑和工作流程，掌握各种相关硬件设备的技术特性和应用方法 |
| 虚拟现实产品测试 | 功能测试 | 能够使用虚拟现实设备测试软件产品的性能和功能 |
| | 用户测试 | 能够对公司虚拟现实产品的使用情况和用户对产品的反馈进行调查分析 |

续表

| 职业功能 | 工作内容 | 知识和技能要求 |
| --- | --- | --- |
| 虚拟现实产品测试 | 用户体验测试 | 能够对虚拟现实产品进行真实场景测试，实现对用户体验的优化 |
| 管理虚拟现实项目 | 管理项目 | 能整体管控设计项目的进度和质量，具备提出问题、发现问题、分析问题并解决虚拟现实产品设计过程中问题的综合能力 |
| | 指导与培训 | 能制定设计人员培训方案，编写培训文档，开展产品设计能力指导与培训 |

## 六、虚拟现实产品设计师的专业教育现状

### （一）相关专业

目前已有较多院校开设了与该职业相关的专业，涉及普通本科院校、职业院校等。普通本科院校相关专业有虚拟现实技术、计算机科学与技术、软件工程、数字媒体技术等。职业院校相关专业有虚拟现实技术应用、计算机应用技术、数字媒体技术、动漫制作技术等。

### （二）开设相关专业的院校（排名不分先后）

★ 相关院校：浙江大学、北京航空航天大学、河北工程技术学院、河北东方学院、中国传媒大学、山西传媒学院、华东交通大学、云南经济管理学院、湖北理工学院、江西财经大学等。

◆ 相关院校：北京信息职业技术学院、广东农工商职业技术学院、广东职业技术学院、嘉兴职业技术学院、苏州工艺美术职业技术学院、上海电影艺术职业学院、上海信息技术学校等。

## 七、虚拟现实产品设计师的就业创业信息

虚拟现实产品设计师将成为热门新职业之一。

吸纳虚拟现实产品设计师就业较多的用人单位主要有：

1. 数字互动娱乐产业：设计和制作虚拟现实游戏环境、虚拟角色、虚拟游戏道具等，满足玩家的视听和娱乐需求，提升玩家的游戏体验等。主要用人单位有北京爱奇艺科技有限公司等。

2. 医疗产业：医疗技术培训系统设计，如面向医生和护士的虚拟现实手术操作技巧培训系统设计、训练如何与不同类型的病人进行沟通和交流的交互产品设计、医疗视觉科技产品设计等。主要用人单位有北京触幻科技有限公司、联想新视界（北京）科技有限公司、中兴通讯股份有限公司等。

3. 军事产业：设计和制作虚拟现实训练环境，以提高士兵的实战能力；制作军事模拟游戏，让玩家更加真切地感受到军人的使命和担当；增强现实全息战场指挥沙盘设计等。主要用人单位有北京华如科技股份有限公司、北京华力创通科技股份有限公司等。

4. 体育产业：为球员和教练员提供更加真实、沉浸式的训练场景，以提高体能、技巧和战术方面的能力。主要用人单位有高通公司、探路者控股集团股份有限公司等。

5. 教育产业：打造具有沉浸式体验的教学场景，帮助学生更好地学习和掌握知识，设计虚拟实验室、虚拟博物馆等，帮助学生更好地了解某个学科或知识点等。主要用人单位有完美幻境（北京）科技有限公司、北京赛欧必弗科技股份有限公司、上海梓时数字科技有限公司等。

6. 工业：当前，虚拟现实技术在工业设计、制造装配、操作维护、产品展示等方面应用较多，对生产数据进行可视化改造，以实现智能化生产、可视化管理、数字化决策。主要用人单位有华为技术有限公司、深圳市腾讯计算机系统有限公司等。

注：以上机构信息仅供参考，不代表编写出版方对其推荐或认可。

## 八、虚拟现实产品设计师的职业贯通发展

该职业的发展路径主要有四条：管理路线，即从员工晋升到主管／单位中层，再晋升到经理／单位领导层，甚至往更高的高层管理职务发展。专家路线，即不断提高技能水平，在职业等级上不断晋升，成为虚拟现实产品设计领域专家。复合人才路线，即向其他行业跨越或进行职业转型，如通过学习相关知识和技能转

型为虚拟现实工程技术人员、虚拟建筑设计师、元宇宙体验空间设计师等，与专业技术岗位横向贯通。创业路线，即基于个人兴趣爱好进行创新创业，如虚拟现实体验师、特效师等。虚拟现实产品设计师职业贯通发展如图 4-04-05-11-2 所示。

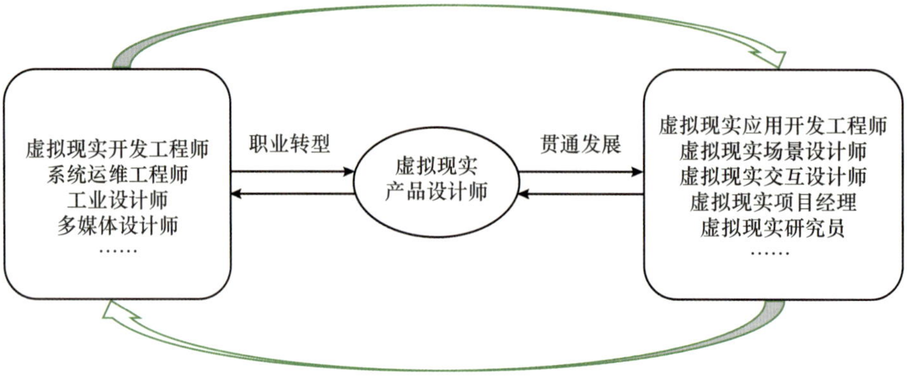


图 4-04-05-11-2　虚拟现实产品设计师职业贯通发展图

## 九、虚拟现实产品设计师的发展前景

**从市场供需看。**近年来，消费者对虚拟现实产品的需求逐渐增加，虚拟现实产品的市场规模不断扩大。虚拟现实产品设计师的作用越来越受到关注，市场对其的需求也在增长。中国信息通信研究院发布的数据显示，2020 年全球虚拟现实市场规模约为 900 亿元，其中，VR 市场占 620 亿元，AR 市场占 280 亿元；预计 2020—2024 年，全球虚拟现实产业规模年均增长率约为 54%，其中，VR 约为 45%，AR 约为 66%，2024 年两者的份额预计均为 2400 亿元。这为虚拟现实产品设计师提供了广阔的发展空间。

**从产业发展看。**2022 年 10 月，工业和信息化部、教育部、文化和旅游部、广电总局、体育总局联合印发的《虚拟现实与行业应用融合发展行动计划（2022—2026 年）》提出，到 2026 年，三维化、虚实融合沉浸影音关键技术重点突破，新一代适人化虚拟现实终端产品不断丰富，虚拟现实在经济社会重要行业领域实现规模化应用，形成若干具有较强国际竞争力的骨干企业和产业集群，打造技术、产品、服务和应用共同繁荣的产业发展格局。虚拟现实技术已经在教育、娱乐、医疗、工业等多个领域得到应用。虚拟现实和增强现实技术将成为科技发展的重要方向，因此虚拟现实产品设计师的职业发展前景广阔。预计虚拟现实和增强现实技术在各行各业的应用将快速增长，虚拟现实产品设计师的发展前景将会更加可观。

**从政策红利看。**为了顺应国家大力发展虚拟现实产业的形势，自 2018 年以来，我国为虚拟现实技术提供了较为良好的政策支持和法律环境，中央及地方政府纷纷颁布虚拟现实技术和相关产业政策。例如，2022 年 9 月，青岛市人民政府办公厅出台《青岛市虚拟现实产业园发展若干政策》，正式发布了一系列促进虚拟现实技术和产业发展的相关政策措施，在 3 年内，青岛市、区两级财政用于支持虚拟现实产业园园区建设、企业培育的投入将超过 12 亿元。其中，青岛市财政连续 3 年每年出资 1 亿元用于虚拟现实产业园的园区建设，为虚拟现实企业提供普惠性人工智能算力服务，给予企业更多的人才引进配额，等等。2023 年 6 月，上海市科学技术委员会发布《上海市“元宇宙”关键技术攻关行动方案（2023—2025 年）》，面向“元宇宙”海量沉浸影音内容生产的需求，基于 AI 赋能虚实融合的技术路线，重点布局人工智能生成内容（AIGC）、跨尺度采集重建、数字人生成与驱动、虚拟空间三维引擎等关键技术研发，实现超写实元宇宙沉浸影音内容的自动化、低成本生产，支撑元宇宙内容创作生态建设。

## 十、相关内容链接

**国家职业标准：**暂缺。

**相关政策文件：**见表 4-04-05-11-3。

**表 4-04-05-11-3 虚拟现实产品设计师相关政策文件**

| 序号 | 发布或通过时间 | 发布或通过机构 | 文件名称 |
| --- | --- | --- | --- |
| 1 | 2021 年 12 月 | 国务院 | 《“十四五”数字经济发展规划》 |
| 2 | 2021 年 12 月 | 国家发展改革委等部门 | 《关于推动平台经济规范健康持续发展的若干意见》 |
| 3 | 2022 年 5 月 | 国务院办公厅 | 《关于推动外贸保稳提质的意见》 |

续表

| 序号 | 发布或通过时间 | 发布或通过机构 | 文件名称 |
|---|---|---|---|
| 4 | 2022 年 10 月 | 工业和信息化部等部门 | 《虚拟现实与行业应用融合发展行动计划（2022—2026 年）》 |
| 5 | 2023 年 4 月 | 工业和信息化部等部门 | 《关于加强 5G+ 智慧旅游协同创新发展的通知》 |

供稿：上海商业会计学校　郎文君

# 智能楼宇管理员 S

职业编码：4-06-01-04

舒适的居住环境、健全的安保设施、自动温度调节及智能照明控制，还有很多智能化的设施与服务，试想一下，如果你居住的建筑能够提供并满足这些令人憧憬的条件会是什么样的？你以为这是空想吗？完全不是，这已经成为了现实，因为人工智能建筑已经扑面而来。人工智能建筑实际上就是通过云交互的方式改造建筑，通过使用传感器、摄像头和执行器来提高建筑物的可靠性，在发生紧急情况时，建筑物会进行分析并做出相应响应。

当你通过人脸识别或指纹识别等方式进行身份认证后，进入楼宇时，楼宇中的灯光自动调节亮度和颜色，营造出舒适的氛围；空调系统自动调节温度和湿度，让环境更加舒适，更加节能；楼宇内部监控摄像头、烟雾报警器、气体报警器等安防设备时刻保障你的人身和财产安全……此时，楼宇不再是一座冷冰冰的建筑，而是一座具有人情味的智能楼宇。这一切美好的享受都离不开智能楼宇管理员对建筑智能化系统的操作、调试、检测、维护等。

## 一、智能楼宇管理员的一天

**记录时间：2023 年 6 月 13 日** **记录人：张某丹**

### 上午工作情况

**8 点：**

1. 浏览并回复收到的邮件和电话留言。（工作处理）
2. 查看工作日程表，以确保没有遗漏的任务或会议。（查看工作日程表）

3. 检查电力系统，包括主配电板、变压器、发电机和UPS等设备，以确保系统正常运行。（检查电力系统）

4. 检查照明系统，包括灯具、开关和控制器。测试灯具是否正常工作，并检查控制器是否正确配置。检查时发现大楼展厅橱窗的照明有故障，查询展厅接待安排，确认当天无接待任务，随即将故障记录到巡查记录表中，并输入维护管理系统。（检查照明系统）

5. 检查通风和空调系统，包括空气过滤器、风扇和温度控制器。测试系统是否在预定的温度范围内运行，并检查过滤器是否需要更换。（检查通风和空调系统）

6. 检查安全系统，包括门禁、摄像头和警报器。测试门禁系统是否正常工作，并检查摄像头和警报器是否正确配置。检查时发现楼内一办公室的摄像头处于离线状态，随即将故障记录到巡查记录表中，并输入维护管理系统。（检查安全系统）

7. 检查消防系统，包括火警探测器、喷淋系统和灭火器。测试火警探测器是否正常工作，并检查喷淋系统和灭火器是否正确配置。（检查消防系统）

8. 与业主和团队成员沟通，以确定问题处理优先级和时间表。（确定问题处理优先级）

工作中的智能楼宇管理员如图4-06-01-04-1所示。

图4-06-01-04-1 工作中的智能楼宇管理员

**10点：**

1. 根据巡检结果，与组员一起对展厅照明系统进行检测和修复。通过电压法检测，确认为LED

灯具故障，更换 LED 灯具后故障排除。（检修照明设备）

2. 根据巡检结果，与组员一起前往会议室现场检查。确认故障原因为与摄像头连接的 RJ45 接头出现了故障，导致监控画面无法正常显示，立即利用工具对接头进行重新连接，经过测试，监控画面恢复正常。（检修监控系统）

## 下午工作情况

**14 点：**

1. 收到紧急故障任务单，称某个通道的门禁系统出现了故障，导致员工无法通过该通道进行身份认证进入或离开大楼。（收到任务单）

2. 迅速响应故障报告，与组员一同前往现场检查。发现该通道门禁系统出现了电力故障，导致系统无法正常工作，随即开始排除故障，首先检查电源线路和控制面板，发现电源线路短路，导致控制面板无法正常工作。（维修门禁系统）

3. 故障排除。更换短路的电源线路，并重新启动门禁系统，经过测试，确认门禁系统恢复正常工作，向用户报告故障原因和系统修复情况。（解决用户问题）

**15 点：**

1. 阅读设备维修手册，深入学习设备电气原理和检测检修方法。（学习知识）

2. 参加部门内部技术交流会议，与同事进行技术经验交流。（技术交流）

**17 点：**

1. 检查当天完成的工作，并将相关信息输入维护管理系统。（资料归档）

2. 向主管汇报当天的工作完成情况。（汇报当天工作）

3. 检查并回复最后一批邮件和电话留言。（回复邮件）

4. 确保所有工具和设备都已妥善存放。（确认设备情况）

## 二、什么是智能楼宇管理员

**职业定义。**智能楼宇管理员是从事建筑智能化系统操作、调试、检测、维护等工作的人员。

**定义解读。**建筑智能化系统是指利用现代通信、控制、计算、传感、物联网等技术，针对现代建筑的各种需求和优化目标，实现对建筑物理设施和环境的智能、优化、自适应、协同控制和管理的集成应用平台，包括但不限于停车场管理系统、网络通信系统、火灾报警及消防联动系统、楼宇安防系统、会议广播系统、建筑设备监控系统等。

**关联职业。**密切相关的职业有电气设备安装工、物联网安装调试员等。电气设备安装工注重弱电系统的设计和建设技能，如照明系统的布线、接线、调试等。物联网安装调试员注重产品与设备运行环境中的物联网网络安装和设备的接入、软件的配置和使用等。智能楼宇管理员则注重智能化设备的使用与维护技能，包括但不限于安全监控、环境控制、能源管理等。

**相应岗位。**智能楼宇系统工程师、智能楼宇运维工程师、智能楼宇项目经理、智能楼宇销售代表、智能楼宇数据分析师、智能楼宇技术支持工程师等。

## 三、智能楼宇管理员的主要工作职责

1. 操作火灾自动报警与消防联动控制系统，维护自动灭火设备。

2. 操作、维护周界安全防范系统。

3. 操作、维护卫星电视与有线电视系统。

4. 管理与维护会议、广播和多媒体显示系统。

5. 提供完整的硬件连通环境，布设、检修、维护信息通信线缆和无线网络，进行网络系统的局部调整设计和组网。

6. 现场安装、调试、维修建筑智能化设备；安装、调试、检修闭路电视监控系统；安装、测试、管理综合布线系统；安装、连接数字电视机顶盒及多功能会议设备。

7. 安装各类后台管理软件，并对建筑智能化设备进行联调，确保系统能正常运行。

8. 对系统进行安全防范和保护，防止黑客攻击和病毒入侵，确保系统及数据的安全性和可靠性。

9. 为用户提供专业的技术支持和服务，对用户进行产品介绍和培训，解决用户在使用系统中遇到的问题和困难，提高用户的满意度和体验感。

10. 优化和升级系统，保持系统的高效性和先进性，提高系统的智能化水平和管理效率。

## 四、智能楼宇管理员的薪酬福利待遇

**平均薪酬水平。**根据看准网 2023 年 6 月发布的数据，智能楼宇管理员在全国的平均月薪为 7967 元，中位数为 7861 元，其中，2000~7000 元的占比最大，约为 45%。同时，智能楼宇管理员的薪资水平因地区而异，北京、上海、广州、深圳等一线城市的薪资水平会高于其他城市。

**与类似职业对比。**根据看准网 2023 年 6 月的数据，该职业的薪酬一般高于电气设备安装工、物业维修电工、物业管理员等的薪酬。类似职业薪酬水平见表 4-06-01-04-1。

**表 4-06-01-04-1　类似职业薪酬水平**

| 职业名称 | 平均月薪（元 / 月） |
|---|---|
| 电气设备安装工 | 5567 |
| 物业维修电工 | 5621 |
| 物业管理员 | 5232 |

## 五、从事智能楼宇管理员工作需要哪些本领

该职业从业人员需要具备的知识和技能有智能建筑行业规范、标准及规程，建筑智能化工程项目组织、设备安装与调试、系统维护与管理等。核心技能是楼宇自动化设备安装与调试、系统维护与管理。

智能楼宇管理员需具备的知识和技能见表 4-06-01-04-2。

**表 4-06-01-04-2　智能楼宇管理员需具备的知识和技能**

| 职业功能 | 工作内容 | 知识和技能要求 |
|---|---|---|
| 综合布线系统管理与维护 | 光纤处理 | 能进行光纤的熔接，能制作光纤的跳线 |
| | 连通性能测试 | 能测试铜缆连通性能，能测试光纤连通性能，能识读测试记录 |
| 火灾自动报警及消防联动控制系统管理与维护 | 探测器检修 | 能识别探测器故障，能检修探测器连接线路 |
| | 测控模块检修 | 能识别测控模块故障，能检修测控模块连接线路 |
| | 消防设备设施巡查 | 能巡查消防设备设施状态，能检测消防联动功能 |
| 网络与通信系统管理与维护 | 计算机网络组网 | 能选择网络设备，能组建计算机网络 |
| | 有线电视用户分配网测试和管理 | 能测试有线电视用户分配网性能，能检修有线电视用户分配网 |
| 建筑设备监控系统管理与维护 | 传感器和执行器测试 | 能测试传感器和执行器性能，能排查传感器和执行器常见故障 |
| | 现场控制器测试 | 能测试现场控制器通信端口，能测试现场控制器 I/O 端口 |
| 安全防范系统管理与维护 | 视频监控系统测试与检修 | 能测试视频监控系统设备功能，能检修视频监控传输线路 |
| | 入侵报警系统测试与检修 | 能测试入侵报警系统设备功能，能测试入侵报警联动系统功能，能检修入侵报警系统传输线路 |
| | 门禁系统测试与检修 | 能测试门禁系统设备功能，能检修门禁系统传输线路，能调试和检修可视对讲系统 |
| | 停车场管理系统维护 | 能维护停车场管理系统检测设备，能维护停车场管理系统控制设备 |

续表

| 职业功能 | 工作内容 | 知识和技能要求 |
| --- | --- | --- |
| 会议、广播和多媒体显示系统管理与维护 | 会议系统测试与检修 | 能测试会议系统功能，能检修会议系统故障 |
| | 广播系统测试与检修 | 能测试广播系统功能，能检修广播系统故障 |
| | 多媒体显示系统测试与检修 | 能测试多媒体显示系统功能，能检修多媒体显示系统故障 |

## 六、智能楼宇管理员的专业教育现状

### （一）相关专业

目前已有较多院校开设了与该职业相关的专业，涉及普通本科院校、职业院校等。普通本科院校相关专业有建筑电气与智能化、电气工程及其自动化等。职业院校相关专业有建筑智能化工程技术、建筑智能化设备安装与运维、网络安防系统安装与维护、物联网应用技术等。

### （二）开设相关专业的院校（排名不分先后）

★ 相关院校：哈尔滨工业大学、同济大学、西安建筑科技大学、北京建筑大学、广东技术师范大学、桂林电子科技大学、华东交通大学、东莞城市学院等。

◆ 相关院校：广东机电职业技术学院、北京市工贸技师学院、广州市机电技师学院、中山市技师学院、成都市技师学院、杭州第一技师学院、江苏省徐州技师学院、深圳市第一职业技术学校等。

## 七、智能楼宇管理员的就业创业信息

该职业从业人员遍布全国各地，主要集中在北京、上海、广州、深圳等一线城市，以及智慧城市建设发展较快的城市，如杭州、苏州、成都、长沙、南京等。

吸纳智能楼宇管理员就业较多的用人单位主要有：

1. 智能建筑企业：如同方泰德国际科技（北京）有限公司、新奥集团股份有限公司、华夏智能控制有限公司、海控南海发展股份有限公司等。

2. 智能安防企业：如杭州海康威视数字技术股份有限公司、浙江大华技术股份有限公司、浙江宇视科技有限公司、深圳市安巨新能源科技有限公司等。

3. 智能家居企业：如海尔集团公司、小米科技有限责任公司、珠海格力电器股份有限公司、美的集团股份有限公司、华为技术有限公司等。

4. 物业管理企业：如深圳市万科物业服务有限公司、保利物业服务股份有限公司、绿城物业服务集团有限公司、广州广电物业管理有限公司等。

5. 楼宇自动化施工企业：如中国建筑第二工程局有限公司、中国建筑第三工程局有限公司、中国建筑第四工程局有限公司等。

注：以上机构信息仅供参考，不代表编写出版方对其推荐或认可。

## 八、智能楼宇管理员的职业贯通发展

该职业的发展路径主要有四条：技术路线，即通过不断学习和掌握新技术，逐步成为技术专家或技术顾问。管理路线，即通过不断学习和提升管理能力，逐步成为团队领导或项目经理。销售路线，即通过不断学习和提升销售技能，逐步成为销售代表或销售经理。创业路线，即对市场进行深入的调研和分析，成为智能楼宇系统集成商、智能楼宇设备供应商、智能楼宇运营商或智慧城市解决方案提供商等。智能楼宇管理员职业贯通发展如图 4-06-01-04-2 所示。

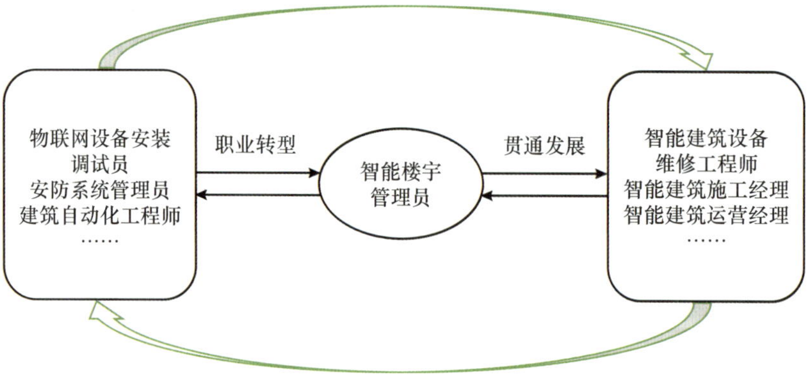


图 4-06-01-04-2　智能楼宇管理员职业贯通发展图

## 九、智能楼宇管理员的发展前景

**从市场供需看。**智联招聘发布的《2021 年中国智慧城市人才市场报告》指出，智慧城市建设与智能楼宇管理是当前人才市场热门领域。智能楼宇管理职位需求量增长迅速，2020 年同比增长了 58.8%，增速超过了智慧城市整体的平均增速，但是人才供给相对不足，智能楼宇管理人才供需比为 1∶1.6。随着人们对生活品质的要求及政府对绿色建筑和节能减排的要求不断提高，智能楼宇管理员的发展前景将继续扩展。

**从产业发展看。**随着智慧城市的发展，越来越多的高楼大厦需要进行智能化改造，以提高其能源利用效率和管理水平。根据艾瑞咨询集团发布的《2021—2025 年中国智慧楼宇市场发展前景及投资机会分析报告》，预计到 2025 年，中国智能楼宇市场规模将达到 1.9 万亿元，智能楼宇管理员将成为其中不可或缺的一部分，负责楼宇设备的监控、维护、保养和管理。此外，智能楼宇管理员还可以在其他领域发挥重要作用。例如，在工业园区、物流园区等大型场所，智能楼宇管理员可以协助企业进行设备监控、数据采集和分析等工作，提高生产效率和管理水平；在公共场所（如医院、学校、商场等），智能楼宇管理员可以协助管理人员提高设施管理效率，提供更好的服务。

**从政策红利看。**智能楼宇管理员的发展得到多项国家政策的支持：一是新型基础设施建设，智慧城市建设和智能楼宇管理等领域被列为新型基础设施建设的重点领域之一，政策鼓励各地加大对智慧城市和智能楼宇管理的投入，推动数字化、智能化、绿色化等新型基础设施建设；二是发展绿色建筑，政策鼓励推进绿色建筑和节能减排发展，支持智能楼宇管理员通过使用智能化技术提高能源效率，减少能源浪费，减小楼宇对环境的影响。总之，政策的支持将为智能楼宇管理员的发展提供有力保障，同时也为智慧城市的发展提供新的机遇。

## 十、相关内容链接

**国家职业标准：**扫码即可查看☞。

**相关政策文件：**见表 4-06-01-04-3。

表 4-06-01-04-3 智能楼宇管理员相关政策文件

| 序号 | 发布或通过时间 | 发布或通过机构 | 文件名称 |
|---|---|---|---|
| 1 | 2022 年 3 月 | 住房城乡建设部 | 《“十四五”住房和城乡建设科技发展规划》 |
| 2 | 2022 年 6 月 | 国家发展改革委 | 《“十四五”新型城镇化实施方案》 |
| 3 | 2022 年 7 月 | 住房城乡建设部等部门 | 《“十四五”全国城市基础设施建设规划》 |

供稿：广州市公用事业技师学院 叶勇盛

# 商务数据分析师 S

职业编码：4-07-02-05

数据作为数字经济时代新的生产要素，其重要性不言而喻。在社会经济活动中，商务活动所产生的商务数据更是数据世界不可或缺的重要组成部分。商务活动是指以贸易和投资为基础，利用商业活动的方式来取得经济利益的经济活动。商务活动主要涉及企业务必进行的市场营销、金融管理、人事管理、信息系统维护、安全管理和其他企业运营管理等。商业活动可以分为货物贸易、服务贸易、投资运作、国际金融，以及其他多方面的活动。商务活动必然伴随着大量的数据，特别是在今天的互联网大数据时代，收集数据、存储数据、展示数据、分析数据的方式方法都有了质的变化，利用数据更加高效、精准地解决业务问题、实现业务价值，是商务活动参与者的必然需求。因此，商务数据分析师职业应运而生。

## 一、商务数据分析师的一天

记录时间：2023 年 5 月 26 日　　记录人：陈某数

### 上午工作情况

**9 点：**

1. 与客户沟通数据背景、数据指标集的含义及合理性问题，理解客户需求，结合问题背景提炼问题。(明确客户需求)

2. 对数据集进行清洗，纠正数据文件中可识别的错误，包括检查数据一致性、处理无效值和缺失值等，过滤那些不符合要求的数据，将过滤结果交给业务主管部门，确认是否已完成过滤，或者由业务单位修正之后再进行处

理。（数据清洗）

3. 利用数据分析软件对清洗后的数据进行描述性分析，观察其基本统计特征。（数据描述性分析）

4. 对数据进行可视化分析，如根据变量类型及问题需要绘制条形图、直方图、相关矩阵图等。（数据可视化分析）

数据可视化分析如图 4-07-02-05-1 所示。

图 4-07-02-05-1　数据可视化分析

**下午工作情况**

**14 点：**

1. 利用统计、机器学习等各种数据分析方法对数据进行定量建模分析，利用模型评价指标对模型进行检验，对比分析各模型的优良性，持续改进模型。（数据建模）

2. 利用上述得到的合理模型进行业务预测。（模型预测）

3. 撰写商务数据分析报告，给客户提供可视的、合理的决策建议。（报告撰写）

数据建模如图 4-07-02-05-2 所示。

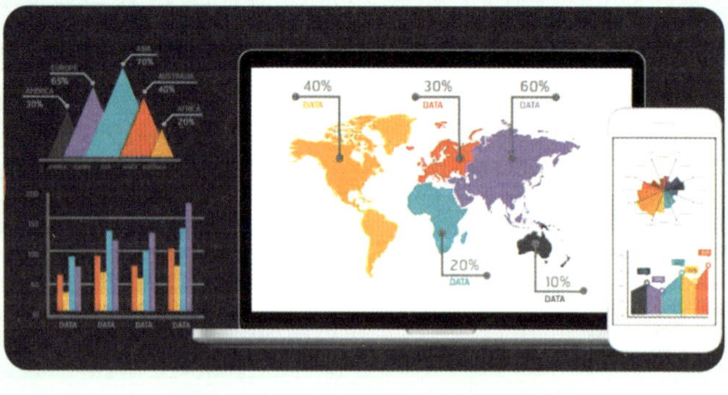


图 4-07-02-05-2　数据建模

## 二、什么是商务数据分析师

**职业定义。**商务数据分析师是指从事商务行为相关的数据采集、清洗、挖掘、分析，发现问题、研判规律，形成数据分析报告并指导他人应用的人员。

**定义解读。**数据分析师指的是不同行业中，专门从事行业数据搜集、整理、分析，并依据数据做出行业研究、评估和预测的专业人员。商务数据分析师特指对商务活动中产生的数据进行分析的工作人员，通过数据分析实现商业价值是商务数据分析师的最终目标。

**关联职业。**密切相关的职业有商务咨询服务人员、商务管理人员、数据库工程师等。商务咨询服务是指为企业提供与商业有关的信息，以及提供协助商业运作的工作。商务管理是指在各类商务机构及企业单位从事商务管理实务的工作。数据库工程师是指从事管理和维护数据库管理系统的相关工作人员。

**相应岗位。**商业数据分析师、数据分析师、经营分析师、贸易数据申报师、智能商务策划师、高级统计分析师、数据采集工程师、数据处理工程师、运营数据分析师、产品数据分析师、客户数据分析师、供应链数据分析师、数据可视化工程师等。

## 三、商务数据分析师的主要工作职责

1. 采集、清洗企业商务数据，建立商务数据指标体系。商务数据分析师负责收集实际业务中所需的数据，包括内外部数据、结构化和非结构化数据等，将数据转换为可用的格式，以便进行进一步分析；负责对收集的数据进行处理和清洗，去除异常值和错误数据，保证数据的准确性和可靠性；负责搭建数据指标体系，如利用 OSM 模型。OSM 是三个英文单词的缩写：即目标（object），希望实现的业务目标；策略（strategy），为了完成业务目标准备采取的具体策略；度量（measure），衡量落地效果的好坏及业务目标完成的情况。

2. 分析、挖掘商务数据，产出数据模型。商务数据分析师负责使用数学、统计学及计算机知识对数据进行分析，建立数学模型或统计模型，进行数据挖掘、预测分析等方面的工作，为深入掌握业务背景和动态变化情况提出有效的决策建议。

3. 撰写、制作、发布可视化数据和商务分析报告。商务数据分析师负责利用数据可视化工具等手段，将数据分析结果生成有关的图形、图表及报告，以便于企业管理者、决策者快速了解分析报告，制定决策。商务数据分析师应通过清晰、准确的笔记及报告，阐述自己的发现，提供合理化的解释和建议，并为日后的工作或分析提供有价值的数据。

4. 提供数据应用咨询服务。商务数据分析师负责帮助企业或其他服务对象识别商务数据应用场景，提供大数据应用解决方案，包括业务分析、数据建模、数据平台、工具支撑的一系列相关运营管理机制建设，帮助企业实现基于数据应用创新型企业商业模式，通过商务数据应用实现产品或服务创新、运营优化、精准营销、风险预警、决策支持等，将商务数据有效转化为商业价值。

5. 分析、总结以数据可视化形式呈现的业务层面数据应用情况。商务数据分析师负责分析、总结业务层面数据应用情况，其中的数据可视化分析技术非常关键。数据可视化分析技术就是将数据以图形的方式展现出来，使数据更加直观、清晰和易于理解。以数据可视化形式呈现的分析报告可以帮助企业快速了解业务状况，及时发现潜在问题；可以帮助企业发现竞争优势和瓶颈；可以帮助企业发现新的商业机会。

6. 监控数据指标，识别、分析业务问题与发展机会，提出解决策略。商务数据分析师负责对数据指标进行监控，及时发现问题并提出应对方案供管理者参考。对数据指标进行监控是及时、有效地反馈数据异常的一种手段，通过对数据指标的监控去观察是否异常，进而分析数据。商务数据分析师应明确监控目标以及监控数据指标背后的意义；应明确设立数据预警的条件和规则；应明确数据预警后的应对措施，通过相应的数据分析识别、发现问题并提出解决策略供管理者参考。

## 四、商务数据分析师的薪酬福利待遇

**平均薪酬水平。**从行业看，商务数据分析师属于信息传输、软件和信息服务人员。根据国家统计局公布的数据，在2022年城镇非私营单位分行业门类就业人员年平均工资表中，信息传输、软件和信息技术服务业的年平均工资为220418

元，比 2021 年度的 201506 元增长 9.4%，两年的行业排名均为第一。在 2022 年城镇私营单位分行业门类就业人员年平均工资表中，信息传输、软件和信息技术服务业的年平均工资为 123894 元，比 2021 年度的 114618 元增长 8.1%，两年的行业排名同样均为第一。从岗位看，根据相关招聘网站招聘信息统计，商务数据分析师的薪酬为 5000~40000 元 / 月，根据学历、工作年限不同变化较大，平均薪酬约为 15000 元 / 月。从区域看，商务数据分析师的相关高薪职位主要集中在长三角、珠三角和京津地区，北京、上海、深圳等地的平均薪酬基本在 12000 元 / 月以上，杭州、宁波等地基本在 10000 元 / 月以上。综合来看，作为互联网大数据时代的新兴职业，商务数据分析师整体薪酬水平较高。

**与类似职业对比。**《2022 年薪酬白皮书》的数据显示，在一线城市，类似职业薪酬水平见表 4-07-02-05-1。

**表 4-07-02-05-1　类似职业薪酬水平**

| 职业名称 | 薪酬水平（元 / 月） |
|---|---|
| 市场分析专员 | 6000~18000 |
| 财务专员 | 5000~16000 |
| 电商运营专员 | 5000~15000 |
| 项目管理专员 | 5000~16000 |

## 五、从事商务数据分析师工作需要哪些本领

该职业从业人员需具备的知识和技能有商务贸易、电子商务、商业经济学、会计学、市场营销、统计学、数学、计算机科学与技术、数据库管理、数据分析技术、数据分析软件应用等。该职业作为商务和数据分析行业的交叉领域，需要同时具备这两个领域的背景知识和技能，数据分析是手段，最终解决商务问题、实现商业价值才是目的。

商务数据分析师需具备的知识和技能见表 4-07-02-05-2。

**表 4-07-02-05-2　商务数据分析师需具备的知识和技能**

| 职业功能 | 工作内容 | 知识和技能要求 |
|---|---|---|
| 数据获取 | 数据分析指标体系制定 | 能根据企业发展规划、市场趋势、运营现状、产品特点等明确问题背景和分析目的；能根据分析目的，确定数据指标维度、指标影响因素、关键数据指标，搭建数据分析指标体系；能通过数据测试，验证数据指标体系的完整性、准确性和合理性 |
| | 数据采集 | 能根据不同问题应用相应的数据采集方法，能使用相应的数据采集工具 |
| 数据处理 | 数据探索性分析 | 能利用相关的统计软件工具了解数据的大体质量及常见的数据问题，如缺失、异常值、数据不一致等；能进行数据的初步特征分析，如分类数据的类别频数和频率，连续数据的常用分位数、分布特征等 |
| | 数据清洗 | 能利用相关的统计软件工具去除、补全缺失数据，能利用相关的统计软件工具去除、修改格式和内容错误的数据，能利用相关的统计软件工具去除、修改逻辑错误的数据，能利用相关的统计软件工具去除不需要的数据 |
| 数据分析 | 数据描述性分析 | 能利用对比分析、漏斗分析、用户画像、AB 测试分析等常用方法对数据进行分析 |
| | 数据可视化分析 | 能利用条形图、饼图、热图、直方图、箱线图、散点图、散点图矩阵等常用图形，根据数据类别及分析目的对数据进行合理的可视化分析及展示 |
| | 数据建模分析 | 能根据分析目的，利用回归分析、时间序列分析、逻辑回归、决策树、$k$- 最近邻、支持向量机等统计与机器学习相关模型和算法进行合理的数据分析 |
| 数据分析报告 | 数据分析报告撰写 | 能按照商务数据化运营方案中的分析目标，熟练使用相关工具，设计数据分析报告类型和框架；能依据确定的数据分析报告框架，结合市场、运营和产品等数据分析结果，撰写数据分析报告；具备较强的系统化思维和文字表达能力 |

## 六、商务数据分析师的专业教育现状

### （一）相关专业

目前已有较多院校开设了与该职业相关的专业，涉及普通本科院校、职业院校等。普通本科院校相关专业有电子商务、信息管理与信息系统、工商管理等。职业院校相关专业有商务数据分析与应用、电子商务等。

### （二）开设相关专业的院校（排名不分先后）

★ 相关院校：北京大学、清华大学、上海交通大学、复旦大学、同济大学、北京理工大学、中央财经大学、对外经济贸易大学、上海财经大学、西南财经大学等。

◆ 相关院校：北京信息职业技术学院、天津轻工职业技术学院、浙江商业职业技术学院、无锡商业职业技术学院、石家庄财经职业学院、南京信息职业技术学院、安徽商贸职业技术学院、厦门软件职业技术学院、山东商业职业技术学院、郑州电子商务职业学院等。

## 七、商务数据分析师的就业创业信息

商务数据分析师从业人员遍布全国各地，在经济发达地区，特别是北京、上海、广州、深圳、杭州等互联网企业集中和电商产业发达地区，对该职业的需求量较大。

吸纳商务数据分析师就业较多的用人单位主要有：

1. 互联网公司：阿里巴巴、腾讯、百度、新浪、爱奇艺等。

2. 电子商务类公司：京东、小米、美团、淘宝、拼多多、网易严选、快手等。

3. 金融机构：中国工商银行、中国建设银行、交通银行、中国农业银行、中国银行、中国人寿、平安保险等。

4. 政府及企事业单位：中国移动、中国联通、中国电信、政府商业商务相关管理部门等。

注：以上机构信息仅供参考，不代表编写出版方对其推荐或认可。

## 八、商务数据分析师的职业贯通发展

该职业的发展路径主要有三条：管理路线，即从员工晋升为数据相关部门的经理（单位中层），如数据产品经理、数据运营经理等，再晋升为单位领导层。专家路线，即不断提高技术技能水平，尤其是对模型和算法等做深入的研究，从初级商务分析师发展为高级商务数据分析师、数据算法工程师、数据研发工程师，甚至数据科学家等。创业路线，即基于个人兴趣爱好进行领域的创新创业。商务数据分析师绝不仅仅是简单的数据分析人员或 IT 人员，而是可以发展为参与制定企业发展决策的核心人物。商务数据分析师职业贯通发展如图 4-07-02-05-3 所示。

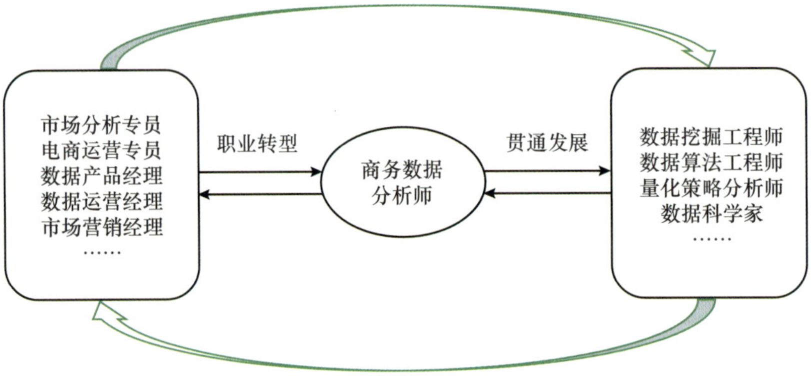


图 4-07-02-05-3　商务数据分析师职业贯通发展图

## 九、商务数据分析师的发展前景

**从市场供需看。**商务数据分析师存在巨大的人才缺口。现在，成功的互联网公司及电子商务公司都是利用数据做支撑的，处于以数据驱动企业增长的最前沿。随着数据分析在国内的发展，以及众多企业对数据分析人才需求的持续增长，商务数据分析师将是未来最具发展潜力的职业之一。

**从产业发展看。**中国信息通信研究院发布的《中国数字经济发展报告（2022年）》指出，我国在数据价值挖掘的探索更加深入，数据资源化进程不断深化，商务数据分析为产业升级注入了新的活力。商务数据分析尽管在美国起步，但未来发展最快的地区还是中国，因为中国有着一个得天独厚的优势，那就是拥有全世界最庞大的用户群。尤其是腾讯、阿里巴巴、京东、拼多多这样掌握大量用户数据的巨型互联网公司，几乎将数据的价值发挥到了极致，如精准的商品推送机制、支付宝建立的完善的信用体系等。商务数据分析是让大数据具有商业价值的主要途径。

**从政策红利看。**2022 年 6 月，人力资源社会保障部发布《关于对拟发布机器人工程技术人员等职业信息进行公示的公告》，其中发布了商务数据分析师等 18 个新职业。此次公示的新职业具有的重要特点之一就是在数字经济发展中催生的数字职业。数字经济是以数字技术为基础的新的经济形态，具有发展速度快、辐射范围广、影响程度深等特点。数字经济正在推动生产方式、生活方式和治理方式产生深刻变革。此次公示的商务数据分析师等职业，均是参照《数字经济及其核心产业统计分类（2021）》，以数字产业化和产业数字化两个基本视角，围绕数字语言表达、数字信息传输、数字内容生产三个维度，以及工具、环境、目标、内容、过程、产出等六项指标进行界定的。对数字职业进行标注，是我国职业分类工作的重要创新，对推动数字经济、数字技术的发展以及提升全民数字素养具有重要意义。《中华人民共和国国民经济和社会发展第十四个五年规划和 2035 年远景目标纲要》明确指出，要加快数字化发展，建设数字中国，对数字经济、数字社会、数字政府建设作出了系统部署。

## 十、相关内容链接

**国家职业标准：**扫码即可查看 ☞ 。

**相关政策文件：**见表 4-07-02-05-3。

**表 4-07-02-05-3　商务数据分析师相关政策文件**

| 序号 | 发布或通过时间 | 发布或通过机构 | 文件名称 |
|---|---|---|---|
| 1 | 2021 年 5 月 | 国家统计局 | 《数字经济及其核心产业统计分类（2021）》 |
| 2 | 2021 年 10 月 | 商务部等部门 | 《“十四五”电子商务发展规划》 |

续表

| 序号 | 发布或通过时间 | 发布或通过机构 | 文件名称 |
| --- | --- | --- | --- |
| 3 | 2021年11月 | 工业和信息化部 | 《“十四五”大数据产业发展规划》 |

供稿：中国农业大学　刘旭华

# 航空气象员 S

职业编码：4-08-01-01

航空气象员是指在航空领域从事气象观测、预报和气象服务工作的专业人员。他们负责收集、分析和解读气象数据，为航空器的起飞、飞行和着陆提供准确的气象信息和预报，以确保航空安全和飞行效率。航空气象员需要具备丰富的气象知识和技能，熟悉气象仪器的使用和气象数据的处理，能够准确判断和预测天气变化，并及时向飞行员和航空管制部门提供相关的气象信息和建议，通常在气象部门、航空公司、机场等单位就业。航空气象对于航空运输、航空安全和航空交通管理至关重要，准确的气象信息可以帮助飞行员避免不利的天气条件，减少风险，并提高飞行的效率和舒适性。

## 一、航空气象员的一天

**记录时间：2023 年 6 月 12 日** **记录人：赵某丽**

**上午工作情况**

**8 点：**

1. 与上一班观测员交接工作情况，对上一班工作进行检查。（工作交接）

2. 从当日零点开始持续观测天气并发布气象报文，包含例行观测（每小时发布一次）和特殊观测（气象要素有变化时发布）。（天气观测）

3. 分析天气，从当日零点开始持续发布未来 9 小时天气预报，后续每隔 3 小时滚动发布一份未来 9 小时天气预报。（天气分析）

**9点：**

1. 开始交接班，包含天气会商、设备的运行情况等，天气会商完毕，气象预报员为管制、机场其他岗位进行天气讲解。（天气讲解）

2. 对所有气象设备进行例行检查。（设备检查）

**11点：**

绘制当日早上8点的高空地面天气图。（天气图绘制）

### 下午工作情况

**14点：**

1. 每小时观测天气情况，按时发送报文，按规定填写《中国民用航空气象地面观测簿》，按实际情况填写《对外服务通知记录簿》。（天气观测）

2. 持续发布气象观测报文和气象预报报文，本场天气情况有变化时，电话通知塔台。（报文发布）

工作中的航空气象员如图4-08-01-01-1所示。

图4-08-01-01-1　工作中的航空气象员

**16 点：**

1. 16：25 时，本场由于附近积雨云的影响，预计有风切变过程，气象预报员发布本场风切变警报。（风切变警报发布）

2. 本场风切变过程预计于 16：45 结束，气象预报员解除风切变警报。（风切变警报解除）

**18 点：**

发布本场未来 24 小时天气预报。（天气预报发布）

**22 点：**

1. 填写本班工作情况并完成以下内容：①时间校对；②本班发布的各类报告份数，包括例行气象报告、特殊气象报告、趋势预报以及其他报告；③本场天气情况；④特殊情况处置；⑤交代事项。（本班工作情况填写）

2. 按规定填写当日工作量统计表。（工作量统计表填写）

## 二、什么是航空气象员

**职业定义。**航空气象员是从事民用航空气象观测、探测、情报交换和气象设备设施维护维修工作的人员。

**定义解读。**航空气象员是专门从事航空领域气象观测、预报和气象服务工作的人员。他们的主要职责是收集、分析和解读气象数据，为航空器的起飞、飞行和着陆提供准确的气象信息和预报，以确保航空安全和飞行效率。航空气象员需要具备丰富的气象知识和技能，包括天气系统的形成和演变、气象观测方法和仪器的使用、气象数据的处理和分析等。他们需要能够准确判断和预测天气变化，包括降雨、云量、能见度、风速和风向等因素，以便提前向飞行员和航空管制部门提供相关的气象信息和建议。航空气象员通常在气象部门、航空公司、机场等单位就业。他们与其他航空专业人员密切合作，为航空运输和航空安全做出重要贡献。他们的工作需要高度的责任感和专业精神，因为准确的气象信息对于飞行安全至关重要。

**关联职业。**密切相关的职业有航空气象员 / 航空气象专员、气象预报员 / 气象分析师、气象观测员、气象研究员 / 气象科学家、航空交通管制员、航空公司运行控制员 / 航班调度员、飞行员、航空气象雷达设备机务员、航空气象自动观测系统机务员等，这些职业都与航空气象有关，各自在航空领域的不同环节中发挥重要的作用，以确保航空运输的安全和效率。

**相应岗位。**航空气象员 / 航空气象专员、气象预报员 / 气象分析师、气象观测员、气象研究员 / 气象科学家、航空交通管制员、航空公司运行控制员 / 航班调度员、航空气象雷达设备机务员、航空气象自动观测系统机务员等。

## 三、航空气象员的主要工作职责

航空气象员的主要工作职责包括但不限于以下七个方面。

1. 收集和分析涉飞机场、航路、空域的气象观测、预报、预警等信息。

2. 汇总涉飞机场、航路、空域各种类型、各种时间和空间尺度的气象观测、预报、预警的信息，根据对收集到的气象数据和气象模型的预测，制作准确的天气预报。同时，结合天气现象、温度、湿度、风速和风向等，为飞行员和航空公司提供及时的天气信息。

3. 飞行支持和规划：为飞行员和航空公司提供飞行支持和规划服务。根据天气预报和现有天气条件，协助制订飞行计划、选择合适的航线，并提供有关天气对飞行安全和效率的影响的建议。

4. 天气监测和警报：持续监测天气变化和天气现象，使用气象雷达、卫星图像等工具进行天气监测；及时发布天气警报和特殊天气现象的通知，帮助飞行员和航空公司采取适当的措施来应对风险。

5. 与其他航空相关人员合作：与飞行员、航空交通管制员、航空公司运营人员等密切合作，交流和分享气象信息，以确保飞行活动的顺利和安全，并协调与天气相关的决策和操作。

6. 气象数据管理和技术支持：负责管理和维护气象数据的档案和数据库。使用专业软件和工具处理气象数据，并提供技术支持，以确保数据分析、信息提供的准确性和可靠性。

7. 气象雷达及其他设备维护检修数据采集：对使用的雷达系统进行维护、检修、调整、标定和排除故障，使设备处于良好状态并按操作程序使用雷达设备，及时、准确地探测、分析、编报、传递回波信息。

需要注意的是，具体的工作职责可能会因岗位级别、工作场所和组织要求而有所不同。航空气象员的主要职责是提供准确的气象信息和服务，以确保航空运输的安全和效率。

## 四、航空气象员的薪酬福利待遇

**平均薪酬水平。**航空气象员的薪酬福利待遇水平会受到多个因素的影响，包括所在国家或地区、工作经验、职位级别和雇主类型等。航空气象员获得执照后的薪酬为 6000~7000 元 / 月。航空气象员的薪酬水平通常相对较高，因为他们从事的是专业技术领域，对航空安全和效率至关重要。航空气象员的薪酬会根据不同岗位和经验水平而有所差异。一般来说，高级职位和经验丰富的航空气象员薪酬更高。航空气象员在福利待遇方面可能会享受一些特殊的福利，如航空公司提供的机票优惠、飞行津贴、健康保险、退休金计划等，具体福利待遇会因公司制度和国家法规不同而有所不同。

**与类似职业对比。**与其他气象领域的职业相比，航空气象员的薪酬水平通常较高。然而，与航空领域的一些其他职业（如飞行员、航空交通管制员）相比，航空气象员的薪酬水平可能相对较低。这是因为飞行员和航空交通管制员等职业具有更高的职业风险和责任。

需要注意的是，具体的薪酬福利待遇会因地区和公司的不同而有所不同。此外，特定的职位级别和资质认证可能对薪酬水平产生影响。类似职业薪酬水平见表 4-08-01-01-1。

**表 4-08-01-01-1　类似职业薪酬水平**

| 职业名称 | 薪酬水平（元 / 月） |
| --- | --- |
| 气象预报员 | 400~9000 |
| 海洋气象工程师 | 7000~12000 |
| 农业气象工程师 | 10000~15000 |
| 大气环境监测工程师 | 3000~12000 |

## 五、从事航空气象员工作需要哪些本领

航空气象员需具备的知识和技能见表 4-08-01-01-2。

**表 4-08-01-01-2 航空气象员需具备的知识和技能**

| 职业功能 | 工作内容 | 知识和技能要求 |
|---|---|---|
| 气象预报 | 结合相关的气象条件和气象信息以及数据，进行气象预报并作出预警 | 熟练掌握基础气象常识以及气象规律，并能根据实际天气结合卫星云图以及相应的气象观测 / 测量设备进行天气预报，并给出预警 |
| 编制航线 | 结合相关的气象条件或气象信息，根据相关知识和法规进行空中导航，并给出对飞行的建议 | 能够编制飞行计划、选择航线等，根据相关规定给出对飞行决策的建议（决定起飞、继续飞行或返航等），能够进行灾害性天气的识别和回避 |
| 特情管理 | 突发气象事件的预警和处理 | 能够对雾、雷雨、飑线等突发气象事件作出预警和处理，并作出飞行调整和延误；能够配合进行飞行事故的调查和预防，在紧急情况时提供及时支援和救援措施 |
| 继续教育 | 掌握新技术和行业动态，提升综合素质 | 能够定期学习新的国际民航气象执行标准，学习新的技术和设备使用方法及技巧 |

## 六、航空气象员的专业教育现状

### （一）相关专业

目前仅有少数院校开设了与该职业相关的专业，相关专业有应用气象学、大气科学等。

### （二）开设相关专业的院校（排名不分先后）

★ 相关院校：中国科学院大学、南京信息工程大学、北京大学、华东师范大学、南京大学。

## 七、航空气象员的就业创业信息

吸纳航空气象员就业较多的用人单位主要有：

1. 航空公司：航空气象员在航空行业中扮演着重要角色。航空公司、航空运输机构、航空交通管理部门等都需要航空气象员提供准确的天气信息和预报，以确保航班的安全性和效率，如中国东方航空、中国南方航空、中国国际航空、四川航空等各大航空公司。

2. 航空气象服务机构：一些国家和地区设有专门的航空气象服务机构，如气象局的航空气象部门或航空气象中心。这些机构是航空气象员的主要就业机会之一。

3. 私营航空气象公司：除政府机构外，私营的航空气象服务公司也提供航空气象服务。这些公司为航空公司、航空运输机构和其他相关行业提供专业的气象服务，为航空气象员提供就业机会。

4. 学术和研究机构：一些航空气象员也从事学术和研究工作，在大学、研究机构或气象研究中心从事航空气象相关的科学研究和教学工作。

需要注意的是，具体的就业情况可能会受到地理位置、经济条件和航空行业的发展状况等因素的影响。航空气象员通常需要具备相关的专业知识和技能，且竞争激烈。航空气象员需要不断学习和更新知识，并获取相应的资格认证，从而提升就业竞争力。此外，随着科技的发展和航空行业的变化，航空气象员也需要不断适应和学习新的技术和工具。

注：以上机构信息仅供参考，不代表编写出版方对其推荐或认可。

## 八、航空气象员的职业贯通发展

该职业的发展路径主要有三条：复合人才路线，即向其他行业跨越或进行职业转型，如通过学习相关知识和技能，发展为航空气象观测员、航空气象分析师、航空气象预报员等。专家路线，即有经验和专业知识的航空气象员可能晋升为航空气象专家或顾问。他们在航空气象领域拥有丰富的专业知识和经验，并提供咨询和指导，以支持飞行安全和航空运营决策。管理路线，即一些航空气象员在职业发展中可能转向管理职位，如航空气象部门的主管、航空气象服务机构的经理等。他们负责团队管理、预算规划、业务发展和政策制定等工作。航空气象员职业贯通发展如图 4-08-01-01-2 所示。

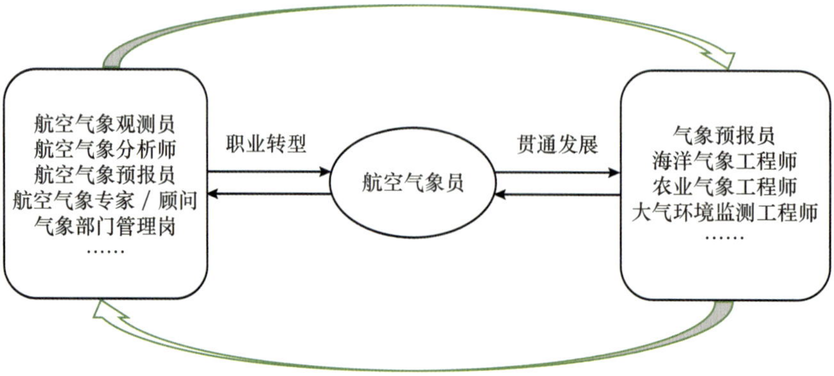


图 4-08-01-01-2　航空气象员职业发展贯通图

## 九、航空气象员的发展前景

**从市场供需看。**航空气象员的需求受多种因素影响，包括航空业的发展、气象技术的进步以及气候变化等。航空气象员是担负天气预报和气象服务等气象事业的专门人才，是指导和协助航空事业正常运行的专业人员。在 2020 年年底，我国民航气象系统共有 178 个气象站，其中，16 个航空气象中心，22 个航空气象观测站，15 个民航区域气象中心，以及多个地区、地方航空气象服务机构等，主要分布在我国主要的民航机场。目前，在华东地区，上海、南京、杭州、福州等城市民航需求量最大，基础设施最好，航空气象相关人才招聘的需求量最多。随着科技的进步，气象数据获取和分析技术的进步，使得对航空气象员的专业技能要求提高。这导致了对具备现代气象监测技术和数据分析能力的人才需求增加。目前，部分地区的航空气象员仍存在供需不均、人才不足的现象，尤其是在快速发展的航空市场区域。总体而言，随着航空运输业的持续扩展，航空气象员的需求前景看好，特别是具备科学素养和技术能力的人才尤为紧缺。未来市场发展前景依旧广阔。

**从产业发展看。**随着全球航空运输业的快速发展，航空公司和航空管理机构对精准气象服务的需求增加，推动航空气象员的需求上升。同时由于科技的进步，新兴技术如无人机、卫星雷达、数值天气预报模型等不断应用于航空气象领域，提升了气象数据的获取和分析能力。大数据和人工智能技术的应用，使得航天气象服务的实时性和准确性显著提高，加快了气象信息的传递和处理。随着全球对环保和可持续发展的关注，气象服务将更多关注于降低航空运营的碳排放，推动绿色航空的发展。随着智能技术的普及，航空气象服务的自动化程度将进一步提高，航空气象员将转向更高层次的气象分析和决策支持工作。随着科技的进步和市场需求的变化，航空气象员的角色和工作内容将不断演变，为航空业的安全与发展提供更有力的支持，从传统到现代的转变将会再次使得这个产业加速发展。

**从政策红利看。**这一职业国家更为重视，也将获得更多的资金支持；高等教育专业学科发展更广泛，国际合作与交流将会更多，从业人员也将获得更多发展机会；行业更加规范以及新兴科技进步，航空气象从业人员将会获得更多的培训机会，能够帮助他们掌握新技术和行业动态，提升综合素质。同时也为行业提供了支持和保障，提升了整体服务水平和从业人员的专业素质。通过政策的引导和支持，航空气象员将能够更好地适应行业发展需求，从而实现航空运输的安全与高效运营，同时也将培养更多的现代化航空气象人员。

## 十、相关内容链接

**国家职业标准：**暂缺。

**相关政策文件：**见表 4-08-01-01-3。

**表 4-08-01-01-3　航空气象员相关政策文件**

| 序号 | 发布或通过时间 | 发布或通过机构 | 文件名称 |
|---|---|---|---|
| 1 | 2016 年 3 月 | 交通运输部 | 《民用航空气象人员执照管理规则》 |
| 2 | 2016 年 3 月 | 交通运输部 | 《中国民用航空气象工作规则》 |

供稿：陕西云飞航空集团有限公司　李海彬

# 工业设计工艺师 S

职业编码：4-08-08-26

从日常生活中随处可见的文具、玩具、手机、电视机，到新能源汽车、飞机、高铁、中国空间站等都离不开工业设计。工业设计因其能赋予产品高附加商业价值和具有独特魅力的市场竞争优势，被誉为工业产业发展的“魔方”。新技术、新材料、新发明在没有转化为在市场销售的商品之前，对人们来说是没有现实意义的。而这种转化，只有工业设计工艺师介入，才能够使产品以人们所喜爱的形式出现在消费者面前，从而更容易在市场上获得成功。工业设计工艺师通过深入了解消费者需求、市场趋势和技术发展，研究科技、艺术、商业及消费者的紧密联系，将以设计思维战略性解决问题的过程应用于产品、系统、服务及体验，实现驱动创新、成就商业成功及创造更高的生活品质。

## 一、工业设计工艺师的一天

**记录时间：2023 年 7 月 18 日** **记录人：李某辉**

### 上午工作情况

**8 点：**

1. 到达设计公司，领取工业设计任务书，与团队成员讨论设计要求、目标和技术要求，包括概念设计、外观设计、功能设计和实现流程等方面。（领取任务）

2. 熟悉设计需求和相关文档，了解产品、系统和服务的市场定位、用户需求及技术要求，制定设计方案，然后将任务分配给团队成员，明确工作内

容和范围。（分配任务）

3. 根据调研计划、方案和调研结果，形成合乎要求的调研文档。（可行性评估）

4. 根据自己负责的工业设计项目，进行设计工作，包括草图绘制、CAD 建模或界面视觉设计、人机交互设计及用户体验设计等。（系统设计工作）

5. 协助设计主管完成必要的设计服务工作，同时完成项目效益评估。（评估效益）

**11 点：**

1. 审核已完成的设计方案，提出改进意见并与团队成员进行讨论，优化设计。（审核设计方案）

2. 对系统设计、模块化设计、设计创意、外观（或界面）设计、功能设计等进行评估分析。（评估设计）

3. 对已完成的设计方案进行最终审定，并向用户或上级汇报设计进展。（审定设计方案）

4. 提供技术支持和解答设计团队成员的问题，协助解决技术难题。（技术支持）

5. 对各自完成的设计服务、评估服务、系统设计等内容形成流程和文档，以便接下来与主管和客户沟通与协调。（沟通与协调准备）

## 下午工作情况

**14 点：**

1. 与用户、团队成员或相关部门进行设计沟通和协调。（沟通与协调）

2. 最终确定设计方案的系统、创意、外观、结构、材料、色彩等内容，并形成设计图样，为设计转化实现做准备。（设计确定）

3. 到制造厂或原型开发实验室，与工艺师、技术人员交流，讨论工艺参数，以确保设计的可实施性。（工艺交流）

4. 对复杂或特殊工艺要求的设计方案，制定相应的工艺方案并进行审核，确保实现过程中的质量和效率。（审核工艺方案）

5. 解决工艺实现过程中的技术难题，提供解决方案并指导团队成员实施。（解决技术难题）

**16 点：**

1. 到产品制造（开发）现场，与制造（开发）团队进行技术交底，确保工艺制造（开发）过程符合设计要求。（技术交底）

2. 与相关部门和团队成员一起进行产品质量检查和评估，确保产品符合设计和质量标准。（质量检查）

3. 对于工艺风险较高的项目，进行技术审查并提出改进意见，以确保制造（开发）过程的安全性和可行性。（技术审查）

4. 产品测试验证合格后，由产品结构件（系统模块）对应的设计师进行封样，签字确认。工业设计工艺师需要对产品样品的色彩准确度、工艺效果、造型细节等进行确认。（测试与封样）

5. 编写工艺制造（开发）的总结报告，并参与产品的生产实施过程，包括验收和交付。（总结报告编写）

工业设计工艺师的工作场景如图 4-08-08-26-1 所示。

图 4-08-08-26-1　工业设计工艺师的工作场景

## 二、什么是工业设计工艺师

**职业定义。**工业设计工艺师是运用工业设计技术，从事产品、系统、服务等方面设计的人员。

**定义解读。**工业设计工艺师是充满创新思维的专业设计人员，他们在设计过程中注重创新和美学，考虑设计美感、使用功能和用户体验，通过结合材料、工艺和制造流程，将创意转化为现实的产品、系统和服务等，以满足市场需求。他们熟悉最新的设计工具和技术，并具备丰富的工程知识和很强的商业意识。他们与工程师、制造商和营销团队紧密合作，确保产品设计在技术可行性、生产成本和市场竞争力等方面达到最佳平衡。工业设计工艺师的工作既需要创造力和艺术感，又要注重实际可行性和商业价值，他们通过精湛的设计技巧和敏锐的洞察力，为产品、系统和服务注入生命力，推动产业的创新和发展。

**关联职业。**密切相关的职业有产品设计工程技术人员和工业设计工程技术人员。产品设计工程技术人员侧重产品创意设计、造型艺术设计、服务设计及咨询服务。工业设计工程技术人员侧重研究设计对象的功能、结构、形态及包装等工业设计技术、设计及产业化方案，设计技术实现路径。工业设计工艺师则更注重面向产品或服务全生命周期，是运用设计思维为产业提供创造性解决方案的专业设计人才。

**相应岗位。**工业设计技术人员、产品设计技术人员、界面视觉设计技术人员、人机交互设计技术人员、用户体验设计技术人员、产品经理、平面设计师、包装设计师、设计顾问等。

## 三、工业设计工艺师的主要工作职责

1. 概念方案设计：负责进行概念设计、功能设计和用户体验设计，将创意和概念转化为可实现设计方案。

2. 系统设计：运用系统设计方法使所设计的方案具有科学性、系统性、社会性、经济性、艺术性、人机性等。

3. 工艺优化：研究和改进设计实现的工艺，提高设计实现的效率和质量，确保设计的可实现性和可持续性。

4. 材料选择：根据产品的设计要求和功能需求，选择合适的材料，包括原材料和表面处理材料，以确保产品的性能和外观质量。

5. 制造（开发）流程规划：制定产品的制造（开发）流程和工艺路线，包括生产设备（开发平台）的选择、工艺参数的确定和生产线（系统发布）的布局，以实现高效的生产过程。

6. 原型制作：使用计算机辅助设计软件或手工工具创建产品（系统或服务）原型，进行形态验证和功能测试，以优化设计方案。

7. 用户研究：通过用户调研和市场分析，了解用户需求和市场趋势，将用户反馈融入产品（系统或服务）设计和工艺优化。

8. 项目管理：负责产品（系统或服务）设计项目的计划、执行和监控，确保项目按时交付、符合预算和质量要求。

9. 资料和文档管理：维护和管理与产品设计相关的文档和资料，包括设计规范、技术文件和制造指导书等。

10. 服务设计：有效地计划和组织产品（系统或服务）设计中所涉及的人、设施、通信、交流及物料等相关因素，从而提高用户体验和服务质量，让服务变得更加有用、可用、高效，打造完美的用户体验。

11. 进行设计全生命周期管理：参与新产品（系统或服务）规划与策划，编制创意设计报告书和设计方案，优化设计流程，设计销售模式与售后服务模式。

## 四、工业设计工艺师的薪酬福利待遇

**平均薪酬水平。**工业设计工艺师的薪酬主要由以下两部分构成：一是基本工资，取决于个人能力、相关工作经验等；二是奖金，受工作量和绩效影响显著。BOSS 直聘网 2023 年 8 月的数据显示，全国工业设计工艺师工作经验为 1~3 年的，平均月薪为 6403 元；工作经验为 5~10 年的，平均月薪为 11458 元；工作经验在 10 年以上的，平均月薪为 18240 元。

**与类似职业对比。**BOSS 直聘网 2023 年 8 月的数据显示，该职业的薪酬一般高于虚拟现实工程技术人员、智能制造工程技术人员、机械设计工程技术人员等职业的薪酬。类似职业薪酬水平见表 4-08-08-26-1。

表 4-08-08-26-1 类似职业薪酬水平

| 职业名称 | 薪酬水平（元 / 月） |
| --- | --- |
| 虚拟现实工程技术人员 | 6500~23000 |
| 智能制造工程技术人员 | 6000~25000 |
| 机械设计工程技术人员 | 10000~15000 |

## 五、从事工业设计工艺师工作需要哪些本领

该职业从业人员需要具备的知识和技能有设计分析、设计表达、设计评估、设计管理、设计培训、创意和审美观念、人机工程学、材料科学与工艺学等，核心技能是创意构思、设计表达与实现。

工业设计工艺师需要具备的知识和技能见表 4-08-08-26-2。

表 4-08-08-26-2 工业设计工艺师需要具备的知识和技能

| 职业功能 | 工作内容 | 知识和技能要求 |
| --- | --- | --- |
| 工业设计分析 | 设计调研 | 能够掌握不同调查方式并安排合理的调研计划，深入分析用户需求，得出具有前瞻性的结论；能根据市场调研结果分析设计与技术的发展趋势；能对商业模式和服务商业模式进行研究 |
| | 设计形态分析 | 能够快速识读各类复杂设计的设计草图或图样，能够根据设计定位确定适宜的外观（或界面）色彩，能够在设计中灵活合理应用多种材料，能够应用已有知识经验创造全新的造型风格 |
| | 结构与功能分析 | 能分析和确定各类复杂设计的合理结构及功能可行性并确定其工艺，能够对设计全流程工艺方案进行审定并提出改进方案 |
| 工业设计表达 | 创意设计 | 能够快速运用草图、效果图进行产品、系统或服务的设计表达；能根据市场需求和工艺特点，提出创意设计方案，并根据设计定位确定合理的外观材质、色彩搭配 |

续表

| 职业功能 | 工作内容 | 知识和技能要求 |
| --- | --- | --- |
| 工业设计表达 | 方案表达与沟通 | 能够使用相关软件进行建模渲染，产出高质量效果图；能够采用多种表现方式进行设计方案的呈现；能够高效清晰地表述设计方案的内容；能够理解客户的反馈并进一步进行交流 |
| 工业设计评估 | 产品设计评估 | 能够对设计方案提出多种可行性实现方案，能够快速制作设计原型，能够对原型进行工程可行性分析测试并在接收反馈后进行优化和撰写评估报告 |
| | 系统与服务设计评估 | 能够掌握服务流程及其逻辑，发现其中不足并提出优化改进方案；能够采用高效的方式进行服务原型工作测试并在接收反馈后进行优化；能够分析服务原型效率并提出改进方式 |
| 工业设计管理 | 工业设计实施 | 能够承担完整设计项目的策划、相关部门的协调与组织，能够设计合理的工艺（开发）路线，能够对产品或服务品牌的策划、设计和推广提出建议，能够进行设计、工艺、生产、质检、销售等各职能部门间的沟通 |
| | 工业设计全生命周期管理 | 能够长期进行新产品战略规划与策划，能够对设计流程进行优化，能够对销售模式与售后服务模式进行创新设计 |
| 工业设计咨询与培训 | 咨询与培训 | 能够承担产品、系统或服务需求咨询顾问工作；能够对设计从业人员进行理论知识培训和专业技能考核；能够通过对设计案例的分析，编写培训讲义 |

## 六、工业设计工艺师的专业教育现状

### （一）相关专业

目前已有较多院校开设了与该职业相关的专业，涉及普通本科院校、职业院校等。相关专业主要有工业设计、产品设计、工艺美术等。

### （二）开设相关专业的院校（排名不分先后）

★ 相关院校：清华大学、上海交通大学、同济大学、华南理工大学、中国美术学院、武汉理工大学、西安交通大学、北京理工大学、重庆大学、广州美术学院等。

◆ 相关院校：北京工业职业技术学院、广东轻工职业技术大学、上海工艺美术职业学院、广东工贸职业技术学院、广东省轻工业技师学院、广州市工贸技师学院、成都工业职业技术学院、武汉职业技术学院、重庆工贸职业技术学院等。

## 七、工业设计工艺师的就业创业信息

工业设计工艺师从业人员受地域和产业链影响明显。得益于一线城市具有庞大产业链的优势，设计与制造行业巨头公司的聚集为工业设计工艺师提供了巨大的就业市场，国内工业设计工艺师就业创业主要聚集于北京、上海、广州、深圳等一线城市及沿海沿江地区。

吸纳工业设计工艺师就业较多的用人单位主要有：

1. 产品设计和创新类企业：华为技术有限公司、小米科技有限责任公司等。

2. 汽车设计类企业：广州汽车集团股份有限公司、上海汽车集团股份有限公司、比亚迪股份有限公司等。

3. 家电和消费品设计类企业：海尔集团公司、珠海格力电器股份有限公司等。

4. 创意设计和设计咨询类企业：浪尖设计集团有限公司、广州市大业产品设计有限公司等。

注：以上机构信息仅供参考，不代表编写出版方对其推荐或认可。

## 八、工业设计工艺师的职业贯通发展

该职业的发展路径主要有四条：管理路线，即从员工晋升到团队负责人或部门负责人，再晋升到管理层的职位。专家路线，即通过不断提高自己的技能水平，在职业等级上逐步晋升，从设计新人逐渐晋升为设计骨干、设计代表、专业负责人、设计经理（项目经理）、事业部级技术专家、公司级技术专家。复合人才路线，即利用其在工业设计领域积累的技术能力，向工业设计行业的相关岗位进行转换。创业路线，即基于个人综合能力进行创新创业，成立自己的产品设计公司、产品咨询公司等。工业设计工艺师职业贯通发展如图 4-08-08-26-2 所示。

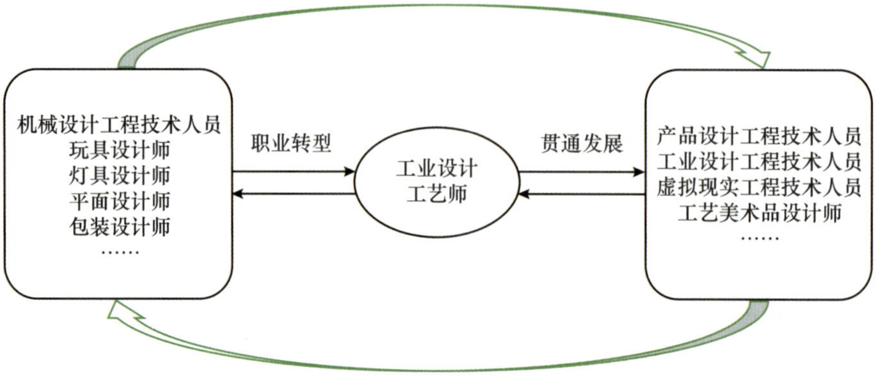


图 4-08-08-26-2　工业设计工艺师职业贯通发展图

## 九、工业设计工艺师的发展前景

**从市场供需看。**随着党的二十大把高质量发展明确作为全面建设社会主义现代化国家的首要任务，对工业设计赋能传统产业转型升级的工业设计工艺师人才的需求急剧增加。观研报告网发布的《中国工业设计行业现状深度研究与发展前景分析报告（2022—2029 年）》的数据显示，截至 2022 年 2 月 28 日，全国工业设计类公司共有 11211 个，2021 年同期有 6211 个，仅 1 年时间就增加了 5000 个。虽然国内工业设计公司数量在 1 年内急剧增加 80% 以上，然而我国工业设计工艺师专业人员目前仅有 70 多万人。根据上述数据分析，在未来 5 年内，我国工业设计产业将面临高达 250 万人以上的工业设计工艺师人才缺口。

**从产业发展看。**近几年，随着新常态下我国经济的转型发展，国内工业设计行业出现较快的发展。根据观研报告网发布的《中国工业设计行业现状深度研究与发展前景分析报告（2022—2029 年）》，中国工业设计行业市场规模从 2017 年的 1260 亿元增长到 2021 年的 2071 亿元，预计在 2029 年将达到 6020 亿元。未来随着人民生活水平的不断提升，中国自主品牌和设计创新的需求将随着供给侧改革的深入和制造业升级显著增长，工业设计产业将迅猛发展。

**从政策红利看。**近年来，为了促进工业设计产业发展，国家和部分省份陆续出台了许多相关政策。例如，2021 年 11 月，国家林业和草原局、国家发展改革委等十部门联合印发《关于加快推进竹产业创新发展的意见》，鼓励各地结合实际培育生态科普、文化创意、工业设计、影视文化等竹文化展示利用空间，推动竹文化产品设计生产；2021 年 3 月，国家发展改革委等十三部门联合印发《关于加快推动制造服务业高质量发展的意见》，明确提出，要加快工业设计创新发展，提升制造业设计能力和水平，推动中国制造向中国创造转变；2022 年 8 月，广东省制造强省建设领导小组办公室印发《工业设计赋能广东行动方案（2022—2025 年）》，提出了产业支撑赋能、工业设计粤东粤西粤北行、设计高地打造、设计生态构建四项主要任务，以加快推动设计成果产业化，提升广东省制造业的内生动力。

## 十、相关内容链接

**国家职业标准：**暂缺。

**相关政策文件：**见表 4-08-08-26-3。

表 4-08-08-26-3　工业设计工艺师相关政策文件

| 序号 | 发布或通过时间 | 发布或通过机构 | 文件名称 |
| --- | --- | --- | --- |
| 1 | 2021 年 3 月 | 国家发展改革委等部门 | 《关于加快推动制造服务业高质量发展的意见》 |
| 2 | 2021 年 11 月 | 国家林业和草原局等部门 | 《关于加快推进竹产业创新发展的意见》 |

供稿：华南理工大学　熊志勇

# 桌面游戏设计师 S

职业编码：4-08-08-29

一名 9 岁的中国儿童正在与一位 99 岁的英国老人下棋，语言不通、年龄差异、文化鸿沟，统统不是问题，因为此刻维系他们二人的是一份规则说明书。游戏中，他俩察言观色、插科打诨，是势均力敌的对手；游戏后，他俩眉开眼笑、握手致意，甚至已经成为“忘年交”的玩伴了。

不同于共读一篇悬疑小说、共听一首交响音乐、共看一场喜剧电影、共打一局电子游戏，他俩获得的是最直接的、人与人的、面对面的社交快乐，而创造这个连接二人的独特媒介的专家正是桌面游戏设计师。

如今，世界上已经有超过 10 万种桌面游戏了，仅棋类桌面游戏玩法就已超过 5100 种，这是无数桌面游戏设计师的杰作。

## 一、桌面游戏设计师的一天

**记录时间：2023 年 9 月 9 日** **记录人：王某弦**

### 上午工作情况

**8 点：**

提早进场进行展位的搭建，通过相框装裱与九宫格海报的方式进行布展，同时准备图文规则与视频规则。（展位搭建）

桌面游戏展位布展如图 4-08-08-29-1 所示。

图 4-08-08-29-1　桌面游戏展位布展

**9 点：**

为了更好地收集玩家建议，提前打印“试玩反馈问卷二维码”和“九张牌玩家群二维码”，并张贴在桌子与展板上。然后开始向玩家展示游戏样品。（建议收集与样品展示）

桌面游戏样品展示如图 4-08-08-29-2 所示。

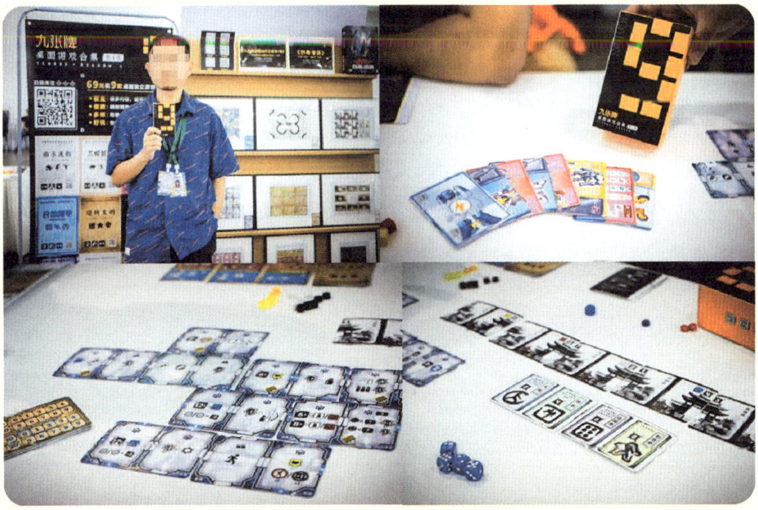


图 4-08-08-29-2　桌面游戏样品展示

## 下午工作情况

**13点：**

1. 根据玩家人数（单人、双人、多人）、游戏类别（德式算分、美式冒险、拼图下棋等）、游戏难度（一星、二星、三星），为不同的玩家群体推荐适合他们的游戏，讲解游戏玩法。（游戏测试带领）

桌面游戏测试带领如图 4-08-08-29-3 所示。

图 4-08-08-29-3　桌面游戏测试带领

2. 教会核心玩法后，不多说话，做玩家“背后的眼”。观察玩家在哪里获得了快乐，在哪里会感到困惑，有什么新鲜的玩法未被发现，等等。试玩后与玩家沟通，听取他们的主观感受与修改建议并记录在册，考虑是否需要优化及如何优化。（玩家建议记录）

3. 将上一版规则里的“绿色骰子”修改为“黄色骰子”，因为要尽可能照顾色盲用户，尽量不选用绿色配件，除非游戏设定中有自然或树木等跟绿色直接相关的元素，但也要尽可能避免选用容易跟绿色混淆的颜色。（游戏设定修改）

4. 梳理游戏的名词解释，让玩家更容易理解。例如，在《矩阵帝国》这个游戏里，有两个不同的资源放置区域，上一版命名为“占用区”和“闲置区”，调整为“已使用区”和“未使用区”，以增强相反的感觉，避免产生歧义。调整游戏难度设置，描述为“普通难度、恶魔难度、地狱难度”，这样更容易让玩家联想到一些经典电子闯关游戏的背景设定，增强挑战感。（游戏规则迭代）

16 点：

为“游戏主题”寻找更确切的代入感，并记录在册。(游戏主题优化)

## 二、什么是桌面游戏设计师

**职业定义。**桌面游戏设计师是从事桌面游戏项目创意设计、开发制作、陪伴服务的人员。

**定义解读。**桌面游戏是一门语言，人们在参与时，会感受温馨与友爱，好像世界都变得更美好了。桌面游戏也是一种艺术形式，它可以通过互动玩法来改善原本枯燥的体验，让更多人通过“玩”来理解世界上的某类人群，改善世界上的某种现象。

**关联职业。**密切相关的职业有玩具设计师。桌面游戏设计师与玩具设计师的相同点是：两者都在设计和制作实物产品，以满足消费者的娱乐需求。桌面游戏设计师与玩具设计师的不同点是：前者通常没有后者的表现力强，但是前者通常需要比后者创造出更多的互动性与代入感。因为相比收藏与把玩，桌面游戏玩家需要具体的玩法来驱动眼前的实物，无论是独自挑战预设的规则，还是借由这款产品与其他玩家共同游玩。

**相应岗位。**游戏设计师、游戏原型开发师。

## 三、桌面游戏设计师的主要工作职责

1. 进行桌面游戏项目创意构思，制定设计方案：从类型、机制、主题、人数、模式、难度等方面进行游戏概念设定。

2. 设计桌面游戏项目的场景、角色、特效：为游戏梳理所有体验细节，不断迭代，以确保其互动性、流畅性、独特性。

3. 进行桌面游戏的美术及外包装设计：与游戏出版公司共同为游戏制定合理的产品化编辑路线，优化美术与配件设计。

4. 编写桌面游戏规则：通过图文、视频的方式，表达游戏的玩法信息。

5. 制作与测试桌面游戏模型、样品：制作电子或手工模型，以便快速测试。

6. 陪伴、带领玩家参与桌面游戏：寻找游戏的目标受众玩家，通过测试完善迭代游戏说明书。

## 四、桌面游戏设计师的薪酬福利待遇

**平均薪酬水平。**根据《中国游戏行业人才供需专题分析2021》，游戏行业求职者月薪在10000元及以上的占比为59.71%，其中20000元及以上的占比为17.22%。如果自主研发的桌面游戏产品能找到适当的定位与渠道，收益会远高于求职打工。

**与类似职业对比。**电子游戏行业的人才分布与薪资情况对桌面游戏设计师有参考对比作用，根据《2020—2021网络游戏行业人才招聘报告》，北京、上海、广州、深圳、成都五个城市拥有全国52%的游戏企业。广州是全国游戏企业最多的城市，拥有全国12%的游戏企业，但是其薪酬相较于北京、上海、杭州并没有太大竞争力。成都作为全国游戏企业第二多的城市，拥有了全国11%的游戏企业，在二线城市中，其薪酬水平具有一定吸引力，且积累了一定数量的游戏人才，与其他城市相比，游戏人才供需量位于中上游。同样位于广东的深圳，其游戏企业的薪酬水平与广州基本持平，但整体互联网人才储备更加充足，同类型岗位人才供需量基本都为广州的1.5~2倍。上海的各类型游戏相关岗位中，游戏制作人员及主要美术师薪酬远高于其他岗位，游戏制作人员的薪酬中位数高达40000元/月。北京地区游戏公司的薪酬整体来看处于全国最高位，游戏制作人员岗位薪酬高达45000元/月。类似职业薪酬水平见表4-08-08-29-1。

表4-08-08-29-1　类似职业薪酬水平

| 职业名称 | 薪酬中位数（元/月） |
|---|---|
| 游戏制作人 | 40000 |
| 游戏策划 | 16000 |
| 游戏UI设计师 | 17000 |
| 游戏测试工程师 | 19000 |

## 五、从事桌面游戏设计师工作需要哪些本领

桌面游戏设计师需具备的知识和技能见表 4-08-08-29-2。

表 4-08-08-29-2　桌面游戏设计师需具备的知识和技能

| 职业功能 | 工作内容 | 知识和技能要求 |
|---|---|---|
| 桌面游戏配件知识 | 实体配件的搭配 | 能根据玩家画像及游玩场景，选择适当的创意配件，这需要产品与用户思维，而不仅仅是游戏开发创作 |
| | 材质及包装选择 | 应知晓适合自己游戏的配件材质及包装种类，并能与游戏出版公司和生产商进行有效沟通 |
| | 极简配件创作法 | 能运用“九张牌”游戏创作法进行游戏原型创作 |
| 桌面游戏发展知识 | 历史与定位 | 了解桌面游戏在游戏产业中的历史地位及其互动性和社交独特性 |
| | 眼界与发展 | 能够将桌面游戏视为实现游戏核心玩法的原型作品，快速产出迭代，以匹配不断进化的新技术与新媒介，如电子化、虚拟现实化、增强现实化、脑机互联化等；不应墨守成规，抗拒电子辅助设备，而是能将实物配件与之融合，提供更顺畅完整的游戏体验 |
| 桌面游戏模式技能 | 形式的体验风格 | 能根据游戏的目的、场景、人群、人数，设计适当的游戏体验流，如更偏向“单人”“对决”“竞争”“合作”，还是“半合作” |
| | 形式的可变化性 | 了解游戏在什么情况下可以并如何进行变体，以满足更丰富的游玩场景，这也是新手进阶为高手的必经之路 |
| 桌面游戏测试技能 | 测试带领及收集反馈 | 应知道如何寻找并带领测试玩家进行游玩，知道应在观察中寻找什么问题、收集反馈建议 |
| 桌面游戏说明知识 | 游戏玩法的解释方式 | 应有能力在短时间内体系化地表述自己的游戏信息，如一句话说明游戏亮点、游戏设置、游戏回合、游戏结束、游戏FAQ、游戏亮点、游玩示例 |
| | 玩法与难度的弱关联性 | 应理解不同的桌面游戏难度及体验形成原因，知道如何调整难度设定 |

续表

| 职业功能 | 工作内容 | 知识和技能要求 |
| --- | --- | --- |
| 桌面游戏类型知识 | 分类及子分类的定义 | 理解不同桌面游戏类型（德式、美式、聚会、卡牌、抽象、扮演、解谜、战争、儿童）及子分类的历史演进、判定标准、适用场景与体验特点 |
| | 分类的市场价值 | 能深刻理解玩家的心理偏好，这有助于游戏的市场定位分析、营销策略选择 |
| 桌面游戏主题技能 | 主题的外观价值 | 理解游戏外层主题的重要性，视觉表现应当在满足实用易懂的前提下兼顾美观 |
| | 平面设计及版权意识 | 能做基本的示意图，借以与美术师进行有效沟通，在这个过程中，对商标、专利、著作权有基本的了解与尊重 |
| | 主题的故事价值 | 应力求平衡作品的商品属性与艺术表达，创造出独一无二的动人故事 |
| 桌面游戏机制技能 | 机制的内在价值 | 理解游戏内在机制的重要性，机制是构成“好玩”的基石 |
| | 机制的熟识与创新 | 应熟悉常见的上百种桌面游戏的机制原理及代表性游戏案例，能发现有趣的机制变体或新奇的机制组合，在此基础上进行开发创作。如果能独立研发出世界上没有的新机制更佳 |
| | 机制配比构成体验 | 能调节机制配比，以确保游戏的流畅性、互动性与平衡性 |
| 桌面游戏工具技能 | 掌握常用效率工具 | 能熟练运用游戏制作、图形处理、项目管理软件来提升游戏创作效率，如 Tabletop Simulator、Adobe Photoshop、Xmind、在线文档等 |

## 六、桌面游戏设计师的专业教育现状

### （一）相关专业

目前已有较多院校开设了与该职业相关的专业，涉及普通本科院校、职业院校等。相关专业有数字媒体艺术、数字媒体技术、艺术与科技、艺术设计与制作、工业设计、文化创意与策划、动画、美术学等。

### （二）相关院校（排名不分先后）

★ 相关院校：中国传媒大学、清华大学深圳国际研究生院、中央美术学院、中国美术学院、北京电影学院、北京师范大学、上海师范大学、上海戏剧学院、南京传媒学院等。

◆ 相关院校：湖南工艺美术职业学院、北京信息职业技术学院等。

## 七、桌面游戏设计师的就业创业信息

桌面游戏设计师从业人员主要分布在北京、上海、广州、深圳、浙江、四川等地。

吸纳桌面游戏设计师就业较多的用人单位主要有：

1. 桌面游戏出版公司：在出版桌面游戏的公司工作，如九张牌（北京）玩具有限公司、孩之宝玩具（深圳）有限公司、艾赐魔袋贸易（上海）有限公司等。

2. 电子游戏公司：在拥有桌面游戏电子化产品线的公司工作，如北京游卡桌游文化发展有限公司、暴雪娱乐等。

3. 设立游戏相关专业的学校：从事游戏设计与开发的教学工作，如中国传媒大学、清华大学深圳国际研究生院等。

注：以上机构信息仅供参考，不代表编写出版方对其推荐或认可。

## 八、桌面游戏设计师的职业贯通发展

该职业的发展路径主要有三条：桌面游戏路线，即在桌面游戏领域不断提高，逐渐走上更高的管理岗位、甚至创业，包括桌面游戏编辑、桌面游戏制作人、桌面游戏出版社创始人。复合人才路线，即运用桌面游戏设计师知识技能，转向其他岗位，如玩具设计师、游戏化体验设计师。电子游戏路线，即将桌面游戏知识技能运用到电子游戏领域的岗位，如电子游戏设计师、电子游戏工程师、电子游戏美术师、电子游戏测试师。桌面游戏设计师职业贯通发展如图 4-08-08-29-4 所示。

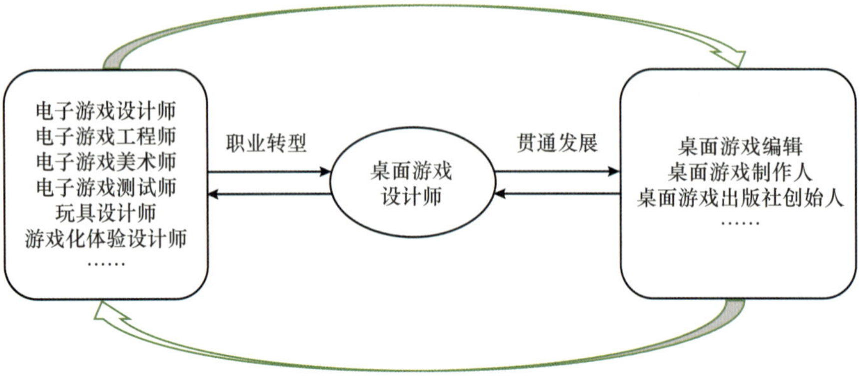


图 4-08-08-29-4　桌面游戏设计师职业贯通发展图

## 九、桌面游戏设计师的发展前景

**从市场供需看。**根据易观分析发布的《中国游戏行业人才供需专题分析2021》，以游戏研发、发行或运营为主营业务之一的中国企业所提供的就业岗位超过 70 万个，如果包括渠道、媒体、服务等上下游企业，则岗位需求更大。相较于电子游戏，桌面游戏更注重线下体验，消费潜力巨大，包括但不限于追求体验多的重度核心用户、追求娱乐性的轻度聚会用户、追求博弈感的传统棋牌用户、追求功能价值的游戏化用户等。

**从产业发展看。**根据《2022 年中国游戏产业报告》，2022 年，全球游戏市场规模约为 2000 亿美元，用户规模约为 32 亿人；我国游戏市场规模为 2658.84 亿元，用户规模约为 6.64 亿人。我国以全球约五分之一的玩家数量、约七分之一的市场规模，在全球游戏行业格局中占据了重要地位。游戏是满足人们精神文化需求的重要方式，对助力数字经济持续发展也有支撑作用。此外，游戏产业还可以与各类行业进行交流与合作，以玩法、内容、技术等形式赋能和拓展传统产业。如科普、教育、培训、党建、体育、医疗、社区、公益、产品、营销等领域。游戏产业可以像芯片一样，嵌入各行各业，其发展空间可以说是很难估量的。

**从政策红利看。**在 2023 中国首届国际 AI 游戏产业大会上，上海市浦东新区区委宣传部（区文化体育和旅游局）对外发布《浦东新区促进文创类互联网平台产业高质量发展的若干政策举措》，文创类互联网平台企业落户浦东将在资金、人才、办公空间、营商服务等各方面得到全力支持。

## 十、相关内容链接

**国家职业标准：** 暂缺。

**相关政策文件：** 见表 4-08-08-29-3。

**表 4-08-08-29-3　桌面游戏设计师相关政策文件**

| 发布或通过时间 | 发布或通过机构 | 文件名称 |
|---|---|---|
| 2020 年 9 月 | 人力资源社会保障部等部门 | 《关于深化艺术专业人员职称制度改革的指导意见》 |

供稿：九张牌（北京）玩具有限公司　王宇弦

# 信息通信网络终端维修员 S

职业编码：4-12-02-03

当今城市都布满了高楼大厦、创新科技和先进设备。人们的生活离不开信息通信网络，从家居设备到市政基础设施，都依赖网络连接。作为网络安全守护者的信息通信网络终端维修员，时刻监控和保障着网络系统的完整和稳定。他们不仅需要具备深厚的网络知识和技术能力，还需要具备快速分析和解决问题的能力，以应对各种复杂的网络威胁。

想象在一个晴朗的早晨，突然发生了网络故障，公交车无法准时到达站点，交通信号灯失去控制，市民的个人智能设备也无法连接互联网，整个城市陷入混乱，人们不知所措。这时，被誉为“网络守护者”的信息通信网络终端维修员团队迅速到达现场，快速解决了网络故障问题，使信息通信网络逐渐恢复正常。公交车、交通信号灯重新开始顺畅运行，市民的生活也恢复了正常，他们的智能设备重新连接上互联网。这让人们充分认识到信息通信网络终端维修员的重要性，他们的工作不仅关乎城市的正常运转，也关乎每个人的生活质量和未来的科技发展。

## 一、信息通信网络终端维修员的一天

**记录时间：2023 年 9 月 11 日** **记录人：万某焱**

### 上午工作情况

**8 点：**

1. 到达公司与部门同事开会布置当天的任务。（布置任务）

2. 客户接待，协调相关部门的关系以处理客户申告，制定投诉、纠纷等

处理流程。(客户接待)

3. 改进纸质工单、电子工单的不合理设计问题，处理数控流程中的漏洞。(漏洞处理)

**10 点：**

1. 设计信息通信终端应用软件和系统软件的安装、升级流程。(流程设计)

2. 应用计算机辅助完成信息通信终端维修。(信息通信终端维修)

3. 绘制整机机械结构和电路板电子元器件位置图及电路原理图。(电路原理图绘制)

4. 根据故障现象分析故障，分析常见信息通信终端的电路板实物图。(故障分析)

5. 通过电路参数、主板测试数据分析主板非主芯片引起的无信号、不开机等故障。(故障检测)

6. 使用软件测试仪、示波器、射频测试仪、综合测试仪、信号测试仪等仪器仪表测试信息通信终端的系统参数或射频参数。(参数测试)

## 下午工作情况

**13 点：**

1. 用电流法、经验法、逻辑推理等方法分析主板外围插接件等非主芯片引起的显示屏不显示、电源漏电、不供电等常见故障。(故障分析)

2. 用替换法及焊接技巧排除主板外围插接件引起的不显示、不开机等故障。(故障排除)

3. 使用热风枪等各种维修工具手工焊接、替换焊球阵列封装的非主芯片元器件，并排除故障。(故障排除)

4. 使用热风枪、电烙铁等各种维修工具手工替换塑料、金属接口等插接件，并排除故障。(故障排除)

5. 监督、检查终检流程，及时发现终检流程中出现的不合格问题。(维

修后终检）

6. 改进终检流程中出现的不合理环节。（工艺改进）

工作中的信息通信网络终端维修员如图 4-12-02-03-1 所示。

图 4-12-02-03-1　工作中的信息通信网络终端维修员

**15 点：**

1. 解决维修工具配置规划不合理的问题，规划、布置摆放工具的工作场地。（工作场地布置）

2. 保养示波器、射频测试仪、综合测试仪、信号测试仪等仪器仪表，排除计算机板卡级故障。（仪器仪表保养）

3. 解决产品设计缺陷、黑客攻击、病毒暴发等引起的信息通信终端设备和数据安全问题。（问题解决）

4. 改进针对个人隐私、维修数据等的保密制度并安排实施。（制度改进）

5. 设计信息通信终端常见故障维修技术文档格式。（维修技术文档格式设计）

6. 撰写信息通信终端故障维修报告，并整理成标准文档。（维修报告撰写）

## 二、什么是信息通信网络终端维修员

**职业定义**。信息通信网络终端维修员是从事信息通信网络终端设备安装、配置、检测和维修等工作的人员。

**定义解读**。信息通信网络终端维修员属于信息通信技术领域中的专业技术人员，负责处理各种信息通信网络终端设备的安装、配置、检测和维修工作。这些终端设备是指用于连接和访问网络的各种设备，如计算机、手机、平板电脑、路由器、交换机等。这些设备在用户的日常生活和工作中起着重要的作用，而安装、配置、检测和维修这些设备的工作人员的工作就是确保这些设备能够正常运行。信息通信网络终端维修员通过安装和配置终端设备，将其与网络连接起来，使用户能够顺利使用网络服务。他们还负责检测终端设备的性能和安全性，确保设备的正常运行和数据的安全传输。此外，当终端设备出现故障或问题时，他们还负责进行维修和修复工作，确保设备能够恢复到正常工作状态。

**关联职业**。密切相关的职业有计算机维修工、办公设备维修工、电子产品维修技术员、计算机维修技术员、电信网络技术员、网络工程师、电信设备工程师、通信工程师、信息技术支持工程师、电子产品销售员、电子产品售后服务员等。

**相应岗位**。信息通信网络终端维护工程师、电子设备维修工、电信网络运维工程师、通信设备维护工程师、电子产品售后服务工程师、电子设备测试工程师等。

## 三、信息通信网络终端维修员的主要工作职责

1. 设备调试与安装：负责对新设备进行调试和安装，并确保其连接和配置正确，使设备能够顺利接入通信网络。

2. 技术支持与服务：提供技术支持和解答用户的问题，向用户提供操作指导和故障排除建议。

3. 故障诊断与排除：负责定位和诊断信息通信网络终端设备的故障，并采取相应措施进行问题排除。

4. 维修与修复：负责对信息通信网络终端设备进行维修、修复和更换故障部件，确保设备能够正常运行。

5. 维护记录与报告：负责记录设备维修维护情况、故障原因和解决方案，并

撰写维护报告。

6. 预防性维护：定期检查设备状态，进行预防性维护，防止设备出现潜在故障。

## 四、信息通信网络终端维修员的薪酬福利待遇

**平均薪酬水平。**信息通信网络终端维修员的薪酬水平会受到多个因素的影响，包括所在地区、个人经验和技能水平、所在企业规模等。某招聘平台 2023 年 8 月的数据显示，无经验的信息通信网络终端维修员在北京、上海、广州等地的薪酬为 6000~9000 元 / 月（部分拥有 13 薪、14 薪），在武汉为 5000~6000 元 / 月，在苏州为 5000~7000 元 / 月；有 1~3 年工作经验的信息通信网络终端维修员的薪酬为 8000~15000 元 / 月。

**与类似职业对比。**根据相关数据，该职业薪酬一般要高于电子产品销售员、电子产品售后服务员等职业的薪酬，低于电信网络运维工程师、通信设备维护工程师、信息技术支持工程师等职业的薪酬。类似职业薪酬水平见表 4-12-02-03-1。

表 4-12-02-03-1　类似职业薪酬水平

| 职业名称 | 薪酬水平（元 / 月） |
| --- | --- |
| 电子产品销售员 | 5000~10000 |
| 电子产品售后服务员 | 5000~10000 |
| 电子设备维修工 | 5000~10000 |
| 信息通信网络终端维护工程师 | 8000~15000 |
| 电信网络运维工程师 | 10000~20000 |
| 通信设备维护工程师 | 8000~20000 |
| 信息技术支持工程师 | 8000~20000 |

## 五、从事信息通信网络终端维修员工作需要哪些本领

该职业从业人员需具备的知识和技能有计算机基础知识、电子基础知识、通

信业务基础知识、通信终端维修知识、安全生产知识，故障分析与排除、硬件维护与更换、软件配置与更新、测试与性能优化、安全防护和故障预防、专业工具使用、沟通和解决问题的能力等。

信息通信网络终端维修员需具备的知识和技能见表 4-12-02-03-2。

**表 4-12-02-03-2　信息通信网络终端维修员需具备的知识和技能**

| 职业功能 | 工作内容 | 知识和技能要求 |
|---|---|---|
| 业务受理 | 客户接待 | 协调相关部门的关系以处理客户申告，制定投诉、纠纷等处理流程，掌握投诉处理技巧 |
| | 资料处理 | 改进纸质工单、电子工单设计不合理的问题，解决数据处理流程中的漏洞问题，掌握 Excel 编辑知识等 |
| 安装配置 | 软件安装、升级、测试、调整 | 能设计信息通信终端应用软件和系统软件的安装、升级流程，能应用计算机辅助完成信息通信终端维修和信息通信终端权限管理，熟知软件测试、维修方法，掌握计算机系统软件维修知识 |
| | 硬件组装拆卸 | 能绘制整机机械结构框图，能绘制电路板级元器件位置图及电路原理框图，掌握工程结构设计知识 |
| 维护维修 | 故障分析与检测 | 能根据故障现象分析电气故障（如因主板外围插接件造成的接触不良等原因引起的故障）；能分析常见信息通信终端的电路板实物图；能通过电路参数、主板测试数据分析主板非主芯片引起的无信号、不开机等故障；能使用软件测试仪、示波器、射频测试仪、综合测试仪、信号测试仪等仪器仪表测试信息通信终端的系统参数或射频参数等 |
| | 故障判断与排除 | 能用电流法、经验法、逻辑推理等方法判断主板外围插接件等非主芯片引起的显示屏不显示、电源漏电、不供电等常见故障；能用替换法及焊接技巧排除主板外围插接件引起的不显示、不开机等故障；能使用热风枪等各种维修工具手工焊接、替换焊球阵列封装的非主芯片元器件，并排除故障等 |

续表

| 职业功能 | 工作内容 | 知识和技能要求 |
|---|---|---|
| 维护维修 | 维修后终检 | 能监督、检查终检流程，及时发现终检流程的问题，能改进终检流程中出现的不合理环节、质检标准化管理规程 |
| 日常管理 | 工具设备管理 | 能解决维修工具配置规划不合理的问题；能保养示波器、射频测试仪、综合测试仪、信号测试仪等仪器仪表，排除计算机板卡级故障；掌握示波器、射频测试仪、综合测试仪、信号测试仪的操作使用规范 |
| | 安全生产 | 能解决产品由设计缺陷、黑客攻击、病毒暴发等引起的信息通信终端设备和数据安全问题，能改进针对个人隐私、维修数据等制度并实施，掌握安卓、微软视窗等系统数据备份及安全知识，编制个人隐私、维修数据等保密实施流程 |
| | 技术管理 | 能设计信息通信终端常见故障处理技术文档格式，能撰写故障处理报告并整理为标准技术文档，掌握工作日志、维修报告与技术文档的区别 |

## 六、信息通信网络终端维修员的专业教育现状

### （一）相关专业

目前已有较多院校开设了与该职业相关的专业，涉及普通本科院校、职业院校等。相关专业有计算机科学与技术、电子信息工程、通信工程、网络工程、计算机网络技术、应用电子技术等。

### （二）开设相关专业的院校（排名不分先后）

★ 相关院校：清华大学、浙江大学、复旦大学、南京大学、中国科学技术大学、西安电子科技大学、华中科技大学、西北工业大学、哈尔滨工业大学、天津大学等。

◆ 相关院校：咸宁职业技术学院、武汉职业技术学院、温州职业技术学院、无锡职业技术学院、大连职业技术学院、江苏信息职业技术学院、山东电子职业

技术学院、深圳信息职业技术学院、南京信息职业技术学院等。

## 七、信息通信网络终端维修员的就业创业信息

随着信息通信技术的快速发展和网络设备的普及应用，对信息通信网络终端维修员的需求将逐渐增加。随着5G网络的兴起，对网络设备的需求将进一步扩大，尤其在互联网、电信和企业内部网络方面的就业前景较好。

吸纳信息通信网络终端维修员就业较多的用人单位主要有：

1. 电信运营商：各大电信运营商都需要维护自己的信息通信网络终端设备，信息通信网络终端维修员可以就业于电信运营商，提供终端设备的维护和维修服务，如中国电信、中国移动、中国联通等。

2. IT服务公司：很多IT服务公司提供信息通信网络终端的维修和技术支持服务，信息通信网络终端维修员可以加入这些公司，提供维修和支持服务。

3. 维修保修中心：许多品牌的信息通信网络终端产品都有自己的售后维修保修中心，信息通信网络终端维修员可以加入这些中心，负责处理维修保修工作。

4. 大型企事业单位：大型企事业单位通常有大量的信息通信网络终端设备，需要专业的信息通信网络终端维修员负责设备的维护和维修工作。

5. 政府部门：政府部门也有大量的信息通信网络终端设备，需要专业的信息通信网络终端维修员来负责设备的维护和维修。

此外，信息通信网络终端维修员也可以选择自主创业，信息通信网络终端维修员可以自己创办个体工作室，为个人用户提供信息通信网络终端的维修和技术支持服务；信息通信网络终端维修员创办维修服务公司，为企业、机构和个人用户提供信息通信网络终端的维修和支持服务；与品牌厂商合作，成为售后服务代理商，负责品牌终端设备的维修保修工作；提供信息通信网络设备的租赁和维护服务，包括终端设备的维修和保养。

注：以上机构信息仅供参考，不代表编写出版方对其推荐或认可。

## 八、信息通信网络终端维修员的职业贯通发展

信息通信网络终端维修员可以通过不断提高技能水平，深化技术学习和专业

培训，提升自己在设备维护和故障排除领域的能力，除在职业等级上不断晋升外，还可与工程技术人员一样进行技术职称评定，可评定为高级工程师，成为信息通信网络行业领域专家。该职业在职业贯通发展方面有以下路径：

1. 资深维修技师：在信息通信网络终端维修领域经验丰富，能够处理更为复杂的问题和故障，并能够指导和培训新信息通信网络终端维修员。

2. 维修主管：负责领导和管理维修团队，协调维修工作，确保维修工作的高效率和质量。

3. 技术支持工程师：负责提供技术支持和解决复杂问题，与客户直接沟通并提供解决方案。

4. 培训讲师：负责新信息通信网络终端维修员和内部员工的技能培训和提升，教授维修技术和操作技巧，确保整个团队的专业素质持续提高。

5. 服务经理：负责客户关系管理，与客户沟通并解决问题，协调各部门合作，提高客户满意度。

6. 技术顾问：在维修领域具有丰富经验和专业知识，向客户提供技术咨询和解决方案。

7. 自主创业：有些信息通信网络终端维修员会选择自主创业，开设网络终端维修服务公司，提供设备维护、维修和通信方案设计等服务。

信息通信网络终端维修员职业贯通发展如图 4-12-02-03-2 所示。

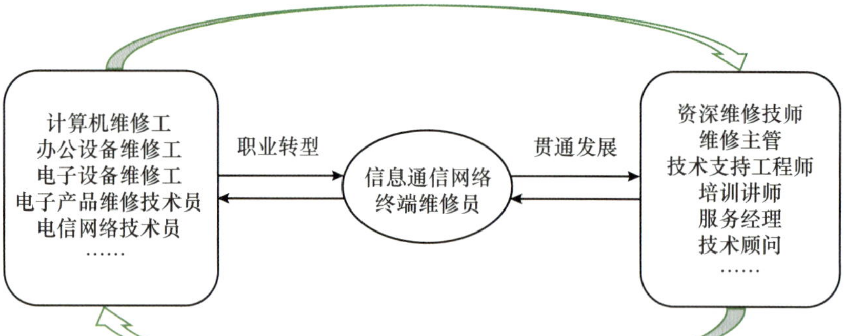


图 4-12-02-03-2　信息通信网络终端维修员职业贯通发展图

## 九、信息通信网络终端维修员的发展前景

**从市场供需看。** 随着信息通信网络终端市场的不断发展，对该职业的需求会持续增加，信息通信网络终端的使用和维护需求也将进一步扩大，各类企业、组织和个人对数字化转型的需求相应增加，因此对信息通信网络终端维修员的需求也会稳步增长。另外，随着信息通信网络终端技术不断更新换代，新的硬件设备和软件系统的出现使得不同类型的终端需要专业的信息通信网络终端维修员进行维护和修复，个人用户的终端设备普及率不断提高，因此信息通信网络终端维修员有更多的机会接触到更广泛的用户群体，可增强职业发展的潜力。该职业不仅可以为企业和组织提供内部维修服务，还可以为个人用户提供技术支持和维修服务。

**从产业发展看。** 随着数字化和智能化的不断推进，信息通信网络产业呈现快速增长的趋势。这使得信息通信网络终端的使用量大幅增加，同时也带来了更多的维修和维护需求，信息通信网络终端维修员的需求量也会相应增加。同时，终端设备的技术复杂性也在不断提高，如无线网络、物联网、云计算等新技术的应用，需要专业的信息通信网络终端维修员来解决相关终端设备的故障和维护需求，信息通信网络终端维修员只有具备更强的技术能力和专业知识才能解决复杂的问题，这为信息通信网络终端维修员提供了更多的职业发展机会。

**从政策红利看。** 政府致力于发展数字经济，加强信息通信网络的建设和应用，出台了相关政策和计划，鼓励企业进行数字化转型，提高了信息通信网络终端的使用率。同时，政府提供了资金支持和优惠政策来促进信息通信网络终端维修行业的发展。例如，政府可以提供贷款或补贴计划，帮助信息通信网络终端维修员和维修企业获得资金支持；还给予税收减免或其他优惠，以降低企业的运营成本。政府还会与相关机构合作，设立培训中心和实践基地，为信息通信网络终端维修员提供实际操作和技能提升的机会，并通过提供培训费用补贴、职业技能认证的奖励，激励信息通信网络终端维修员不断提升自身的专业能力。政府推出创业培训、税收减免、创业孵化器等创业支持政策，鼓励信息通信网络终端维修员创办个体工作室或维修企业。

## 十、相关内容链接

**国家职业标准：** 扫码即可查看☞。

**相关政策文件：** 见表 4-12-02-03-3。

**表 4-12-02-03-3　信息通信网络终端维修员相关政策文件**

| 发布或通过时间 | 发布或通过机构 | 文件名称 |
| --- | --- | --- |
| 2019 年 1 月 | 人力资源社会保障部办公厅等部门 | 《关于颁布信息通信网络机务员等 12 个国家职业技能标准的通知》 |

供稿：咸宁职业技术学院　万晓

# 化工总控工 S

职业编码：6-11-01-03

石油化工企业属于高温、高压、易燃、易爆、有毒的危险行业，加之具有生产装置大型化、密集化、生产过程紧密耦合等特点，与其他工业部门相比，对安全生产和绿色环保的要求更高。一个微小的故障就极有可能由于发现不及时或处理不当而演变成大型事故，其安全生产关系到国家和人民生命财产的安危，关系到企业的生存、稳定和发展。

在化工生产过程中，有这样一群人，他们通过长期练就的“火眼金睛”，监控化工生产过程，不断检查设备的运行状态，确保各项参数符合生产要求，一旦发现异常，立即进行调整或者与维修人员联系，以防止可能的事故或设备的损坏。他们在保障生产稳定性上起着决定性作用，在提高生产效率上发挥着重要的作用，是保障安全生产、质量控制的第一人。他们就是化工总控工。

## 一、化工总控工的一天

**记录时间：2023 年 8 月 10 日** **记录人：徐某**

### 上午工作情况

**8 点：**

1. 准备相关工艺文件、防护用品、相关生产物料。（生产准备）

2. 检查化工设备的运行情况，确保设备能正常运行，并检查各项工艺参数是否符合要求。（检查设备和工艺参数）

3. 熟悉调度报表，召开工作调度会，汇报生产和检修情况，部署全天工

作内容。（工作部署）

**9 点：**

1. 通过监控系统监测生产过程中的各项指标，如温度、压力、流量等，确保生产过程的稳定和安全。（监控生产过程）

2. 现场查看各种生产装置，记录现场相关情况，如是否存在跑冒滴漏等情况。（巡检设备）

化工总控工巡检设备如图 6-11-01-03-1 所示。

**图 6-11-01-03-1　化工总控工巡检设备**

3. 处理生产过程中出现的异常情况，如设备故障、工艺偏离等，及时采取相关处理措施，以防事故发生。（处理异常情况）

**11 点：**

1. 与生产、维修等部门进行协调与沟通，确保生产计划的顺利进行。（协调工作）

2. 分析经济核算结果，进行转化率、收率、产率的计算，核定装置的物料、能量平衡、产品回收率及消耗定额。（生产核定）

## 下午工作情况

**14 点：**

1. 根据工艺参数、现场数据辨识工艺操作事故隐患，了解环境污染风险。（故障判断）

2. 赶赴事故现场，制定现场处置方案及应急救援措施，对相关工艺事故进行处理，对涉险人员进行救护。（故障处理）

3. 记录事故现场数据，召开事故处理会议。（数据记录）

化工总控工在事故现场处理事故如图 6-11-01-03-2 所示。

图 6-11-01-03-2　化工总控工在事故现场处理事故

**16 点：**

1. 制定设备检修方案，进行检修及安全设置检查及验收。（设备维护）

2. 根据现场状况判断设备可靠性，正确选用润滑油（脂）对设备进行保养。（设备保养）

**18 点：**

1. 记录并保存生产数据，对生产过程中的数据进行分析和处理，撰写相应的报告和文件，为生产管理提供决策依据。（数据分析和报告撰写）

2. 分析生产流程，开展质量攻关活动，提出改进方案。（质量攻关）

3. 工作交接，交代工作情况和注意事项。（工作交接）

## 二、什么是化工总控工

**职业定义。**化工总控工是操作仪表及自动控制系统等，进行化工单元反应或单元操作的监控或调节，将物料制成产品的人员。

**定义解读。**化工总控工的主要职责是确保化工生产过程的安全、稳定和高效运行。他们通过监控系统实时监测生产过程中的各项指标，如温度、压力、流量等，确保生产过程的正常运行。他们需要及时发现并处理生产过程中的异常情况，如设备故障、工艺偏离等，以避免事故的发生。化工总控工需要具备一定的化工知识和技能，熟悉化工设备和工艺流程，在化工生产过程中扮演非常重要的角色，其工作直接关系到生产安全和产品质量。

**关联职业。**密切相关的职业有有机合成工、无机化学反应生产工、石油产品精制工、合成氨生产工。

**相应岗位。**化学检验工、化工检测员、化工单元操作工、化工生产现场技术员、化工工艺试验工。

## 三、化工总控工的主要工作职责

1. 操作仪表及自动控制系统，进行生产装置的启动、停车及控制运行。

2. 根据生产过程调节控制工艺参数，分析判断生产状况。

3. 配合并协助现场操作人员，使现场工艺过程和仪表正常运行。

4. 操作仪表及自动控制系统，进行装置的试车和验收。

5. 核定装置的物料、能量平衡、产品回收率及消耗定额。

6. 检查、维护、升级生产设备，包括故障排除、设备维护、软件升级等，以确保系统的正常运行和性能稳定，发现并处理生产中的异常现象和故障。

7. 记录并保存生产数据，对生产过程中的数据进行分析和处理，撰写相应的报告和文件，为生产管理提供决策依据。

8. 安全环保指标的监测和控制，保障化学工业生产过程的环保和安全性。

## 四、化工总控工的薪酬福利待遇

**平均薪酬水平。**某招聘平台 2023 年 8 月的数据显示，北京、上海、杭州等地化工总控工的薪资为 9000~11000 元 / 月，武汉为 7000~10000 元 / 月，西安为 8000~10000 元 / 月。

**与类似职业对比。**某招聘平台 2023 年 8 月的数据显示，在上海地区，该职业的薪酬一般要高于化工操作工、化工合成操作员的薪酬，与化工工艺工程师的薪酬相近，低于化工研发技术员的薪酬，类似职业薪酬水平见表 6-11-01-03-1。

表 6-11-01-03-1　类似职业薪酬水平

| 职业名称 | 薪酬水平（元 / 月） |
|---|---|
| 化工操作工 | 7000~9000 |
| 化工合成操作员 | 6000~8000 |
| 化工工艺工程师 | 8000~11000 |
| 化工研发技术员 | 9000~15000 |

## 五、从事化工总控工工作需要哪些本领

该职业从业人员需要具备的知识和技能有化学和工艺知识，识图基础知识，化工机械设备原理，电工基础知识，仪表自动化知识，安全、环保及相关法律法规，以及较强的逻辑思维能力、应变能力，良好的团队合作精神和沟通协调能力等。

化工总控工需具备的知识和技能见表 6-11-01-03-2。

表 6-11-01-03-2　化工总控工需具备的知识和技能

| 职业功能 | 工作内容 | 知识和技能要求 |
|---|---|---|
| 生产准备 | 工艺文件准备 | 掌握工艺流程图、设备结构简图的绘制方法，能正确绘制工艺流程图以及反应器、吸收塔、精馏塔、压缩机等设备结构简图，能识读工艺联锁图 |

续表

| 职业功能 | 工作内容 | 知识和技能要求 |
|---|---|---|
| 生产准备 | 防护用品准备 | 了解职业病危害因素、职业健康相关知识，能正确佩戴和使用劳动防护用品，对劳动防护用品配置提出合理建议 |
| | 设备与动力准备 | 掌握设备、管线的清洗、吹扫、试压、干燥、置换等知识，能完成设备、管线的相应操作，以及装置联动试车准备工作 |
| | 物料准备 | 掌握原辅料的优选和催化剂的使用，能对原辅料的质量指标提出合理建议，具有创新意识和科学研究与工程实践创新能力 |
| 生产操作 | 开车操作 | 熟悉装置开车操作流程、工艺参数调节方法、投料配比相关知识，能按指令完成正常开车，能正确调整工艺参数和计算投料配比 |
| | 运行操作 | 掌握分析检验单、班组经济核算、转化率、收率、产率等相关知识，能根据工艺变化及分析结果调节工艺参数，能识读经济核算结果，进行转化率、收率、产率的计算，具有创新意识和科学研究与工程实践创新能力 |
| | 停车操作 | 熟悉装置停车操作方法、"三废"处置方法，能按指令完成停车以及相关设备的安全隔离；能正确处置"三废"，具有节能环保意识和安全生产意识 |
| 故障判断与处理 | 故障判断 | 熟悉影响装置运行的因素、工艺操作事故隐患，能根据工艺参数、分析数据辨识工艺操作事故隐患，了解环境污染风险，具有环保和安全生产意识 |
| | 故障处理 | 了解事故现场处置方案及应急救援知识，能实施现场处置方案，对相关工艺事故进行处理，能对人员进行救护，具有安全生产意识 |
| 设备维护与保养 | 设备维护 | 熟悉安全设施检查及验收相关知识，能制定设备检修方案，完成设备检修后及安全设置的检查及验收，具有创新意识和科学研究与工程实践创新能力 |
| | 设备保养 | 熟悉设备检修安全知识，防雷、防电相关知识，掌握润滑油（脂）选用知识，能根据现场状况判断设备可靠性，正确选用润滑油（脂） |

续表

| 职业功能 | 工作内容 | 知识和技能要求 |
| --- | --- | --- |
| 生产与质量管理 | 质量控制 | 熟悉产品质量提升方法，能开展质量攻关活动；能提出产品质量改进方案，具备良好的语言文字和表达功底，具有节能环保意识和安全生产意识 |
| | 技术管理 | 熟悉同行业装置的使用性能，能实施技术改进措施，完成装置的性能评定；具备较强的沟通协调能力与团队管理能力 |

## 六、化工总控工的专业教育现状

### （一）相关专业

目前已有较多院校开设了与该职业相关的专业，涉及普通本科院校、职业院校等。普通本科院校相关专业有化学工程与工艺、应用化学、过程装备与控制工程等。职业院校相关专业有精细化工技术、石油化工技术、应用化工技术等。

### （二）开设相关专业的院校（排名不分先后）

★ 相关院校：天津大学、清华大学、北京化工大学、中国石油大学、华东理工大学、大连理工大学、南京工业大学、武汉大学、浙江大学、北京理工大学等。

◆ 相关院校：湖南化工职业技术学院、南京科技职业学院、常州工程职业技术学院、河北化工医药职业技术学院、宁波职业技术学院、四川化工职业技术学院、天津石油职业技术学院、陕西国防工业职业技术学院、辽宁石化职业技术学院等。

## 七、化工总控工的就业创业信息

化工总控工是化工领域的高级职业，是化工生产自动化、信息化的核心人才。随着化工工业自动化程度的不断提高，化工总控工可以在化工、医药、食品、石化、电力等行业从事自动化控制系统的设计、开发、安装、调试、维护和管理等工作。

吸纳化工总控工就业较多的用人单位主要有：

1. 石油化工领域：中国石油化工股份有限公司、中国石油天然气股份有限公司、中国海洋石油集团有限公司、巴斯夫（中国）有限公司等。

2. 医药领域：辉瑞制药有限公司、扬子江药业集团、云南白药集团股份有限公司等。

3. 材料领域：盛虹集团有限公司、万华化学集团股份有限公司、华峰集团有限公司等。

4. 特种设备领域：森松（江苏）重工有限公司、苏州海陆重工股份有限公司、南京肯纳检测技术有限公司等。

5. 日用消费品领域：宝洁（中国）有限公司、联合利华（中国）有限公司、稳健医疗用品股份有限公司等。

注：以上机构信息仅供参考，不代表编写出版方对其推荐或认可。

## 八、化工总控工的职业贯通发展

该职业的发展路径主要有四条：管理路线，即从员工逐步上升为项目管理者。专家路线，即在职业等级上逐步晋升，成为高级技师。复合人才路线，即向其他行业跨越或进行职业转型，如学习、积累智能控制相关知识，发展成为过程控制工程师等；学习、积累相关环境保护知识，发展成为化工环保工程师等。创业路线，即基于个人兴趣爱好进行创新创业。化工总控工职业贯通发展如图 6-11-01-03-3 所示。

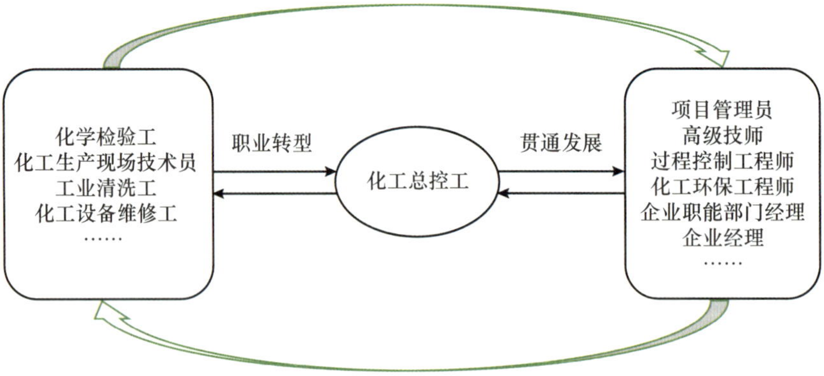


图 6-11-01-03-3　化工总控工职业贯通发展图

## 九、化工总控工的发展前景

**从市场供需看。**化工行业是国民经济的重要支柱产业之一，对化工总控工的需求稳定。我国化工行业起步较早，迄今已经有 70 多年的发展历程，企业数量众多，遍布化工行业的不同门类，而且发展已成规模。化工总控工在化工生产过程中负责各种参数的监测、调节和控制，是保障生产过程稳定和安全的主力军。随着化工行业的不断发展和进步，化工生产过程中的自动化、智能化程度不断提高，化工总控工的工作内容也在不断扩展和深化，因此，市场为化工总控工提供了非常广阔的职业发展空间。

**从产业发展看。**化工行业是一个与国家和全球经济密切相关的产业，涉及化学、农药、染料、涂料、橡胶、石油化工、医药化学品、食品添加剂等多个行业，拥有巨大的经济效益和社会价值，在国民经济中扮演着特别重要的角色。化工行业在社会经济中的地位不断提升，同时需要着眼于可持续发展和绿色环境发展，加强技术创新和高质量发展。

**从政策红利看。**2022 年 3 月，工业和信息化部等六部门联合发布的《关于"十四五"推动石化化工行业高质量发展的指导意见》明确提出，以推动高质量发展为主题，加快推进传统产业改造提升，大力发展化工新材料和精细化学品，加快产业数字化转型，提高本质安全和清洁生产水平，加速石化化工行业质量变革、效率变革、动力变革，推进我国由石化化工大国向强国迈进。数字化、智能化、绿色化技术的广泛应用，对化工总控工数字素养和数字技能提出了更高的要求，能有力推动化工行业的转型升级。此外，化工总控工负责监测和控制生产过程，确保生产过程的环保合规。政府对环保产业的支持力度不断增加，为化工总控工提供了更多就业和发展的机会。

## 十、相关内容链接

**国家职业标准：**扫码即可查看☞。

**相关政策文件：**见表 6-11-01-03-3。

表 6-11-01-03-3　化工总控工相关政策文件

| 序号 | 发布或通过时间 | 发布或通过机构 | 文件名称 |
| --- | --- | --- | --- |
| 1 | 2022 年 3 月 | 工业和信息化部等部门 | 《关于“十四五”推动石化化工行业高质量发展的指导意见》 |
| 2 | 2023 年 8 月 | 工业和信息化部等部门 | 《石化化工行业稳增长工作方案》 |

供稿：咸宁职业技术学院　金燕

# 工业机器人系统运维员 S

职业编码：6-31-07-01

机器人技术是具有前瞻性、战略性的高技术领域，是衡量一个国家创新能力和产业竞争力的重要标志。随着我国工业机器人市场的飞速发展，相伴而生的新职业逐渐缓解了制造业从业者对“机器换人”的焦虑。如何预判、检查、分析、诊断并处理机械系统和电气系统故障？如何对工业机器人系统进行运行维护和保养？如何及时采集数据、监测运行状态？如何对“新手医生”进行技能培训与实践指导？只有解决上述问题，才能用机器人实现自动化生产，从而提高社会生产效率、推动社会生产力发展。我们称解决这些问题的人为工业机器人系统运维员。

## 一、工业机器人系统运维员的一天

记录时间：2023 年 6 月 17 日　　　　记录人：郭某东

### 上午工作情况

**8 点 30 分：**

1. 按照机械系统检查方案，对工业机器人本体、末端执行器机械系统、周边设备机械系统进行常规检查。（机械系统检查）

2. 按照电气系统检查方案，对工业机器人控制系统、末端执行器电气系统、周边设备电气系统进行常规检查。（电气系统检查）

3. 使用操作面板、控制柜面板、示教器对工业机器人进行启动、停止、解除报警、紧急停止、暂停、复位等操作。（工业机器人系统运行）

4. 根据指定动作要求选用工业机器人坐标系和运动模式。（坐标系和运

动模式选用）

5. 使用示教器对工业机器人进行程序调用操作。（程序调用）

工作中的工业机器人系统运维员如图 6-31-07-01-1 所示。

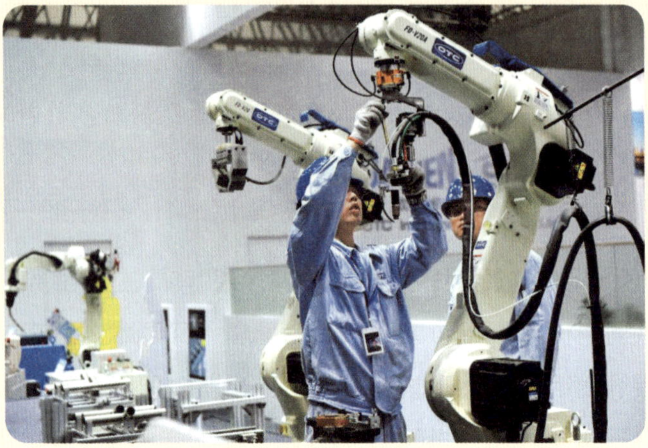

图 6-31-07-01-1　工作中的工业机器人系统运维员

**11 点 30 分：**

1. 填写工业机器人系统运维记录。（运维记录填写）
2. 进行小组讨论交流，汇报当前运维进度和问题。（讨论与汇报）

## 下午工作情况

**13 点：**

1. 按照日常保养方案，对机器人系统进行日常保养。（日常保养）
2. 采集工业机器人系统运行数据。（数据采集）
3. 读取数据，监测工业机器人系统工作状态并记录。（系统状态监测）
4. 处理突发故障。（故障处理）

**17 点：**

1. 在运维档案中记录设备运维情况。（档案更新）
2. 进行小组讨论交流，汇报当前运维进度。（讨论与汇报）

## 二、什么是工业机器人系统运维员

**职业定义。**工业机器人系统运维员是使用工具、量具、检测仪器及设备，进行工业机器人、工业机器人工作站或系统的数据采集、状态监测、故障分析与诊断、维修及预防性维护与保养作业的人员。

**定义解读。**工业机器人是广泛应用于工业领域的多关节机械手或多自由度的机器装置，具有一定的自动性，可依靠自身的动力能源和控制能力实现各种工业加工制造功能。故障分析与诊断是一种给工业机器人“看病”的技术，是了解和掌握工业机器人在使用过程中的状态，查找其整体或局部是否存在异常的过程。预防性维护是执行定期计划维护活动，防止未来出现意外故障，简言之，就是在工业机器人、工业机器人工作站或系统出现故障之前进行修复。

**关联职业。**密切相关的职业有工业机器人系统操作员、机器人工程技术人员。工业机器人系统操作员是使用示教器、操作面板等人机交互设备和工具，对工业机器人、工业机器人工作站或系统进行装配、编程、调试、工艺参数更改等作业的人员。机器人工程技术人员是从事机器人结构、控制、感知技术和集成机器人系统及产品研究、设计的工程技术人员。

**相应岗位。**机器人应用工程师、机器人机械工程师、机器人电气工程师、机器人视觉工程师、机器人算法工程师、机器人系统集成应用工程师、机器人软件开发工程师、机器人硬件工程师、机器人培训讲师等。

## 三、工业机器人系统运维员的主要工作职责

1. 负责对工业机器人本体、末端执行器、周边装置等机械系统的安装位置、紧固状态、运行状况、运行环境、安全性等方面进行常规性检查与诊断。

2. 负责对工业机器人控制系统、末端执行器和周边设备等电气系统的设备连接状态、运行状态、电气信号状态、安全防护状况，以及示教器和传感器的有效性等方面进行检查与诊断。

3. 负责对工业机器人系统进行运行维护，使用操作面板、控制柜面板、示教器等对工业机器人进行基本操作、安装、调试，并填写运维记录。

4. 负责对工业机器人本体和控制柜、末端执行器、周边设备、外部线缆和气

管、工业机器人系统作业环境及齿轮箱等进行除尘清洁、整理和润滑保养，进行数据备份和恢复、更换电池和风扇等基本操作。

5. 负责工业机器人系统的数据采集，建立工业机器人、可编程逻辑控制器、上位控制与管理系统等之间的通信连接，使用计算机、组态软件和视觉系统等相关软硬件工具编写和调试系统状态数据采集程序、产品质量数据采集程序。

6. 负责工业机器人系统的状态监测，识读实时数据、检测和分析系统运行状态等，填写状态监测记录。

7. 负责处理机械系统故障，对工业机器人各组成部件的设备故障、异常问题、安全问题、失效问题进行排查、处理、评估和记录。

8. 负责处理电气系统故障，对工业机器人控制系统、末端执行器、周边设备电气系统的运行状态异常问题、线路连接问题、温升问题、功能问题、设备有效性问题、参数问题等进行排查、处理、评估和记录。

9. 高级技师负责对下一级技师进行知识与技能培训，对工业机器人系统检查和诊断、运行维护与保养、数据采集和状态监测进行指导，对团队员工进行分工、调配、绩效考核等管理工作。

10. 协助编制工业机器人本体、末端执行器和周边设备的机械系统与电气系统、控制系统的检查与诊断方案，工业机器程序编写方案，系统运行维护实施方案，工业机器人系统日常保养和定期保养方案，系统状态和产品质量数据采集方案，工作状态监测方案，以及工业机器人本体、机械系统、电气系统故障处理与应急方案等。

## 四、工业机器人系统运维员的薪酬福利待遇

**平均薪酬水平。**根据国家统计局公布的数据，2022 年全国规模以上企业生产制造及有关人员的年平均工资为 71147 元，比上年名义增长 3.9%。由于对机器人工程师有巨大需求和专业性要求，工业机器人系统运维员的工资也在上涨，45% 的工业机器人系统运维员薪资是当地平均工资的 2 倍，一般为 10000~15000 元 / 月，具体薪资水平还会受到工作经验、技能水平、公司规模和行业背景等因素的影响。总的来说，工业机器人系统运维员的薪酬福利待遇相对较好，

但需要具备一定的技能和经验。

**与类似职业对比。**根据 BOSS 直聘网公布的数据，类似职业薪酬水平见表 6-31-07-01-1。

表 6-31-07-01-1 类似职业薪酬水平

| 职业名称 | 薪酬水平（元/月） |
| --- | --- |
| 系统调试工程师 | 4000~13000 |
| 焊工 | 5000~10000 |
| 钳工 | 4000~9000 |

## 五、从事工业机器人系统运维员工作需要哪些本领

该职业从业人员需具备的知识和技能有基本的工业机器人本体、末端执行器和周边设备的机械系统与电气系统、控制系统的检查与诊断、运行维护与保养、数据采集与状态监测、故障处理、培训、指导和管理。核心技能是运行维护与保养。

根据《工业机器人系统运维员国家职业技能标准（2020 年版）》，工业机器人系统运维员需具备的知识和技能见表 6-31-07-01-2。

表 6-31-07-01-2 工业机器人系统运维员需具备的知识和技能

| 职业功能 | 工作内容 | 知识和技能要求 |
| --- | --- | --- |
| 机械系统检查与诊断 | 工业机器人本体检查 | 能检查、分析和诊断工业机器人的本体外观、安装位置、紧固状态、运行状况、运行环境、安全性和信息标签 |
|  | 末端执行器机械系统检查 | 能识读、检查、分析和诊断末端执行器的装配图、安装位置、紧固状态、磨损和失效状况、连接与密封状况 |
|  | 周边设备机械系统检查 | 能检查、分析周边设备的布局、安装状态、紧固状态、配合情况、温度和湿度等环境参数、安全性 |
| 电气系统检查与诊断 | 工业机器人控制系统检查 | 能检查、分析、诊断工业机器人本体控制柜和示教器的连接状态、示教器各项功能、备份与恢复连接接口、温升状态 |

续表

| 职业功能 | 工作内容 | 知识和技能要求 |
| --- | --- | --- |
| 电气系统检查与诊断 | 末端执行器电气系统检查 | 能检测、分析和诊断末端执行器的电气回路运行状态、传感器有效性，使用示教器查阅末端执行器的报警日志 |
| | 周边设备电气系统检查 | 能检查周边设备的连接状况、电气信号状态、安全防护状况、控制参数 |
| 运行维护与保养 | 工业机器人系统运行维护 | 能使用操作面板、控制柜面板、示教器、计算机对工业机器人的相关操作功能；能操作工业机器人零点复归，调整工业机器人本体安装位置并紧固，配置工业机器人输入/输出信号、周边设备参数，校准末端执行器 |
| | 工业机器人系统保养 | 能对工业机器人本体和控制柜、末端执行器、周边设备、外部线缆和气管、工业机器人系统作业环境、齿轮箱等进行除尘清洁、整理、润滑保养，能使用示教器备份和恢复工业机器人的系统，能更换电池和风扇 |
| 数据采集与状态监测 | 数据采集 | 能建立工业机器人、可编程逻辑控制器、上位控制与管理系统等之间的通信连接，能使用计算机、组态软件、视觉系统等相关硬件工具编写和调试系统状态数据采集程序和产品质量数据采集程序 |
| | 状态监测 | 能识读、监测和分析工业机器人系统的实时数据和工作状态，能对监测和分析结果进行记录 |
| 故障处理 | 机械系统故障处理 | 能处理和评估工业机器人各组成部件的设备故障、异常问题、安全问题、失效问题 |
| | 电气系统故障处理 | 能排查、处理、评估和记录工业机器人控制系统、末端执行器、周边设备电气系统的运行状态异常问题、线路连接问题、温升问题、功能问题、设备有效性问题、参数问题 |
| 培训、指导与管理 | 培训 | 能对下一级技师进行知识与技能培训 |
| | 指导与管理 | 能指导下一级技师进行工业机器人系统检查和诊断、运行维护与保养、数据采集和状态监测，对团队员工进行分工、调配、绩效考核等管理工作 |

## 六、工业机器人系统运维员的专业教育现状

### （一）相关专业

目前已有较多院校开设了与该职业相关的专业，涉及普通本科院校、职业院校等。普通本科院校相关专业有机器人工程、集成电路设计与集成系统、智能制造工程、智能装备与系统、智能感知工程。职业院校相关专业有数字化设计与制造技术、智能控制技术、智能焊接技术、智能制造装备技术、智能机器人技术、智能化生产线安装与运维、电气设备运行与控制、智能设备运行与维护、电机电器制造与维修等。

### （二）开设相关专业的院校（排名不分先后）

★ 相关院校：北京交通大学、北京理工大学、大连理工大学、河海大学、华北电力大学、吉林大学、上海交通大学、同济大学、武汉大学、中国矿业大学等。

◆ 相关院校：北京电子科技职业学院、北京工业职业技术学院、金华职业技术大学、浙江机电职业技术大学、南京信息职业技术学院、北京市电气工程学校、北京市自动化工程学校等。

## 七、工业机器人系统运维员的就业创业信息

随着智能制造的不断发展，工业机器人系统的应用范围越来越大，市场需求也越来越大。因此，该职业的就业前景非常广阔，需求量非常大，主要分布在制造业代表企业所在地及工业基础发达的广东、江苏、上海、浙江等地区，集中的领域主要有汽车制造、3C 电子制造、金属和机械加工、橡胶和化工、食品和饮料等国内工业机器人应用最广泛的行业。同时，随着自主创业的热潮不断升温，工业机器人系统运维员也可以通过自主创业来实现自己的事业梦想，如成立机器人系统维修公司或提供机器人系统维修服务，为企业和个人提供机器人系统的维护和保养服务。

吸纳工业机器人系统运维员就业较多的用人单位主要有：

1. 工业机器人产业链相关企业：北京谐波传动技术研究所、广州数控设备有限公司、南京科远智慧科技集团股份有限公司、上海机电股份有限公司等。

2. 工业机器人生产企业：爱普生、北京中技克美谐波传动股份有限公司、深圳市长盈精密技术股份有限公司、科大智能科技股份有限公司等。

3. 工业机器人系统集成企业：广东东方精工科技股份有限公司、华昌达智能技术有限公司、深圳市今天国际物流技术股份有限公司等。

注：以上机构信息仅供参考，不代表编写出版方对其推荐或认可。

## 八、工业机器人系统运维员的职业贯通发展

该职业的发展路径主要有四条：专家路线，即通过相关培训学习、理论知识考试、技能考核以及综合评审，由中级工逐步晋升到高级技师。管理路线，即具备并精通该职业的技能要求和相关知识要求，具有企业管理知识储备和经验积累，从中级工晋升到主管 / 中层、技术经理，甚至高级领导职务。复合人才路线，即在该职业相关知识和技能学习的过程中，逐渐发展成为既懂运维技术，又懂经营管理，具有宽阔的专业知识和广泛的文化教养，具有多种能力和发展潜能的个性和创造性人才。创业路线，即在政策和市场的强力推动下，立足市场需求以及自身学识、技能和资源积累，寻求独立发展机会，成为自主创业的探路者。工业机器人系统运维员职业贯通发展如图 6-31-07-01-2 所示。

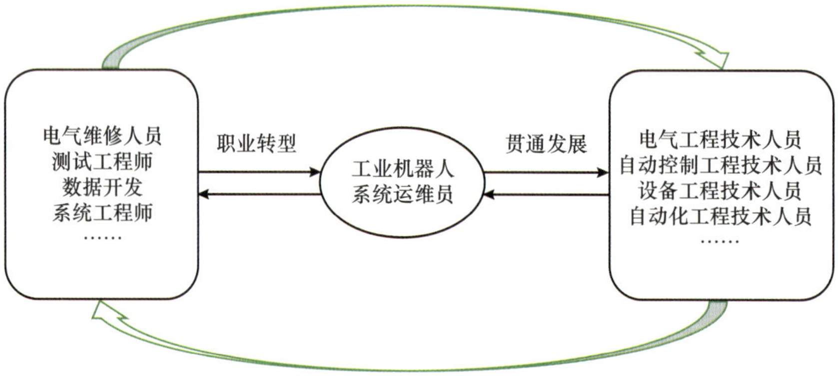


图 6-31-07-01-2 工业机器人系统运维员职业贯通发展图

## 九、工业机器人系统运维员的发展前景

从市场供需看。随着机器人产业的蓬勃发展，大量机器人“忙碌”在生产线

上，同步催生了对相关运维操作、系统集成等技术人才的大量需求。人力资源社会保障部发布的 2022 年第二季度全国招聘大于求职的 100 个职业排行显示，制造业缺工状况持续，仅在人工智能机器人行业，人才缺口就高达 500 万人，复合型人才和高层次人才稀缺，市场供需严重失衡。

**从产业发展看。**在千行百业数字化发展的巨大需求牵引之下，工业机器人在汽车、电子、金属制品、塑料及化工等行业已经得到了广泛应用，尤其在近五年，中国工业机器人市场规模始终保持增长态势。《中国机器人产业发展报告（2022 年）》显示，预计到 2024 年，全球机器人市场规模有望突破 650 亿美元，其中，中国工业机器人市场规模将超过 110 亿美元，中国服务机器人市场规模有望突破 100 亿美元。

**从政策红利看。**为促进机器人行业发展，自 2015 年 5 月国务院印发《中国制造 2025》战略文件起，国家层面和地方层面持续给予政策支持。2023 年 1 月，工业和信息化部、教育部等十七部门印发的《“机器人 +”应用行动实施方案》提出，到 2035 年，制造业机器人密度较 2020 年实现翻番，服务机器人、特种机器人行业应用深度和广度显著提升，机器人促进经济社会高质量发展的能力明显增强。北京、广东、上海、江苏、安徽、浙江等省份相继出台了相关政策以促进工业机器人产业的发展。

## 十、相关内容链接

**国家职业标准：**扫码即可查看 ☞ 。

**相关政策文件：**见表 6-31-07-01-3。

**表 6-31-07-01-3　工业机器人系统运维员相关政策文件**

| 序号 | 发布或通过时间 | 发布或通过机构 | 文件名称 |
|---|---|---|---|
| 1 | 2021 年 3 月 | 全国人民代表大会 | 《中华人民共和国国民经济和社会发展第十四个五年规划和 2035 年远景目标纲要》 |
| 2 | 2021 年 7 月 | 工业和信息化部等部门 | 《5G 应用“扬帆”行动计划（2021—2023 年）》 |

续表

| 序号 | 发布或通过时间 | 发布或通过机构 | 文件名称 |
| --- | --- | --- | --- |
| 3 | 2021 年 12 月 | 工业和信息化部等部门 | 《“十四五”智能制造发展规划》 |
| 4 | 2021 年 12 月 | 工业和信息化部等部门 | 《“十四五”机器人产业发展规划》 |
| 5 | 2023 年 1 月 | 工业和信息化部等部门 | 《“机器人 +”应用行动实施方案》 |

供稿：大技狮（北京）科技有限公司　孙敬娜

# 工业视觉系统运维员 S

职业编码：6-31-07-02

在 2022 年北京冬奥会上首次亮相的，由中央广播电视总台研制的名为“猎豹”的超高速 4K 轨道摄像机系统，以时速 90 千米的高清捕捉能力，不仅记录了赛场上的每一个精彩瞬间，也让犯规行为无处遁形。这样的亮相展示了我国的高科技水平，使“视觉”这个词又一次引起了人们的热议。传统制造业在已实现“智慧大脑”“灵巧双手”的智能化基础上要进一步升级改造，就要搭建一套工业视觉系统，让它们再具有一双“敏锐的眼睛”，让制造业的“犯规”行为无处遁形。那么，选取、配置、安装这双“眼睛”，并赋予它“火眼金睛”的技能，便是工业视觉系统运维员的工作内容。超高速 4K 轨道摄像机系统如图 6-31-07-02-1 所示。

图 6-31-07-02-1　超高速 4K 轨道摄像机系统

## 一、工业视觉系统运维员的一天

**记录时间：2023 年 6 月 13 日　　记录人：陈某刚**

### 上午工作情况

**8 点：**

1. 根据机械装配图、电气线路图，检查诊断工业机器人、末端执行器及周边设备的机械系统外观与电气系统性能。（功能检查）

2. 进行工业照相机、镜头、读码器等视觉硬件与更换方案的核对、调试和性能检测。（硬件选型）

3. 根据方案要求进行视觉系统硬件搭建。（硬件装配）

4. 根据方案要求进行视觉软件程序的搭建。（软件安装）

**11 点：**

1. 在设备档案中记录设备情况。（更新档案）

2. 进行小组讨论交流，汇报当前项目进展情况。（讨论与汇报）

### 下午工作情况

**13 点：**

1. 进行物体采像打光，标定视觉系统精度和第三方系统坐标系统，确认和抓取采像过程中的物体特征。（信息采集）

2. 集成视觉应用系统和主控工业软件，嵌入通信系统。（通信设定）

**14 点：**

1. 根据功能要求进行软硬件联调，识别和分类系统运行过程中图像优劣，判断和解决问题。（调试分析）

2. 进行更换视觉硬件后的系统重置，验证工艺精度。（方案验证）

3. 监测系统运行状态，确保工业视觉系统的缺陷检测、信息识别、数据测量、装配定位准确无误。（技术管理）

16点：

1. 在设备档案中记录设备情况。（更新档案）

2. 制定系统运维管理条例，保障系统安全和稳定运行。依据系统运行数据，发现问题并提出系统改善和优化建议。（系统维护）

3. 编制维护人员的视觉系统调试与维保培训手册。（编制培训手册）

4. 进行小组讨论交流，汇报总结当前项目情况。（讨论与汇报）

工作中的工业视觉系统运维员如图 6-31-07-02-2 所示。

图 6-31-07-02-2　工作中的工业视觉系统运维员

## 二、什么是工业视觉系统运维员

**职业定义。**工业视觉系统运维员是从事智能装备视觉系统选型、安装调试、程序编制、故障诊断与排除、日常维修与保养作业的人员。

**定义解读。**随着企业生产线智能化改造，机器视觉系统将全面取代人眼来对产品进行测量和视觉判断。工业视觉系统运维员将成为工厂实现自动化、智能化生产，企业连接工业互联网的核心工作人员。未来，越来越多的企业将采用完整的机器视觉解决方案，对工业视觉系统运维员的需求也将越来越多。工业视觉系统运维员的主要工作内容是使用工具、量具、检测仪器及设备，对工业机器人、工业机器人工作站或系统进行数据采集、状态监测、故障分析与诊断、维修及预防性维护与保养作业。几乎所有的工业生产领域都需要应用机器视觉代替人的视觉，特别是那些对速度、精度或可靠性要求高的视觉任务更需要采用工业视觉系统。

**关联职业。**密切相关的职业有工业机器人系统运维员、工业机器人系统操作员。工业机器人系统运维员是使用工具、量具、检测仪器及设备，进行工业机器人、工业机器人工作站或系统的数据采集、状态监测及运维的人员。工业机器人系统操作员是使用示教器、操作面板等人机交互设备和工具，对工业机器人、工业机器人工作站或系统进行装配、编程、调试、工艺参数更改等作业的人员。

**相应岗位。**设备工程技术人员、自动化工程技术人员、计算机软件工程技术人员、机器视觉设备点检员、机器视觉工程师、机器人系统集成应用工程师、机器人软件开发工程师、视觉应用工程师、机器人系统测试员、机器人硬件工程师、机器人培训讲师等。

## 三、工业视觉系统运维员的主要工作职责

1. 进行照相机、镜头、光源、读码器等硬件设备的选型、安装、调试、维护。
2. 按照软件安装说明书安装、卸载工业视觉软件，按照软件安装说明书验证软件基本功能。
3. 进行物体采像打光，标定视觉系统精度和第三方系统坐标系统。
4. 按照项目使用要求和场景设置照相机参数，调整镜头的光圈、倍数和焦距等，设置光源参数。
5. 集成视觉应用系统和主控工业软件，嵌入通信系统。
6. 确认和抓取采像过程中物体特征。
7. 识别系统运行过程中图像优劣并分类，判断和解决问题。
8. 设计小型样例程序，验证工艺精度。
9. 进行更换视觉硬件后的系统重置、调试和验证。
10. 制定维护、保养手册，并进行定期维护和保养。

## 四、工业视觉系统运维员的薪酬福利待遇

**平均薪酬水平。**随着高技术制造业和装备制造业的快速发展，工业视觉系统运维员的需求量猛增。《2021 年北京市人力资源市场薪酬调查报告（二季度）》的数据显示，该职业的平均月薪的中位数约为 2 万元，具体薪资水平还会受到工作

经验、技能水平、公司规模和行业背景等因素的影响。

**与类似职业对比。**智联招聘网 2021 年 12 月的数据显示，在江浙地区，该职业的薪酬一般高于电工、工业机器人系统操作员、电气工程技术人员、服务机器人应用技术员等职业的薪酬，略低于人工智能训练师等职业的薪酬，类似职业薪酬水平见表 6-31-07-02-1。

**表 6-31-07-02-1　类似职业薪酬水平**

| 职业名称 | 薪酬水平（元 / 月） |
|---|---|
| 电工 | 4000~5500 |
| 工业机器人系统操作员 | 4600~15800 |
| 电气工程技术人员 | 9000~11000 |
| 服务机器人应用技术员 | 3000~24000 |
| 人工智能训练师 | 6000~30000 |
| 人工智能工程技术人员 | 15000~20000 |
| 系统调试工程师 | 4000~13000 |

## 五、从事工业视觉系统运维员工作需要哪些本领

该职业从业人员需具备的知识和技能有工业视觉系统构建、工业视觉系统编程与调试、工业视觉系统优化、工业视觉系统维护与保养、技术管理及培训与技术指导等。

工业视觉系统运维员需具备的知识和技能见表 6-31-07-02-2。

**表 6-31-07-02-2　工业视觉系统运维员需具备的知识和技能**

| 职业能力 | 工作内容 | 知识和技能要求 |
|---|---|---|
| 工业视觉系统构建 | 方案制定 | 能根据产品工艺进行成像、安装空间分析，能根据产品工艺进行功能指标分析，能制定工业视觉系统方案 |
| | 硬件选配 | 能按照项目使用要求和场景分别完成照相机、镜头、光源等的选型，并完成照相机、镜头、光源等的选配 |

续表

| 职业能力 | 工作内容 | 知识和技能要求 |
| --- | --- | --- |
| 工业视觉系统构建 | 装配准备 | 能识读装配工艺文件，能准备装配所需的工具、工装、零部件 |
| | 硬件安装 | 能按照安装指导书安装照相机、镜头、光源及配件，能按照安装指导书连接电气部件 |
| | 软件安装 | 能按照软件安装说明书安装、卸载工业视觉软件，验证软件基本功能 |
| | 软件框架程序搭建 | 能使用主流语言进行视觉系统框架和模块设计，能使用常用工业通信协议进行视觉系统二次开发，能对视觉系统框架程序进行优化与迭代 |
| | 视觉算法程序封装 | 能搭建视觉应用框架，能对算法库算子调用和二次封装，能对视觉算法程序进行优化与迭代 |
| | 程序测试与管控 | 能进行功能测试与验证，能进行版本管控，能编写应用技术指导书 |
| | 方案验证 | 能根据方案要求搭建视觉验证平台，并进行成像质量验证和功能验证 |
| 工业视觉系统编程与调试 | 系统编程 | 能编写对应脚本程序、视觉系统集成程序、多照相机应用程序及 3D 照相机应用程序 |
| | 参数设置 | 能按照项目使用要求和场景设置照相机参数，能调整镜头的光圈、倍数和焦距等，能设置光源参数 |
| | 光学调试 | 能调整镜头成像聚焦、光源亮度、照相机视野，能进行棋盘格、多点等标定 |
| | 程序调试 | 能按照项目使用要求和场景进行功能模块化编程和图像算法工具参数调试，能按照工艺需求对系统程序的功能参数进行合理配置，能按照工艺需求对系统进行联调并输出报告 |
| | 功能调试 | 能进行项目程序的导入与备份，能按照应用要求调试视觉程序参数配置，能按照应用要求完成设备功能测试 |

续表

| 职业能力 | 工作内容 | 知识和技能要求 |
| --- | --- | --- |
| 工业视觉系统编程与调试 | 系统调试 | 能配置视觉系统的通信参数，能按照安装指导书进行通电测试 |
|  | 手册编写 | 能编写视觉系统操作手册和调试手册 |
| 工业视觉系统优化 | 系统分析 | 能根据运行数据分析视觉系统状态，能根据检测数据分析视觉系统状态 |
|  | 系统优化 | 能根据系统分析结果制定视觉系统优化方案，能根据系统优化结果编制技术总结报告 |
| 工业视觉系统维护与保养 | 系统维护 | 能制作工业视觉点检表；能排除视觉系统硬件故障、图像质量问题、视觉系统通信故障、视觉系统参数错误，并按照故障表填写异常处理流程 |
|  | 工业视觉系统保养 | 能制定系统运维管理条例，保障系统安全和稳定运行；能依据系统运行数据，发现问题并提出系统改善和优化建议 |
|  | 运维手册编写 | 能编写视觉系统维护手册和维修手册 |
| 技术管理 | 系统质量管理 | 能根据现场调试报告检查视觉系统安装调试质量，能根据现场运行数据报告检查视觉系统运行质量 |
|  | 系统实施管理 | 能根据视觉系统集成或优化方案制订实施计划和细则，能进行视觉生产线从施工到验收的全过程技术管理，能根据项目需求合理配置人力数量 |
|  | 制定现场管理规范 | 能制定视觉系统所需工具、辅助设备、耗材等物品使用管理规范，能制定视觉系统的安全防护规范 |
| 培训与技术指导 | 技术培训 | 能对下一级相关人员进行培训；能组织编写培训教材、编写实操指导书和对应考核试题与评分标准；并能在培训结束后编写培训总结报告 |
|  | 技能指导 | 能指导人员进行工业视觉系统的安装、设置、操作、编程、调试等；能根据工艺、产品要求等现场情况变化，排除意外、紧急情况或疑难问题 |

## 六、工业视觉系统运维员的专业教育现状

### （一）相关专业

目前已有较多院校开设了与该职业相关的专业，涉及普通本科院校、职业院校等。普通本科院校相关专业有机器人工程、计算机科学与技术、电气工程及其自动化、软件工程等。职业院校相关专业有智能控制技术、工业机器人技术、机电一体化技术等。

### （二）开设相关专业的院校（排名不分先后）

★ 相关院校：清华大学、北京航空航天大学、北京理工大学、同济大学、上海交通大学、杭州电子科技大学等。

◆ 相关院校：北京信息职业技术学院、河南机电职业学院、湖北工程职业学院、湖南工业职业技术学院、江苏信息职业技术学院、东莞市技师学院、淄博市技师学院、江苏省盐城技师学院等。

## 七、工业视觉系统运维员的就业创业信息

从区域分布来看，中国的机器视觉产业主要集中在广东，其次为江苏、浙江、上海、北京、山东。该职业从业人员集中的领域主要有汽车、金属加工、电子信息制造、仓储物流、食品、化工。从行业领军企业分布来看，广东及北京的龙头企业较为活跃，浙江、江苏、山东及上海紧随其后。从市场发展规模来看，我国机器视觉产业目前处在工业机器人的快速发展拐点，未来发展空间很大。

吸纳工业视觉系统运维员就业较多的用人单位主要有：

工业视觉公司：汇川技术、荣旗科技、长扬科技等。

智能工业：如中芯国际、大疆、海康威视、京东方、盈趣科技、蓝思科技、蔚来、中联重科、隆基绿能、北汽集团、长盈精密等。

注：以上机构信息仅供参考，不代表编写出版方对其推荐或认可。

## 八、工业视觉系统运维员的职业贯通发展

该职业的发展路径主要有四条：管理路线，即从普通员工晋升到主管／中层，

再晋升到经理 / 领导层，甚至高级领导职务。专家路线，即不断提高技能水平，晋升职业等级，成为领域内技术技能专家。复合人才路线，即向其他行业跨越或进行职业转型，如通过学习相关知识和技能转型为人工智能训练师、智能制造工程技术人员等，与专业技术岗位横向贯通。创业路线，即基于个人兴趣爱好进行创新创业。工业视觉系统运维员职业贯通发展如图 6-31-07-02-3 所示。

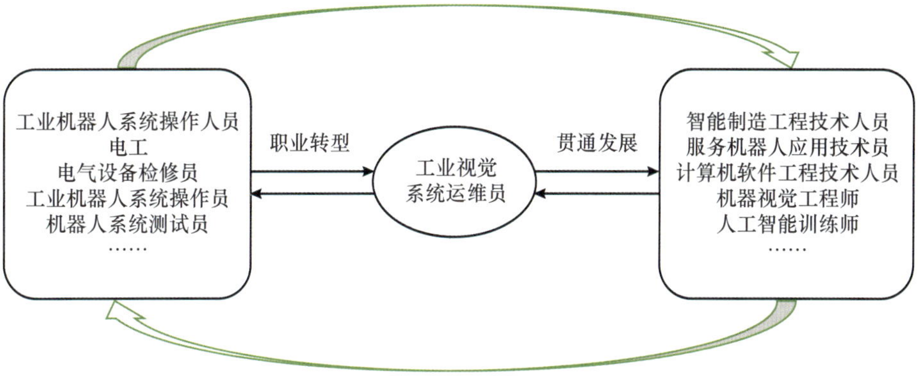


图 6-31-07-02-3　工业视觉系统运维员职业贯通发展图

## 九、工业视觉系统运维员的发展前景

**从市场供需看。**智能制造业离不开机器视觉，机器视觉系统是实现工业制造业自动化和智能化的必要技术手段。根据《制造业人才发展规划指南》，到 2025 年，我国高档数控机床和机器人领域人才需求总量将达 900 万人，人才缺口将达 450 万人。据了解，截至 2020 年年末，我国的工业视觉市场规模超过 200 亿元，预计到 2025 年将突破 300 亿元。目前，我国工业视觉系统运维员缺口超过 50 万人，供需严重失衡。

**从产业发展看。**随着全球新一轮科技革命与产业变革浪潮的兴起，机器视觉行业迎来快速发展。2019 年我国机器视觉市场规模达 103 亿元，已成为全球第三大机器视觉领域应用市场。机器视觉行业应用广、空间大、壁垒高，机器视觉可应用于智能制造的方方面面。高工产业研究院（GGII）预计，到 2025 年全球机器视觉行业规模约 92 亿美元。康耐视的调研报告显示，该行业规模有望长期实现 12% 的年复合增速。随着企业生产线智能化改造，机器视觉系统将全面取代人眼来对产品进行测量和视觉判断。工业视觉系统运维员将成为工厂实现自动化、智能化生产，企业连接工业互联网的核心工作人员。未来，越来越多的企业将采用完整的机器视觉解决方案，对工业视觉系统运维员的需求也将越来越多。

**从政策红利看。**2021 年 3 月，工业视觉系统运维员职业入选人力资源社会保障部、市场监管总局、国家统计局联合发布的新职业信息名单。在《2021 年北京市人力资源市场薪酬调查报告（二季度）》中，工业视觉系统运维员作为 26 个“高、新”职业之一列入统计范畴。《2021 年北京市人力资源市场薪酬调查报告（二季度）》的数据显示，该职业的平均月薪的中位数约为 2 万元。为促进机器人行业发展，自 2015 年 5 月国务院印发《中国制造 2025》起，国家层面和地方层面持续给予政策支持。2023 年 1 月，工业和信息化部、教育部等十七部门印发的《“机器人 +”应用行动实施方案》提出，到 2035 年，制造业机器人密度较 2020 年实现翻番，服务机器人、特种机器人行业应用深度和广度显著提升，机器人促进经济社会高质量发展的能力明显增强。

## 十、相关内容链接

**国家职业标准：**扫码即可查看☞。

**相关政策文件：**见表 6-31-07-02-3。

**表 6-31-07-02-3　工业视觉系统运维员相关政策文件**

| 序号 | 发布或通过时间 | 发布或通过机构 | 文件名称 |
| --- | --- | --- | --- |
| 1 | 2016 年 12 月 | 教育部等部门 | 《制造业人才发展规划指南》 |
| 2 | 2021 年 12 月 | 工业和信息化部等部门 | 《“十四五”机器人产业发展规划》 |
| 3 | 2023 年 1 月 | 工业和信息化部等部门 | 《“机器人 +”应用行动实施方案》 |

供稿：浙江广厦建设职业技术大学　吴丽丽